臺灣歷史與文化 研究輯刊

八　編

第 5 冊

黨外女性的他者敘述與自我敘述：
民主與性別的歧義分析（下）

李淑君 著

花木蘭文化出版社

國家圖書館出版品預行編目資料

黨外女性的他者敘述與自我敘述：民主與性別的歧義分析

（下）／李淑君 著 — 初版 — 新北市：花木蘭文化出版社，

2015〔民 104〕

目 6+170 面；19×26 公分

（臺灣歷史與文化研究輯刊 八編：第 5 冊）

ISBN 978-986-404-431-3（精裝）

1. 臺灣政治 2. 政治運動 3. 女性

733.08   104015132

ISBN- 978-986-404-431-3

9 789864 044313

臺灣歷史與文化研究輯刊
八 編 第 五 冊   ISBN：978-986-404-431-3

黨外女性的他者敘述與自我敘述：
民主與性別的歧義分析（下）

作　　者　李淑君
總 編 輯　杜潔祥
副總編輯　楊嘉樂
編　　輯　許郁翎
出　　版　花木蘭文化出版社
社　　長　高小娟
聯絡地址　235 新北市中和區中安街七二號十三樓
　　　　　電話：02-2923-1455 ／傳眞：02-2923-1452
網　　址　http://www.huamulan.tw 信箱 hml 810518@gmail.com
印　　刷　普羅文化出版廣告事業
初　　版　2015 年 9 月
全書字數　384277 字
定　　價　八編 29 冊（精裝）台幣 58,000 元

黨外女性的他者敘述與自我敘述：
民主與性別的歧義分析（下）

李淑君　著

目

次

第五章　性別／民主的承襲與抗辯：
九○年代黨外女性自傳的
重層論述

　　在黨外論述與婦運論述中，「民主」一詞在社會變遷下產生不同層次的意義。1987 年解嚴之後，台灣的民主議題持續發展與產生質變。大量傳記文類、口述歷史在「民主」概念更複雜的情境脈絡下出版，企圖在民主轉型時期進行歷史再詮釋與詮釋權爭奪。九○年代的政治女性傳記對過往自己的民主參與進行回顧時，呈現比較複雜的性別／民主關係，也在論述中產生對自己位置的定位與歷史的詮釋。在自我呈現中擺置自己在民主發展的位置，並在詮釋中呈現不同的性別／民主政治，一方面延續與繼承黨外論述中「政治民主」的價值觀；一方面以「今日之我」檢視過往「民主」意涵的不足。

　　在黨外論述以國民黨為「他者」時，建立起一個相對的身分與民主觀，並形成對抗關係的「他們」與「我們」。其「民主」則是冷戰下自由主義的繼承，但在全球局勢在 1989 年蘇東社會主義的崩潰以及民主／專制主義對立的消失相關聯，國民黨也無法以冷戰對立為由展現「自由中國」的威權形態。自由中國／共產中國；國民黨／黨外；威權／民主的邊界被鬆動時，「民主的」意義隨著新界線的出現而被重新定義。〔註1〕1990 年國民黨不再一黨獨大，在

〔註 1〕 政治哲學中思考民主／專制主義對立下的政治自我／他者觀念，參考尚塔爾‧墨菲（Chantal Mouffe），王恆‧臧佩洪譯，《政治的回歸》，南京：江蘇人民出版社，2001 年 10 月，頁 3～4。

威權體制下的反對運動女性出版政治回憶錄，回應了 1990 年前的歷史論述與歷史時空。前文分析了 1990 年前黨外女性的再現論述，民主論述場域與婦運論述場域下，「去性別的民主」與「性別化的民主」、「反國民黨威權」與「性別現代化」爲民主核心論述的黨外女性再現，各自產生了不同詮釋視角的黨外女性論述。到九〇年代政治自傳呈現較複雜的主體與民主／性別之間的對話。從中可以看到政治自傳在「民主」與「性別」交錯的雙軸線下，回應過往歷史，並在自傳中呈現性別／民主意涵以及自己的性別與民主的雙重身分。

　　楊正潤在討論保羅・德・曼（Paul de Man），自傳的敘述內容與自傳作者的經歷並不是同一的，自傳在認識論上不具有權威性。〔註2〕這章不將自傳視爲傳主的權威認識論點，而是鎖定 1990 年間出版的自傳，探討文本中以「今日之我」回顧「昨日之我」時，呈現什麼文本意識型態與性別／民主的意義。文本以九〇年代出版的政治自傳爲分析主軸，以楊祖珺《玫瑰盛開：楊祖珺十五年來時路》（1992）、陳菊《黑牢嫁粧：一個台灣女子的愛與戰鬥》（1993）、邱瑞穗《異情歲月：黃順興前妻回憶錄》（1994）、陳菊《橄欖的美夢：台灣菊・台灣情》（1995）、余陳月瑛《余陳月瑛回憶錄》（1996）、曾心儀《遊過生命的黑河》（1996）、《心內那朵花——台灣民主運動的文學紀事》（2000）七本女性政治自傳進行討論。

第一節　九〇年代的性別／民主

　　布洛克（Marc Léopold Benjamin Bloch）談到解讀回憶錄時，認爲如果當以那些特定留下回憶錄的有權勢人物的觀點解讀歷史時，我們可能會落入「正分毫不差地做著那些作者期待我們做的事。」〔註3〕，何況傳記事實和傳記材料雖相互關連，但「傳記事實」不等於歷史眞實。自傳事實是用來建構自我發展，自傳作者敘述的「不純粹是事實，也不純粹是經驗，而是經驗化的事實，即自傳事實。」〔註4〕自傳書寫作爲自我認同、文化再生產會有自我合理化、記憶篩選等問題，因此本文的研究以自傳生產的不同歷史情境（milieu），以及生活於其中的人與意識型態的呈現爲分析。倘若

〔註2〕 楊正潤，〈危機與出路：關於傳記現狀的思考〉，《傳記文學新近學術文論選》，北京，中國青年出版社，2011 年 1 月，頁 103。
〔註3〕 布洛克著，周婉窈譯，《史家的技藝》臺北，遠流出版，1989 年 1 月，頁 61。
〔註4〕 趙白生，《傳記文學理論》，北京：北京大學出版社，2003 年 8 月，頁 7～26。

歷史的時間是浸泡事件的血漿〔註5〕，那文本生產情境（milieu）對論述生產便是重要的。台灣 1990 年代正是傳記研究／邊緣史學研究興起的時刻。先前研究的史觀視邊緣歷史對抗典範歷史；傳記口述對抗官方書寫，此種論述不斷被闡述。〔註6〕新的研究方法不將「誤差」與「異例」視為非歷史事實，而是追問為什麼會有記憶之誤。〔註7〕。然而「再記憶」絕不是對一個已經封存之歷史階段的簡單回憶，而是一種對歷史的重新閱讀與書寫，因而是對一種歷史運動的「再實踐」。〔註8〕本文認為「再實踐」都是多重意識型態與多重力量的角力與辯證。本文認為典範歷史／邊緣史學、傳記口述／官方書寫不全然是一致的、整體的、同質性的二元對立，尤其威權與權力是具備多層次性與非單一性，邊緣史學與傳記口述有可能在多重複雜的權力關係下，顛覆某一威權卻又繼承另一威權的可能性，亦即在現代性的多層次性質下，出現追求單一現代性而忽略另一現代性的進程，產生反威權又擬威權的狀態。下文要分析的政治傳記便可以看到在顛覆國民黨威權時，又繼承陽剛政治民主與性別傳統價值的擬威權狀態；亦可能出現顛覆國民黨威權又反陽剛政治民主的雙重批判文本。

　　在 1990 年代的歷史時空中，意識型態出現成複雜、多元、複數型的樣貌，意識型態的轉變有其物質與文化基礎。雷蒙·威廉斯（Raymond Williams）在《漫長的革命》（The long revolution）一書提到文化革命與民主、工業之間的革命具有緊密關連，因為文化是受到民主與工業的進程與互動所影響，所以文化以非常複雜的方式所改變的。因此每個時代的複雜文化形成的感覺結構運作了生活中做細緻與具體的行動，感覺結構也形塑每一個世代自己的文化模式與特質，而新的世代也會有自己的感覺結構，社會會在個體身上具體呈

〔註5〕「時間是歷史的血漿」一說見布洛克著，周婉窈譯，《史家的技藝》臺北，遠流出版，1989 年 1 月，頁 61。

〔註6〕歷史學者王明珂、黃秀端皆論述到官方歷史解嚴之後，口述歷史與口述歷史書籍大量出現，不同於官方歷史的說法也大量產生。參考王明珂〈誰的歷史：自傳、傳記與口述歷史的社會記憶本質〉，《思與言》，第 34 卷，第 3 期；黃秀端，〈政治權力與集體記憶的競逐——從報紙之報導來看對二二八的詮釋〉，《台灣民主季刊》，第 5 卷，第 4 期，2008 年 12 月。

〔註7〕王明珂演講，董群廉紀錄整理，〈典範歷史與邊緣歷史：文獻、口述及其他〉，《國史管館刊》，復刊第 29 期，民國 89 年 12 月，頁 15。

〔註8〕宋國誠，《後殖民論述——從法農到薩伊德》，台北，擎松出版社，2003，11 月，p.15。

現出來，形成社會與個人之間的相互關係的。〔註9〕1990 年全球冷戰對立的結束、台灣解嚴、口述傳記興起、社會力解放等促成九○年代的歷史時空。

　　1950 年代的政治威權時期處在世界格局的冷戰局勢下，冷戰「體現為兩極體制，兩大陣營對峙抗衡」〔註10〕，不僅是意識形態的對立，並形成武力對抗的恐怖平衡。台灣則以「自由主義」之名行「威權主義」之實。到 1960 年代、1970 年代出口導向時期，在經濟與社會上都產生很大的轉變。1970 年代到 1980 年代，工業化／中產階級的發展與興起促成政治自由化（political liberalization）。1980 年代到 1990 年代，國家政治轉型。世界局勢在冷戰結束後，中歐和東歐共產國家的垮臺，被視「為全球的民主復興」〔註11〕。世界局勢對台灣政府型態也有影響。冷戰結束後，台灣不再成為冷戰的前緣國家，政治上的威權在全球的變遷之下民主的意識型態更紛雜，在冷戰之後的世界局勢，世界權力嬗變中，權力格局正朝多極化的方向發展〔註12〕。九○年代的社會變遷，工業化、社經與政治上轉向民主發展之後，女性更大量地參與正式的勞動市場也獲得更多受教育的機會。在都市化的過程當中，親屬關係的紐帶較為鬆動。認為 1980 年代中期之後，因為民主化的過程，開啟更多女性主義運動的空間（space），並形成新的、獨立的女性團體。〔註13〕在宏觀／微觀的歷史交錯下，九○年代的民主政治與性別政治有其轉變的物質基礎。

一、優位性民主／一黨獨大的式微

　　前文提到在 1970 年代的黨外運動中，「民主」訴求主要是追求選舉制度、政黨政治的自由、國會改選等議題。第三波民主在台灣的發展是自由主義選

〔註 9〕 Raymond Williams, *The Long Revolution*, London, The Hogarth Press, 1992, pp.1 ～80.（First published by Chatto&Windus Ltd 1961.）

〔註10〕 張炳清、韓永學編著，《大賭局：冷戰後地緣政治格局》，北京：中國社會科學出版社，1999 年 3 月，頁 68。

〔註11〕 Albert Weale 著，謝政達譯，《民主政治》，臺北，韋伯文化出版社，2001 年 9 月，頁 1。

〔註12〕 韓永學，〈序〉，張炳清、韓永學編著，《大賭局：冷戰後地緣政治格局》，北京：中國社會科學出版社，1999 年 3 月，頁 3。

〔註13〕 Cal Clark and Janet Clark, "Women in Taiwan: The Opportunities and Limits of Socioeconomic and Political Change for Women's Empowerment", in *Women and Politics around the World: A Comparative History and Survey, volume two: country profiles*, edited by Joyce Gelb・Marian Lief Palley, 2009, ABC-CLIO, pp.605～618.

舉式的民主追尋，目的在於推翻國民黨一黨專政的局面，當時反對勢力在黨外時期主要以「選舉——專業政黨」為取向。〔註 14〕民主議題的位階關係中「政治民主」優位於其他民主議題。李丁讚指出在解嚴後初期，輿論依然將「政治民主」擺在其他民主議題之上，認為所有的社會問題都是因為威權體制才產生，要解決社會問題，一定要先從政治問題著手。民主議題產生「政治」是主要、「社會」是次要的優先順序與上／下位階，認為只要政治問題解決了，社會問題自然迎刃而解。這種「主要／次要」、「核心／邊陲」的想法，是威權體制霸權下的邏輯推演，具有「道德優先性」的民主進程。〔註 15〕這種具有「主要議題／次要議題」的區分，「道德優先性」的政治民主觀點，也可以從許多文獻中看出當時的政治思維與民主觀點。如在第三章以黨外雜誌為文本分析，黨外論述即以「反國民黨威權」為民主核心論述，解嚴初期的歷史情境也依舊如此。作家楊青矗在 1987 年的民運論述便提出政治運動是社會運動的火車頭，只要政治問題解決，社會問題因政策的轉變將隨之解決。認為台灣政治問題的關鍵是萬年國會不改選，導致政治領導人物老化、專制、保守、惡政叢生。國會一全面改選，換新血，行民主，不合理的政治結構、政策將隨之變動〔註 16〕。1987 年的政治運動的五一九的抗議戒嚴、六一二的反對國安法、一二二五的全面改選，都聚集數萬人走上街頭，解嚴初期的後勁五輕事件、國安法、台獨事件、國會全面改選等議題還是會導向政治威權解除的目的。在「道德優先性」的民主進程下，等於不同面向的解放、民主化、去威權具有位階與順序，如此「次要」議題勢必會被犧牲，造成民主進程中次要的公民、次要的民主與次要的議題等。

　　雖然在 1980 年代，「政治民主」具有政治優先性，但民主論述在「政治

〔註 14〕吳乃德，1990，〈反對運動的第二條陣線〉，《新潮流評論》，16：29～40。

〔註 15〕談到 1987～1993 年的社會力時，李丁讚認為當時社會輿論熱烈討論「民間社會」的理論，認為「所有的社會問題都是因為威權體制才產生，所以認為，要解決社會問題，一定要先從政治問題著手」，這樣的「政治」支配的作用，使得已出現的市民社會被政治併吞。見李丁讚，〈市民社會與公共領域〉，收錄於黃金麟、汪宏倫、黃崇憲編，《帝國邊緣：台灣現代性的考察》，臺北市，群學出版，2010 年 12 月，頁 333～334。「道德優先性」的說法參見張茂桂，1994，〈民間社會、資源動員與新社會運動〉，《香港社會科學學報》，4：33～66。

〔註 16〕楊青矗，〈台灣社會運動與街頭抗爭的進展——「走上街頭」序〉，收錄於高信疆、楊青矗編，《一九八七台灣民運批判——走上街頭》，高雄，敦理出版社，1988 年 3 月。

民主」爲核心的縫隙下，一股社會力量長期也醞釀而成，而 1980 年代之後，國民黨政權的鬆動，提供了反對運動的發展。〔註 17〕1986 年到 1989 年之間，訴求「國會全面改選」、「解除動員戡亂體制」、「台灣獨立」等議題，但社會力的形成也促成政治的轉型。王甫昌指出光是「威權控制的鬆動」不足以解釋爲何 1980 年末期到 1990 年有大量的社會反對運動的產生，認爲還因爲異議性的政治意識過程，也因爲經濟結構的變遷，經濟狀況的改善，使得有較多的人用有自由運動時間的「結構的自由性」，可以調整自己的時間去參與任何他們覺得有興趣的工作，使得參與反對運動的人數增多。〔註 18〕

「民主」議題的分歧，從 1980 年開始衍生。高信疆在 1985 年策劃一系列台灣社會現象的報導文學書籍，包含政治、財經、社會轉型、文化批判、現實批判與生活批判等系列。〔註 19〕文化資源分佈不均、重建農村文化等議題。〔註 20〕消費者運動、全民醫療保健、勞基法與社會公平等議題。〔註 21〕

〔註 17〕 相似的論點可見王振寰 1989 年所寫的〈台灣的政治轉型與反對運動〉，《台灣社會研究季刊》，2 卷 1 期，71～116。李筱峰 1987 年《台灣民主運動四十年》，臺北，自立晚報。彭懷恩 1987 年《台灣政治變遷四十年》，臺北，自立晚報。

〔註 18〕 王甫昌，〈結構限制、運動參與、與異議性意識：台灣民眾政黨支持的社會結構基礎初探〉，《九○年代的台灣社會：社會變遷基本調查研究系列二》，張苙雲，呂玉暇，王甫昌主編，1997 年 5 月，臺北，中央研究院社會學研究所籌備處，頁 249～287。

〔註 19〕 此一系列書籍的出版爲楊青矗、柏楊、柴松林、胡佛、高信疆、張曉春、徐正光、蕭新煌、向陽、張恆豪、梁雙蓮、林嘉誠、陌上桑、謝金河、趙天儀等人研商並擔任編輯得以出版。包含胡佛、梁雙蓮編，《信心危機——一九八五台灣政治批判》、柴松林、謝金河編，《財經風雲——一九八五台灣財經批判》、張曉春、蕭新煌、徐正光編，《社會轉型——一九八五台灣社會批判》、李亦園編，《劇變與調適——一九八五台灣文化批判》、柏楊編，《台灣是誰的家？一九八五台灣現實批判》、高信疆編，《體檢美麗島——一九八五台灣生活批判》系列出版品。高信疆在〈體檢美麗島——「一九八五台灣生活批判」〉一文，提到基於反省與自覺，編選一九八五台灣生活批判，「以過去一年的生活場景，以台灣這塊土地和土地上的人民爲焦點，從急驟變遷的社會現實中，測量著它的當代處境、它的環境結構、它的生存品質與人文秩序」。見高信疆，〈體檢美麗島——「一九八五台灣生活批判」序〉，收錄於高信疆編，《體檢美麗島——「一九八五台灣生活批判」》，高雄，敦理出版社，1986 年 9 月，頁 36。

〔註 20〕 針對 1985 年之後的社會現狀提出批判。議題包含 1985 年之後，談文化發展的脈絡與困境、倫理文化、俗民文化問題、山地文化問題、都市聲光文化與副文化以及藝文問題等。提出文化資源分佈不均、社會倫理崩壞、山地文化危機、提出重建農村文化秩序、「方言」與國語並重等議題。參考李亦園編，《一九八五台灣文化批判——劇變與調適》，高雄，敦理出版社，1986 年 9 月。

提出政治倫理與政治革新，批判金權政治，回歸民主憲政。〔註 22〕批判台灣財經上的私利作祟、特權關說、管理制度偏失等問題。〔註 23〕本土意識興起，呼籲將台灣島視為自己的家鄉。〔註 24〕。書中提出對官僚文化，批判苟且偷安、順從性格的社會體質，也批判傳統的女性家庭角色，整體上的論述強調立足現實，要具有批判精神，獨立思考的社會精神〔註 25〕，環境意識等議題。〔註 26〕1986 年發展成自力救濟的民間集體力量〔註 27〕以及其他社會面向的問題。〔註 28〕1987 年批判「台灣恐懼症」，老兵議題，雛妓議題。〔註 29〕討論二

〔註21〕 提出社會轉型後農村崩潰與建設的議題、消費者運動、全民醫療保健、勞基法與社會公平等議題。參考張曉春、蕭新煌、徐正光編，《一九八五台灣社會批判——社會轉型》，高雄，敦理出版社，1986 年 9 月 15 日。

〔註22〕 參考胡佛、梁雙蓮編，《一九八五台灣政治批判——信心危機》，高雄，敦理出版社，1986 年 9 月 15。

〔註23〕 柴松林、謝金河編，《一九八五台灣財經批判——財經風雲》，高雄，敦理出版社，1986 年 9 月 15 日。

〔註24〕 《一九八五台灣現實批判——台灣是誰的家》中的文章，收錄於 1985 年刊登於《民生報》、《中國論壇》、《時報雜誌》、《中國時報》等文章，呼籲將台灣島視為自己的家鄉。參考柏楊，〈用長矛挑起明燈——「一九八五台灣現實批判」〉，收錄於柏楊編，《一九八五台灣現實批判——台灣是誰的家》，高雄，敦理出版社，（1986 年 9 月初版），1987 年 8 月三版，頁 5。

〔註25〕 高信疆，〈體檢美麗島——「一九八五台灣生活批判」序〉，收錄於高信疆編，《體檢美麗島——「一九八五台灣生活批判」》，高雄，敦理出版社，1986 年 9 月，頁 36。

〔註26〕 書中收錄關注邊緣與底層的社會生活以及對社會結構的批判。文中收錄對高雄污染的總檢討、台灣河川污染、人對大自然的砍伐、毒玉米酒與餿水油問題、依靠垃圾山為生的內湖的底層人民，這一系列文章，都看到台灣在八○年代中期展開的社會批判與現實關懷。參考高信疆編，《體檢美麗島——「一九八五台灣生活批判」》，高雄，敦理出版社，1986 年 9 月。

〔註27〕 《一九八六台灣社會批判——自力救濟》一書，談到自力救濟是民間集體力量的快速展現，民間集體力量藉由各種抗議與反對的社會運動加以展現。徐正光、張曉春、蕭新煌編，《一九八六台灣社會批判——自力救濟》，高雄，敦理出版社，1987 年 3 月。

〔註28〕 《一九八六台灣財經批判——景氣衝擊》批判經濟發展而忽略經濟以外其他層面的問題。柴松林、謝金河編，《一九八六台灣財經批判——景氣衝擊》，高雄，敦理出版社，1987 年 3 月。在文化批判上，談到本土認同、少數族裔的文化保存、知識的盜印等問題。李亦園編，《一九八六台灣文化批判——辨思與擇取》，高雄，敦理出版社，1987 年 3 月。教育論述上則提出教育應擺脫實用功利的價值觀，批判升學主義與僵化的教育制度等問題。張春興編，《一九八六台灣教育批判——校園之聲》，高雄，敦理出版社，1987 年 3 月。在生活批判部分，依然關照社會邊緣人物，也批判杜邦公司來台設廠的問題。高

二八與統獨之爭，多語言國家與語言政策的議題，走出中國極權文化等議題。
〔註 30〕爲弱勢團體請命、群眾運動與自力救濟、農業文化等議題。〔註 31〕在
財經部分，則批判台灣的賭錢文化與股市狂飆的問題，兩岸經貿關係的議題。
〔註 32〕在婦女運動上，婦女運動浮現出兩大新路線：立法遊說的確立，以及
校園婦運的興起。」，隨著民主運動與學生運動的興起，大學校園陸續出現女
學生社團與婦女或性別研究中心。〔註 33〕

　　九○年代時早期因爲政治民主具有「道德優先性」的情況有了轉變。此
時開始浮現各種公民社會的民主議題，如林芳玫提到台灣民主發展時，過往
因爲威權體制的緣故，集會結社、遊行抗議、言論自由、解除報禁與黨禁等
理所當然的權利，在台灣民主化的過程中卻總是被冠以「台獨」之名，但是
「當台灣的民主化日趨成熟時，民主化與台獨二者的歷史聯結也許可以脫
鉤，二者並無必然的關係。」〔註 34〕，在 1990 年代，台灣民主化可以說漸漸
與「反國民黨」脫鉤。

　　1990 年代中期，女性主義展開性慾自主、性解放、多元情慾論述展現。
〔註 35〕各種婦運論述出現。〔註 36〕根據 1991 年社會基本變遷調查資料，呂玉

信疆、楊青矗編，《一九八六台灣生活批判——台灣也瘋狂》，高雄，敦理出
版社，1987 年 3 月。在現實批判部分，則批判選美與色情文化、環境汙染等
問題。柏楊編，《一九八六台灣現實批判——誰在說眞話》，高雄，敦理出版
社，1987 年 3 月。

〔註 29〕柏楊編，《一九八七台灣現實批判——是龍還是蟲》，高雄，敦理出版社，1988
年 3 月。

〔註 30〕韋政通編，《一九八七台灣思想批判——衝破禁忌》，高雄，敦理出版社，1988
年 3 月。

〔註 31〕蕭新煌、張曉春、徐正光編，《一九八七台灣社會批判——怨‧亂‧序》，高
雄，敦理出版社，1988 年 3 月。

〔註 32〕柴松林‧謝金河編，《一九八七台灣財經批判——金錢遊戲》，高雄，敦理出
版社，1988 年 3 月。

〔註 33〕范雲，〈靜默中耕耘細節的婦運革命〉，收錄於王金壽等作，《秩序繽紛的年代：
走向下一輪民主盛世》，臺北縣新店市，左岸文化，2010 年 7 月，頁 122。

〔註 34〕林芳玫，〈從兩國論到兩性論 談對等實體〉，中國時報，1999 年 8 月 14 日，
十五版。收錄於《兩性平權》，臺北市，立法院國會圖書館編，2002 年 8 月，
頁 14～15。

〔註 35〕見顧燕翎，1997，〈台灣婦運組織中性慾政治之轉變——受害客體抑或情慾主
體〉。《思與言》，35（1）：87～118。

〔註 36〕在台灣九○年代的婦女狀況當中，1995 年自立早報出現了〈全面消除性別歧
視以實現男女平等〉的社論，批判不只在民法上，而且在國籍法等法律也都

暇認為九○年代的歷史背景中，女性依然被置放在私領域與家庭的位置當中。在台灣九○年代的婦女狀況當中，在工作保障上的社論，則有終結女性單身條款，保障婦女工作權益的論述產生。批判已婚女性容易被解雇的問題，〔註37〕另外也有婦女安全與人權的議題。關注婦女受暴議題。〔註38〕另外也

以男性為中心，這一篇社論呼應1979年聯合國通過的「女性歧視撤廢條約」。張晉芬在1995年提出特考限制女性名額，是一種性別歧視。林芳玫也提出在性暴力問題上，社會應丟調保護主義，促進性別體制改革。羅燦煐也批判了政治選戰當中，女性身體被物化與客體化的問題。黃長玲也以資源分配不均的角度，思考閣員性別比率原則的意義。周雅淑提出政治上的男女共治，認為在台灣的政壇裡，只有在長期耕耘黨外社會運動，或者受政黨提攜栽培，才能角逐男性主控的政治領域。「對於多數台灣女性公民而言，總統大選期間，各候選人的妻女，足蹬高跟鞋，沿街揮旗、握手、拉票的景象，可能才是她們最熟悉的一種『婦女參政』的景觀。」。周雅淑也針對葉永誌事件寫男性的陰柔特質不該被汙名化。朱惠良則提出女性不應該一直被放在私領域的母職當中被歌頌。施威全也針對葉永誌事件，認為應該提出反歧視法。林朝億也提出政治領域中，女性因為性別身份被汙名的問題。王麗容提出應通過兩性工作平等法，來達到性別正義。1995年台大女宿播放Ａ片，宣揚女性情慾自主的概念。另外，陳龍禧則呼籲性騷擾防制應盡快立法。彭婉如事件發生時，輿論也大力呼籲性侵害防制法的制訂。蘇芊玲也提出應公佈校園性騷擾案。書中也收錄許多性侵害的相關論述。另外，在女性財產權的論述上，也強調修改民法親屬編的夫妻財產制。並提出家務有給職與脫產保全處分等保障在家經濟弱勢的婦女。參考《兩性平權》，臺北市，立法院國會圖書館編，2002年8月。

〔註37〕中央日報社論，〈終結女性單身條款　保障女性工作權益〉，中央日報1995年1月8日，三版。相關社論尚有靜夜思，〈女性勞工問題與兩性工作平等法〉，台灣時報，1995年3月1日，六版。彭社雯，〈先由工作權著手　保障女性權益〉提出公娼工作權需要保障的問題。台灣日報，1997年9月6日，六版。另外有楊茹憶〈跨出男女工作平等的一小步〉，工商時報，1999年1月1日，二十九版。蔡同榮〈兩性工作平等法不能淪為無牙老虎〉，民眾日報，1999年6月22日，十二版。鄧佳蕙〈推動兩性工作平等法　仍欠臨門一腳〉，中國時報，2001年7月30日，十五版。陳正良，〈加強國家責任　彌平兩性差別〉，中央日報，2002年1月11日，十一版。聯合報社論，〈兩性工作平權法徒法不足以自行〉，2002年3月8日，二版。徐佳青，〈兩性工作平等法可提升國家競爭力〉，自由時報，2002年3月8日，十五版。梁玉芳，〈立法院裡的兩性工作平等法〉，聯合報，2002年3月8日，十五版。工商時報社論，〈落實兩性工作平等法確保職業婦女權益〉，工商時報，2002年3月8日，二版。蔡豪，〈樂見「兩性工作平等法」落實兩性平權〉，民眾日報，2002年3月9日，六版。收錄於《兩性平權》，臺北市，立法院國會圖書館編，2002年8月。

〔註38〕相關社論有彭堅汶，〈婦女問題在人權上的反省〉，中央日報，1995年3月9日，十版。黃富源，〈保障婦女安全　別再遲緩冷漠〉，聯合報，1996年，12月4日，十一版。聯合報社論，〈婦女的安全繫於全社會的自覺〉，聯合報，

提出兩性平權的方法，工作權，自由權與人身安全權。〔註 39〕另有分析婦運侷限在中產階級的原因。〔註 40〕在 1980 年代民主化之後，九〇年代的政治社會才逐漸不再外顯而被民主治理所取代。〔註 41〕九〇年代現代國家體制和民主化已經逐漸鞏固，1991 年，「萬年國會」解散之後，參與中央民意機構的被選舉權獲得實現。〔註 42〕1980 年代以前，在威權體制下，民間團體往往只是國家機器的代理人，替國家在地方社會執行各項服務工作。雖然因為解嚴的緣故，台灣社會從 1990 年之後，民間團體開始有明顯地增加。〔註 43〕

二、轉型正義論述與歷史詮釋權

在九〇年代的時空，國民黨威權逐漸式微，轉型正義（transitional justice）〔註 44〕的論述也逐漸產生。「轉型正義是指剛經歷民主轉型的政體如何處理轉型前威權或獨裁政府的不正義行為。」〔註 45〕，雖然台灣在 2000 年總統大選的政黨輪替之後，才大量出現轉型正義的論述，但是可以看到在 1990 年時，

1996 年 12 月 14 日，二版。尤美女，〈家中有暴力 家庭不可能和諧〉，中國時報，2000 年 6 月 24 日，十五版。張世雄，〈社會福利刪刪刪 婦女照顧無無無〉，自由時報，2000 年 8 月 21 日，十五版。阿洛‧查勞〈原住民婦女 最需要家暴法保護〉，中國時報，2000 年 8 月 25 日，十五版。劉淑瓊，〈家暴防治 不可能的任務〉，中國時報，2001 年 3 月 23 日，十五版。徐佳青，〈以女性參政作為選擇政黨指標〉，自由時報，2001 年 11 月 9 日，十五版。收錄於《兩性平權》，臺北市，立法院國會圖書館編，2002 年 8 月。

〔註39〕 相關文章有黃淑玲，〈立法執法應堅守兩性平等〉，中國時報，1995 年 12 月 25 日，十一版。徐佳青，〈在運動中實踐兩性平等的性教育〉，自由時報，1996 年 1 月 1 日，十六版。

〔註40〕 成令方，〈掃除城鄉大差距 開發婦運新血輪〉，中國時報，2000 年 1 月 2 日，十五版。

〔註41〕 王振寰，〈現代國家的興起：從殖民、威權到民主體制的國家機器〉，收錄於黃金麟、汪宏倫、黃崇憲編，《帝國邊緣：台灣現代性的考察》，臺北市，群學出版，2010 年 12 月，頁 102～103。

〔註42〕 黃金麟，〈公民權公民身體〉，收錄於黃金麟、汪宏倫、黃崇憲編，《帝國邊緣：台灣現代性的考察》，臺北市，群學出版，2010 年 12 月，頁 262。

〔註43〕 李丁讚，〈市民社會與公共領域〉，收錄於黃金麟、汪宏倫、黃崇憲編，《帝國邊緣：台灣現代性的考察》，臺北市，群學出版，2010 年 12 月，頁 339。

〔註44〕 轉型正義（transitional justice）一詞最早由 Ruti G. Teitel 提出，參考葉浩，〈價值多元式轉型正義理論：一個政治哲學進路的嘗試〉，《台灣政治學刊》第 12 卷第 1 期，2008 年 6 月出版，頁 11～51。

〔註45〕 郭豔，〈新興民主政體的轉型正義難題〉，中國，南京工業大學學報，第 8 卷第 1 期，2009 年 3 月，頁 5。

對歷史的重新詮釋與論述不斷產生，是第三波民主發展上面對如何處理舊威權的歷史課題。

　　社會從威權體制過渡的民主體制，但民主制度尚未鞏固時，如何去面對舊威權的曾有的暴行與留下的問題便是轉型正義的主要核心。在第三波民主化的國家中，從七○年代便陸續面臨轉型正義的歷史課題。轉型正義的重要基礎在於瞭解歷史的真相，並建立一個面對過去歷史的態度，進而影響社會與政治的發展〔註 46〕。「轉型正義」面對舊威權體制時，具有「兩張面孔」。一張面向過去發生的不正義；另一張面向未來可能的社會和諧。在這過程中不同「角色」會有不同的歷史的觀點，對於不同觀點的故事版本都予以適當的尊重，沒有任何角色的聲音可以被忽視，沒有任何一方的故事該被消音或排除在外。會重新詮釋過往「歷史不正義」觀點，重新撰寫或至少重新評價前朝政府所訂定的「標準」歷史〔註 47〕。新的歷史詮釋被視為走向成熟民主的必經之路。

> 　　專制國家強迫百姓所保持的緘默，不但竊取他們的記憶，改寫他們的歷史，還把國家認可的身份硬塞給他們。或見證者的緘默，他們選擇忽視或不說出真相。或被害人的緘默，他們的緘默有時反而使他們成為發生在自己身上罪行的共犯。
>
> 　　　　　　　　　　　　　　　——阿颯兒・納菲西（Azar Nafisi）〔註 48〕

國家會以講述國家的故事來建立一種共同意志〔註 49〕，藉由歷史材料的選擇控制記憶，記憶與遺忘都成國家的產物與囚徒。〔註 50〕社會中的權力集團（power bloc）控制意識形態以維持優勢地位，將不利於統治集團的觀點視為

〔註46〕郭豔，〈新興民主政體的轉型正義難題〉，中國，南京工業大學學報，第 8 卷第 1 期，2009 年 3 月，頁 5～9。

〔註47〕葉浩，〈價值多元式轉型正義理論：一個政治哲學進路的嘗試〉，《台灣政治學刊》第 12 卷第 1 期，2008 年 6 月出版，頁 15～36。

〔註48〕阿颯兒・納菲西（Azar Nafisi）著，朱孟勳譯，《我所緘默的事》，臺北市，時報文化出版社，2011 年 2 月 18 日，頁 17。

〔註49〕查爾斯・泰勒（Charles Taylor）著，李尚遠譯，《現代性中的社會想像》，臺北，商周出版，2008 年 1 月，頁 262～280。

〔註50〕Henry steele Commager, The Nature and the Study of History, ed. Raymond H. Meussing and Vincent R. Rogers, Columbus, Ohio, Charles E. Merrill Books, 1965, p.53。轉引自 Robert F. Berkhofer, Jr 著，刑立軍譯，《超越偉大故事：作為文本和話語的歷史》（Beyond the Great Story: History as Text and Discourse），北京，北京師範大學出版社，2008 年 1 月，頁 218。

「邪說異端」，銷毀某些版本的歷史，嚴禁某類的歷史寫作，或限制某些議題的談論。久而久之，某些版本的歷史或人物可能消失在歷史洪流中，形成「社會失憶症」（social amnesia）〔註51〕，形成「忘卻的政治」。「忘卻的政治」是統治者藉由抹除記憶來抹消歷史的存在，只有重拾歷史與壓抑者的重返，被遺忘的部份可能再被拾起。〔註52〕歷史重新論述便是要對抗「忘卻的政治」建立起「記憶的政治學」。〔註53〕。在面對「忘卻的政治」時，歷史的記憶又是一場對各種權力的爭奪。

　　當威權轉型時期，歷史的重建工作便是質疑歷史敘事背後的政治意識型態性，並透過重返歷史現場，通過重新追述被抹消被忘卻的歷史記憶而將那個敘事「歷史化」。〔註54〕台灣史研究也在這樣的情境下大量生產。所以解除戒嚴之後，檔案的相繼開放，口述歷史的素材，提供有別於檔案的官方立場的另一種觀點。1990 年代初期開始的二二八事件的口述，戒嚴時期白色恐怖的口述歷史則在 1990 年代末期開始進行。解嚴以來，市面上開始出現美麗島事件的政治犯口述，或自行出版的回憶錄與自傳性作品。大量的文字書寫、紀念物、演說都是要詮釋政治犯的公共性，而「轉型正義」的論述提出必須處理歷史記憶的問題，也是政治敘述生產的原因。〔註55〕在歷史詮釋上，威權體制瓦解後，如同葛蘭西所說的「爭取文化霸權」。文化的詮釋在「記憶」和「遺忘」這一對雙胞胎之間進行記憶與遺忘的搏鬥。〔註56〕本土立場的學者張炎憲在〈台灣人意識回憶錄的出現──國民黨文化霸權的崩解〉一文指

〔註51〕 Robert F. Berkhofer, Jr 著，邢立軍譯，《超越偉大故事：作為文本和話語的歷史》（Beyond the Great Story: History as Text and Discourse），北京，北京師範大學出版社，2008 年 1 月，頁 349～357。

〔註52〕 周慶祥，《黨國體制下的臺灣本土報業──從文化霸權觀點解析威權體制與吳三連《自立晚報》（1959～1988）關係》，世新大學傳播研究所博士論文，2006 年 6 月，32。

〔註53〕 趙京華，《日本後現代與知識左翼》，中國北京：生活‧讀書‧新知三聯書店，2007 年 8 月，頁 233～244。

〔註54〕 趙京華，《日本後現代與知識左翼》，中國北京：生活‧讀書‧新知三聯書店，2007 年 8 月，頁 205。

〔註55〕 柯朝欽，〈戒嚴時期政治犯平反運動的持續與公共化來臨的記憶〉，收錄於何明修、林秀幸主編，《社會運動的年代：晚近二十年來的台灣行動主義》，臺北市，群學出版，2011 年 2 月，頁 290～321。

〔註56〕 張同道、黎煜，《被遺忘的輝煌──記孫明經與金陵大學教育電影》，北京電影學院學報，2005 年 4 月。

出，過往在大中國意識指導下台灣歷史文化被壓制，至 1970 年代末期，台灣意識再度崛起，挑戰國民黨體制；1980 年代之後，隨著政治運動和台灣意識高昂，台灣人意識的回憶錄和口述歷史記錄也在此潮流下逐漸出現。這象徵時代改變，台灣人漸漸回歸歷史主流地位。〔註57〕可以看到 1990 年代不同時空下，本土歷史學者對台灣意識的強調，以對抗過往中國意識的歷史詮釋，都是在歷史轉型時期爭奪歷史詮釋的現象。

　　一開始口述歷史內容所著重的重點都是男性，後來《臺北南港二二八》那本書之後開始針對女性與政治受難的關係進行訪談，〔註58〕陳翠蓮認為自從 1987 年 2 月「二二八和平促進會」發起「二二八公義和平運動」後，長期以來的政治禁忌被突破，言論空間擴大，接著十年有關二二八事件報導、見證、口述回憶、傳記、官方檔案等史料極微豐富。〔註59〕1994 年的臺北市女性權益促進會舉辦「一百個阿媽的故事」徵文比賽，讓家人去寫自己的阿媽或由阿媽自己寫自己的故事。都看到 1990 年代傳記、口述史文類的大量生產與歷史詮釋權爭奪的意義。李元貞亦提出政治解嚴後產生第一波女性口述史運動，使得被掩埋歷史紛紛浮出檯面。〔註60〕在此歷史時空下，黨外男性自傳與黨外女性自傳亦紛紛出版，不同於口述史資料的生產，黨外男性與黨外

〔註57〕 張炎憲，〈台灣人意識回憶錄的出現——國民黨文化霸權的崩解〉，《台灣史料研究》，第 11 號，1998 年 5 月出刊，台北，財團法人吳三連史料基金會，頁65。
〔註58〕 曾秋美訪談記錄，引自蔡篤堅〈多元主體地位的形塑與追尋——1990 年代台灣口述歷史的趨勢探索〉，《台灣史料研究》，第 11 號，2003 年 9 月出刊，臺北，財團法人吳三連史料基金會，頁 126。
〔註59〕 大量的回憶錄、傳記、小品文出版，台灣史料研究〈回憶錄與自傳中的二二八史料〉在解嚴之前出版的回憶錄與傳記中，可以看見清一色是男性的回憶。而女性的二二八傳記與回憶遲至 1990 年代之後才出現，較為重要的為沈秀華的《查某人的二二八》一書。到 1991 年之後的民間口述史的出版包括二二八家屬阮美妹的《孤寂煎熬四十年：尋找二二八失蹤的爸爸阮朝日》（1992）、《幽暗角落的泣聲：尋訪二二八散落的遺族》（1992）、沈秀華、張文義採訪的《噶瑪蘭二二八》（1992）、張炎憲採訪的《悲情車站二二八》（1993）、《基隆雨港二二八》（1994）、《臺北南港二二八》（1995）、《嘉義驛前二二八》（1995）、《諸羅山城二二八》（1995）、《嘉雲平野二二八》（1995）等。陳翠蓮認為這些民間口述史料與官方史料最大的不同在於民間回憶不曾出現在官方的檔案當中，受難者家屬的證言，更能理解二二八事件在民間所造成的嚴重創傷與深刻影響。陳翠蓮，〈二二八事件史料評述〉，《台灣史料研究》，第 11 號，2004年 2 月出刊，臺北，財團法人吳三連史料基金會，頁 160。
〔註60〕 李元貞，〈消失中的台灣阿媽〉，《光華》雜誌，民國 85 年 5 月，頁 52。

女性在政治變遷下，過往的苦難轉化成今日的文化資本與政治資本，以批判昨日錯誤的歷史進行今日的歷史詮釋與自我定位。

三、「陽剛民主」論述──男性政治傳記

　　政治傳記的出版，不僅僅是為個人做傳，也是歷史詮釋與意識形態的爭奪。男性政治傳記當有「自傳」與「他傳」不同性質的回憶錄，而女性相關政治傳記與政治口述，許多是由他人做傳與訪談口述。探究女性自述以他傳與口述居多的原因，一來女性在社會角色上不被鼓勵為自己做傳，二則是女性因為許多未掌握書寫能力，所以由他人做傳，三則是第二波婦女運動的發展當中，以收集女性史料作為重新詮釋歷史的方式，都可以增加他人為女性做傳的原由。台灣政治自述中，少數親自書寫者如〈二二八與我〉一文，作者郭林汾為 228 受難者、故宜蘭省立醫院院長郭張恒遺孀，本文為郭林汾親手寫下的回憶。〔註 61〕在對政治傳記的觀察中，本文認為男性政治傳記出現

〔註61〕郭林汾，〈二二八與我〉，《台灣史料研究》，第 11 號，2006 年 12 月出刊，臺北，財團法人吳三連史料基金會，頁 182。出生於 1919 年，7 歲就學公學校，14 歲入學臺北第三高等女學校，1940 年與郭章桓結婚。擔任醫生的郭，在二二八事件發生時，「3 月 19 日早上有人來病院說，昨夜在頭城媽祖廟前有人被槍殺，要我準備去認屍。於是為他準備要換的衣服，病院也替我準備牲禮棺木，有一個在大陸醫學院畢業的巽醫師回台灣，他剛來病院學習外科，他是住在頭城的人。由他用腳踏車載我到頭城去收屍。有公工在掘出一個一個的死體給家族去認。他是第五位被掘出來的，還是五花大綁的。我看到這時一點眼淚都流不出來，好像凍結似的。我趕緊把繩子解開，用院方準備的藥水，把他身上的土砂洗乾淨，換上衣服後，蓋上白布後，一股清紅的血從心臟傷口流出來。簡單將他埋在宜蘭公墓。回到原地已經是凌晨一點鐘，他被埋在廟前已經過一夜，他被帶走到被殺不到 24 小時。聽講本來是要去填海的，因為橋壞去，卡車不能過去，才臨時在廟前槍決的。這是祖國對待咱台灣人的，因他們禁止人們不可說 228 的事，40 年久。元兇死後才有人講出 228 的事。當時我妊娠三箇月，我女兒勝華是那年 10 月才出生的。她來美國以前她只知道她父親是死在 228，但她不知道 228 是什麼？來美國可自由看新聞、書籍才知道的。當時巽醫師載我去收屍了後，載我到他的厝休息。隔早他母親為我備早飩，厝內面只有看到他母子二人，巽醫師對我講：郭院長的墓叫我安心，他會時常去看的。但是頭一次的清明節，我與公公及第七小叔及五個月大的女兒勝華去祭新墓時，都沒有看到巽醫師。我來美國了後也拜託我在宜蘭的友人，打聽他的消息，都沒有知影他的消息〉當時是他幫我收屍他們無處可逃一定是遭了毒手被消滅了。當時是戒嚴時期，他們無處可逃的。每次想到他們，實在真難過。這樣的國家那有什麼人權可談？」

的時間早於女性傳記，可以看見男性的政治參與作為一種歷史記錄，是較早
被重視的。如下圖為男性政治傳記的出版時間：

男性政治傳記列表：

作　者	書　名	出版日期	出版訊息
鍾謙順	《煉獄餘生錄》	出版日期不詳	鄭南榕發行
韓石泉	《韓石泉回憶錄》	1956 年	
韓石泉	《六十回憶》	1956 年 11 月	著者印行
丘念台	《嶺海微飆》	1962 年 12 月	臺北，中華日報出版
林心	《六五回憶錄》	1964 年手稿	未刊
楊金虎	《楊金虎回憶錄》	1967 年 9 月	著者印行
楊肇嘉	《楊肇嘉回憶錄》	1968 年 12 月	臺北，三民書局
朱文伯	《七十回憶》	1973 年	
杜聰明	《杜聰明回憶錄》	1973 年 8 月	杜聰明博士獎學金基金管理會印行
葉榮鐘	《小屋大車集》	1977 年	
吳新榮	《震瀛回憶錄》	1977 年 3 月	肖琅山房出版社，非賣品
姚嘉文、林義雄	《古坑夜談：雨傘下的選舉》	1978 年	臺北市：姚嘉文、林義雄
雷震	《雷震回憶錄：我的母親續篇》	1978 年	臺北市：七十年代雜誌社
蘇薌雨、葉榮鐘、洪炎秋	《三友集》	1979 年	
楊逸舟	《受難者》	1980 年	前衛出版社
黃順興	《走不完的路》	1980 年 2 月	自立報系
古瑞雲	《台中的風雷》	1980 年 9 月	人間出版社
張良澤主編	《吳新榮日記》	1981 年	臺北市：遠景
黃朝琴	《我的回憶》	1981 年 12 月	黃陳印蓮出版

作　者	書　名	出版日期	出版訊息
張煦本	《記者生涯四十年》	1982 年	自立晚報
劉雨卿	《恥盧雜記》	1982 年 12 月	劉雨卿將軍遺著編印紀念委員會印行
劉峰松著、翁金珠編	《黑獄風光：劉峰松獄中回憶錄》	1985 年	臺北縣：翁金珠
吳尊賢	《人生七十》	1987 年 8 月	吳尊賢文教公益基金會印行
鐘逸人	《辛酸六十年》	1988 年	臺北市：自由時代
施明德	《施明德的政治遺囑：美麗島軍法大審答辯全文》	1988 年	臺北市：前衛
彭明敏	《自由的滋味：彭明敏回憶錄》	1988 年	臺北市：前衛
黃武東	《黃武東回憶錄》	1988 年 9 月	臺北，前衛出版
盧修一	《獄中沈思錄》	1989 年	臺北市：前衛
許曹德	《許曹德回憶錄》	1989 年	臺北市：自由時代（1990 年 6 月由前衛出版社）
雷震著、傅正主編	雷震回憶錄	1989 年	臺北市：桂冠
吳三連口述，吳豐山撰記	《吳三連回憶錄》	1991 年	
汪彝定	《走過關鍵年代：汪彝定回憶錄》	1991 年	臺北市：商周
黃紀男	《黃紀男泣血夢迴錄》	1991 年	臺北縣：獨家
汪彝定	《走過關鍵的年代》	1991 年 10 月	臺北，商周文化事業公司
黃紀男	《黃紀男泣血夢迴錄》	1991 年 12 月	臺北市，獨家出版社
林忠勝	《陳逸松回憶錄》	1994 年	臺北市：前衛

作　者	書　名	出版日期	出版訊息
林忠勝	《朱昭陽回憶錄》	1994 年	臺北市：前衛
彭瑞金	《台灣野生的政治家：余登發》	1995 年	臺北：時報文化
楊基銓	《楊基銓回憶錄》	1996 年	臺北市：前衛
沈義人	《二二八和平使者》	1996 年 11 月	沈義人出版
邱永漢	《我的青春·台灣我的青春·香港》	1996 年 1 月	臺北，不二出版社
江蓋世	《我走過的台灣路》	1997 年	臺北市：前衛
朱昭陽	《朱昭陽回憶錄》	1997 年 6 月	前衛出版社
張俊宏	《張俊宏獄中家書》	2000 年	臺北市：天下遠見
高玉樹口述；林忠勝撰述	《高玉樹回憶錄》	2007 年	臺北市：前衛

女性政治傳記列表

作　者	書　名	出版日期	出版訊息
崔小萍	《崔小萍獄中記》	1989 年	臺北市：耕者
楊祖珺	《玫瑰盛開：楊祖珺十五年來時路》	1992 年	臺北市，時報文化
陳菊	《黑牢嫁粧：一個台灣女子的愛與戰鬥》	1993 年	臺北縣，學英總經銷
邱瑞穗	《異情歲月：黃順興前妻回憶錄》	1994 年	臺北市，日臻
陳菊	《橄欖的美夢：台灣菊·台灣情》	1995 年	臺北市，月旦
余陳月瑛	《余陳月瑛回憶錄》	1996 年	臺北市，時報文化
曾心儀	《游過生命的黑河》	1996 年	臺南市，臺南市立文化中心
曾心儀	《心內那朵花——台灣民主運動的文學紀事》	2000 年	臺北，永和，新風格文藝

作　者	書　名	出版日期	出版訊息
崔小萍	《天鵝悲歌：資深廣人崔小萍的天堂與煉獄》	2001 年	臺北市：天下遠見
汪其楣	《舞者阿月：台灣舞蹈家蔡瑞月的生命傳奇》	2004 年	臺北市：遠流

　　上述回憶錄有些是當事人作品，也有他人代為整理。從男性政治傳記與女性政治傳記從出版的時間來看，可以看到男性政治傳記從 1960 年代到 2000 年都有出版，女性政治傳記幾乎都在 1990 年之後才出版，且大部分是參與 1970 年代之後政治事件，掌有某些政治資本、文化資本的政治人物傳記。可以看見歷史的重新敘述與反抗歷史話語的建構，也先著重在男性的政治自述與傳記口述當中，「反威權」的敘述本身也是一種權力的競逐與展現。出版時間上，可以看到男性敘述者不僅被視為民主參與的主體；也被視為民主敘述的主體，女性傳記在以男性傳記為主體的傳記文類中，則諷刺的成為民主敘述的「接班人」。

　　本文觀察有參與 1975 年黨外運動的男性回憶錄中，可以看見男性傳記有其共同特性。其中傳記多強調本土的歷史觀點，大致從傳主受到日本殖民統治到國民黨威權體制的背景下，書寫個人生命史，強調是一種「台灣人口述歷史的紀錄」〔註62〕。傳記有從個人記憶中，去紀錄台灣被殖民的歷史，並企圖藉由個人口述當中來印證歷史。1970 年代末期，「台灣人意識」促成某些政治回憶錄和口述歷史生產。〔註63〕到 1980 年代之後，伴隨著台灣政治朝向

〔註62〕如《朱昭陽回憶錄：風雨延平出清流》提到是一種「台灣人記錄」，朱昭陽口述，吳君瑩紀錄，林忠勝撰述，《朱昭陽回憶錄：風雨延平出清流》，臺北市，前衛出版社，2009 年 02 月，頁 i。盛治仁，《獄中家書 柯旗化坐監書信集》序言提到一書的出版源由，「行政院文化建設委員會所屬國立台灣歷史博物館肩負保存、典藏所有台灣人民的歷史記憶與集體經驗之責。各個歷史時期的多種聲音如果能保存下來，後代的人藉由歷史的回溯檢視，與當代社會做對話；藉由認識過往歷史文化的過程，我們才有可能凝聚共識，看清現在、創造未來。」，收錄於柯旗化，《獄中家書 柯旗化坐監書信集》，台南市，國立台灣歷史博物館，2010 年 9 月，頁 i。

〔註63〕張炎憲，〈台灣人意識回憶錄的出現──國民黨文化霸權的崩解〉，《台灣史料研究》，第 11 號，1998 年 5 月出刊，臺北，財團法人吳三連史料基金會，頁 65。

民主化及本土化運動的興起，更日益蓬勃發展。〔註 64〕所以本文認為八〇年代之後，大量回憶錄與歷史口述史料的出現，是對過往歷史壟斷的重新詮釋與爭奪，傳記的出現是企圖參與歷史爭奪與詮釋的權力。敘事不僅可以被訴說、書寫還可以是現實中的行為。反對陣營的男性政治傳記是承襲黨外雜誌敘述的「反國民黨威權」的民主觀點，並在政治轉型中生產政治效力。

　　本文在政治傳記的觀察上，除了發現男性政治傳記企圖在歷史與民主的書寫中，進行民主歷史的詮釋之外，從性別的角度切入，可以看到黨外運動中參政男性傳記闡述自我／歷史之間的關聯時，呈現幾個共同的特點，其中包含將自己視為民主見證與反國民黨論述的代表、以及針對個人豐功偉業的記錄，還有在傳記中與女性傳記做比較時，可以發現男性政治傳記中並不凸顯自己的性別身份，在公／私領域也無衝突的性別身份。女性傳記則在有意無意之間去呈現了性別身份與民主身份之間的對話。胡紹嘉《敘事、自我與認同》在傳記研究上，認為現有研究中將男性傳記與女性傳記比較討論時，多以男／女對立意識型態的分析模式進行敘事分析，認為過往的女性自傳研究文獻將女性視為歷史的缺席者；男性自傳成為女性自傳「的相反或對立面」〔註 65〕。本文認同女性傳記與男性傳記不必然呈現對立面的意識型態，但是

〔註 64〕　本土化運動與歷史論述之間的關係，林玉茹提到「1980 年代以前編輯出版的台灣史專書，學術性略嫌不足，以大中國主義史觀或是民族主義史觀進行政治宣傳的意味較為濃厚，內容大多偏重於政治史。例如，湯子炳的《台灣史綱》雖是戰後第一本台灣史專書，即從大中國主義觀點敘述隋唐時代至戰後台灣各政權的發展。郭廷以《台灣史事概說》，敘述範圍自早期至日治時期，篇幅則以清代為重心，日治時期和戰後僅大略論及。」「1960 年代，或許白色恐怖時代更為嚴密控制的氣氛之下，台灣史專著編纂急遽減少。直至 1970 年代，特別是 1970 年代中後期，通史著作才復出現，但仍偏重日治以前政治史或是漢文化本位主義的開拓史，戰後台灣的敘述則略過，或僅簡單提及。」「1980 年代中葉之前，最特別的是左翼立場通史之作的翻譯或編纂，最具代表性的是史明《台灣人四百年史》在台灣重新翻譯出版。該書強調從左翼勞動人民立場敘述台灣史，成為此時期重要禁書，但也是戰後影響台灣政治運動甚鉅之書。1980 年代後期，在台灣史研究逐漸蓬勃、台灣主體性要求的呼聲日益高昂之下，首次出現以台灣為主軸且敘事嚴謹的通史之作。」1990 年代之後，因為台灣歷史教學上的改變，所以大量產生台灣史研究的著作。林玉茹，〈1945 年以來台灣學者台灣史研究的回顧——課題與研究趨勢的討論（1945～2000）〉，《台灣史料研究》，第 11 號，2003 年 9 月出刊，臺北，財團法人吳三連史料基金會，頁 2～3。

〔註 65〕　胡紹嘉，《敘事、自我與認同：從文本考察到課程研究》，台北，秀威資訊科技，2008 年 9 月，頁 33。

胡紹嘉的研究僅從敘述方式進行比較，本文則從政治自傳作為社會關係意識型態的生產與再生產觀念下，探究其意識型態的相似與相似；對過往的繼承與反駁，看其對黨外論述、婦運論述、轉型正義的歷史有所承襲、反駁、弔詭與協商。

「非現代國家如果試圖變成『現代』國家的話，它的首要任務就是敘事，即把處於自然狀態的社會組織到一個按照我們與他們的劃分有序，層次分明的現代話語中去。」〔註66〕，在歷史轉型的敘述中，反國民黨威權的政治傳記在對抗威權歷史書寫時，企圖建立起新的秩序與史觀，「政治民主」則是一個與舊威權切割的「現代」國家展現，男性傳記將黨外運動視為一個反威權、進步的現代的歷史觀點。伊瓦──戴維斯（Yuval-Davis, Nira）亦提到受壓迫知識份子會「重新發現」「集體記憶」，並描述出一個「黃金時代」的「神話」。〔註67〕但在建立起現代化的「政治民主」時，疏忽了威權本身的多層次與複數性，使得反大敘述的同時，又產生另一種宏大敘事。以下將針對男性傳記中的幾個特點進行闡述。

（一）民主見證／反國民黨論述

瑪麗・伊萬絲（Mary Evans）認為自傳／傳記是社會根據自己的需要製造出來的現代神話，自傳／傳記不可能描繪出其宣稱所描繪的東西，而是在虛構上創造出來一種信仰，使傳主消融在社會秩序的需要中，成為在場又不在場的「失蹤的人」，他們的記憶實際上被流行的現代神話所改造或替代。〔註68〕傳記不等同於歷史，傳記有其虛構的本質，是一種「想像的產物」。〔註69〕在轉型歷史論述大量生產的 1990 年代，傳記的生產亦有其社會需要與神話性，其中男性反對運動者傳記都將個人論述成民主見證與反國民黨威權的代表。在《自由的滋味：彭明敏回憶錄》（1988）、《走不完的路──黃順興自述》

〔註66〕 李楊，〈毛澤東文藝思想與現代性〉，收錄於張頤武主編，《現代性中國》，中國開封，河南大學出版社，2005 年 3 月，頁 188。

〔註67〕 伊瓦──戴維斯（Yuval-Davis, Nira），秦立彥譯，〈性別與民族的理論〉，陳順馨、戴錦華編選，《婦女、民族與女性主義》，北京，中央編譯社，2002 年，頁 3。

〔註68〕 參考楊正潤對瑪麗・伊萬絲（Mary Evans）的討論與詮釋，見〈危機與出路：關於傳記現狀的思考〉，《傳記文學新近學術文論選》，北京，中國青年出版社，2011 年 1 月，頁 102。

〔註69〕 趙白生，《傳記文學理論》，北京：北京大學出版社，2003 年 8 月，頁 70。

（1990）、《吳三連回憶錄》（1991）、《十字架之路：高俊明牧師回憶錄》（2001）、《何春木回憶錄》（2004）、《高玉樹回憶錄》（2007）等皆呈現傳記主的民主見證以及身為「反國民黨力量」的化身，企圖對國民黨進行「反論述」的生產。

　　彭明敏《自由的滋味：彭明敏回憶錄》於 2009 年出版增定版，原撰寫於 1970 年代，1982 年翻譯成中文。全書彭明敏將自己放在台灣歷史與民主發展的歷史當中，認為自己的命運與台灣複雜的歷史相纏繞，所以造就自己的人生樣貌。而闡述台灣複雜的歷史時，闡述台灣歷史與自己台灣人的身份是從日本殖民下的處境、戰後國民黨的威權體制、國民黨軍隊展開屠殺，作為台灣歷史的特殊性，而自己則是身為歷史見證者而寫下歷史記錄。〔註 70〕簡勇〈台獨這條路〉將彭明敏視為「蔣經國時兮典範青年」〔註 71〕，是民主運動的化身。另外，由吳三連口述，吳豐山撰寫《吳三連回憶錄》，口述從日治時期被殖民的經驗到戰後的經驗。描述在日本殖民之下的言論不自由。吳三連的回憶錄也是將傳記陳述為一種時代的見證，以及個人在時代下的生活記憶而撰寫，去批判國民黨來台後的貪汙腐敗。〔註 72〕林良哲撰寫的《何春木回憶錄》中，以「無黨無派何春木」形容何春木堅持民主政治需要熱誠與無政黨色彩者的參與，是國民黨一黨獨大的年代裡的「黨外」堅持，「為台灣民主運動延續著一絲血脈」，見證了台灣民主發展的歷史。」，以「無黨籍身份」代表了黨外的力量。〔註 73〕彭瑞金寫《台灣野生的政治家：余登發》時，描述的余登發是「第一位黨外縣長」，「剛強倔強地堅守反對立場」，將「反對運動是終身的事」，「一手擎起南台灣反對運動的大旗」，「余登發身為一個日據時代的，頗富盛名的反對者，的確和時代的風潮，浪濤擦身而過。他是一個孤單而獨立的反對者」，彭瑞金筆下的余登發，等於是台灣民主運動的化身，是「南台灣的民主橋頭堡」〔註 74〕，對民主運動執著，以及從土地長出來的運動哲學，對抗國民黨的做票選舉等不民主行為。在 1977 年走入「黨外」陣

〔註 70〕 彭明敏，《自由的滋味：彭明敏回憶錄》，2009 年增定版，臺北市，玉山社，2009 年 4 月，頁 10～80。

〔註 71〕 簡勇，〈台獨這條路〉，《自覺與認同——1950～1990 年海外台灣人運動專輯》，台北，財團法人吳三連台灣史料基金會，2005 年 6 月，頁 110。

〔註 72〕 吳三連口述，吳豐山撰記，《吳三連回憶錄》，臺北，自立報社，1991 年，頁 72～108。

〔註 73〕 林良哲著，《何春木回憶錄》，臺北市，前衛出版社，2004 年，頁 3～342。

〔註 74〕 彭瑞金，《台灣野生的政治家余登發》，臺北市，時報文化，1995，頁 168。

營，被尊爲精神領袖。彭瑞金企圖寫出一個堅定不屈、頑強、倔強的反對人士形象。國民黨則是羅織余氏父子叛亂罪嫌的特務。是一個民主運動的愚公，在國民黨長期戒嚴和「法統說」以達到軍事統治、一黨專制、強人獨裁下，國民黨踐踏民主，而余登發「發揮民主苦行僧的精神」，一步一步地將台灣民主往前推進。〔註75〕

2007 年《高玉樹回憶錄》出版，高玉樹〔註76〕將自己放在黨外、反國民黨的位置上，以雷震的「民主憲政」爲理想，批判國民黨選舉的不公正不公平，著重在個人政治生涯的敘述。〔註77〕高俊明、高李麗珍口述，胡慧玲撰文，《十字架之路：高俊明牧師回憶錄》批判國民黨對長老教會的分化和控制。〔註78〕黃順興《走不完的路——黃順興自述》〔註79〕批判國民黨一手控制縣議會，以「黨外縣長」自許，將自己擺放在國民黨的對立位置。認爲是「爲民主啓蒙而競選」，競選是爲了『民主的啓蒙』。」〔註80〕在編者前言中，以〈一部感人的台灣黨外運動史〉爲標題〔註81〕，個人的傳記是黨外歷史的化身。盧修一相關的書籍《生命的禮讚》，認爲自身參與歷史以台灣人的立場來詮釋自己的歷史，加入黨外運動。《生命的禮讚——盧修一博士紀念文集》爲台灣背負苦難，他爲民主自由坐牢、在國會殿堂爲爭取公平正義而被痛毆〔註82〕。

〔註75〕彭瑞金，《台灣野生的政治家余登發》，臺北市，時報文化，1995，頁 8〜247。

〔註76〕高玉樹 1913 年出生於臺北市。在 1951 年參選臺北市長落選。1954 年當選臺北市長。1976 年任政務委員。2005 年過世。

〔註77〕高玉樹口述，吳君瑩紀錄，林忠勝撰述，《高玉樹回憶錄：玉樹臨風步步高》，臺北市，前衛出版，2007 年 7 月初版，頁 219。

〔註78〕高俊明、高李麗珍口述，胡慧玲撰文，《十字架之路：高俊明牧師回憶錄》，初版，臺北市，望春風文化，2001 年，頁 252。

〔註79〕黃順興在 1990 年出版《走不完的路——黃順興自述》一書，在書的封頁介紹中寫著「黃順興，台灣彰化人，一九二三年生，早年東渡日本深造，台灣光復後投入反對運動，曾任台東縣議員，台東縣長、嘉義市政府主任秘書、立法委員等職，不僅是素受敬仰的黨外前輩，亦是台灣環保理念的重要啓蒙者之一。現任中共農業部顧問暨人大常委。

〔註80〕參見黃順興著，《走不完的路——黃順興自述》，臺北市，自立晚報社文化出版部，1990 年 2 月，封面內頁。

〔註81〕黃順興，《走不完的路——黃順興自述》，臺北市，自立晚報社文化出版部，1990 年 2 月，頁 80〜163。

〔註82〕陳郁秀編著，《生命的禮讚——盧修一博士紀念文集》，臺北，時報文化出版社，2000 年 8 月 1 日。

上述男性政治傳記中，都以批判國民黨、民主的見證、黨外戰將等身份將自己置放到歷史位置當中，也將自己視爲「反對歷史的化身」。這些傳記的呈現都過渡地將個人歷史／民主發展／反叛力量結合在一起，將傳記主視爲反對運動的化身與歷史的見證，並可以看到國民黨威權體制鬆動後，政治傳記作爲一種反歷史論述的建構，企圖重新詮釋歷史，政治傳記在彰顯個人在大歷史中的意義，而參與黨外運動政治人物的傳記生產也在本土歷史研究興起時，順勢去凸顯自己在台灣歷史發展中的重要位置，並在時代轉型下爭奪歷史詮釋，其呈現出來的民主觀則是承襲黨外論述中的「去性別化的民主觀」與「政治民主」敘述。

（二）彰顯個人豐功偉業

不敢說所有的傳者都存在著「樹碑立傳」的觀念，但這一觀念的確
是深入人心，幾乎形成了一種集體無意識。〔註83〕

──房福賢，〈新時期「中國現代文學家」傳記簡論〉

在男性政治傳記中也特別彰顯個人的非凡特質與豐功偉業，藉此申明有做傳以及歷史發聲的必要。《吳三連回憶錄》中敘述吳三連在台灣民主運動史上的角色，從五○年代即參與籌組中國民主黨的倡議到協助余登發一案，撰寫傳記的吳豐山認爲自己撰寫吳三連的傳記是因爲吳三連作爲政治人物的「民族骨氣」、「厭惡迫害和欺詐」，作爲文化人，堅持客觀公正的立場等等，這些言論都可以看到撰寫著認爲吳三連具有歷史的特殊性與重要性，所以爲吳三連做傳。〔註84〕

《何春木回憶錄》一書，標榜著「『黨外戰將』奮發開啓人生的故事」，在游錫堃的序言中，描述何春木是「愈是在艱困的環境下，愈能顯現一個人的不凡」的典範。奮發向上的『莊腳囝仔』。〔註85〕《勇者的身影──江鵬堅先生行誼訪談錄》一書，集結許多人的訪談來凸顯江鵬堅在政治生涯上的貢獻。於 2000 年過世的江鵬堅曾任立法委員、民進黨創黨主席、台灣人權促進會首任會長、監察委員等、在 1980 年擔任美麗島事件的辯護律師。《高俊明

〔註83〕房福賢，〈新時期「中國現代文學家」傳記簡論〉，《傳記文學新近學術文論選》，
　　　　北京，中國青年出版社，2011 年 1 月，頁 251。
〔註84〕張世瑛訪問紀錄，〈邱萬興先生訪談紀錄〉，收錄於《勇者的身影──江鵬堅
　　　　先生行誼訪談錄》，臺北縣新店市，國史館，2004 年 5 月，頁 179。
〔註85〕林良哲著，《何春木回憶錄》，臺北市，前衛出版社，2004 年，頁 243。

牧師回憶錄——十字架之路》整本書穿插高李麗珍的自述，其自述只是作爲高俊明牧師的補述，主角在闡述高俊明牧師的歷史位置，高李麗珍是作爲歷史事件見證者以及具有犧牲奉獻而被採訪〔註86〕。施明德《囚室之春》於2006年又再版，第一次被囚是1962年6月16日到1977年6月16日，第二次是從1980年到1989年8月22日。在《囚室之春》裡頭，施明德有提到「是個無可救藥的自由主義者」〔註87〕，在美麗島事件的軍法大審中，有一份〈第五號答辯狀——一個奉獻者的最後剖白〉裡頭有談到自己對人權的基本信仰與民主理念。〔註88〕在男性自傳與他傳中，都會去描述自己在民主路上的特殊貢獻與自己人格的非凡特質。

男性政治傳記的共同特點會聚焦在傳記主，然後從描述個人一生與台灣歷史的發展如何交錯相成，傳記內容多爲彰顯個人的豐功偉業宣傳內容，並凸顯自己特殊的人格特質與反對運動的關係。

（三）公／私領域無衝突的性別身份

男性政治傳記相較於女性政治傳記，其「男性身份」的社會角色與政治參與沒有強大的矛盾與衝突。男性／政治都同時被視爲陽剛特質的公領域，所以男性投身到反對運動中時，私領域的身份與公領域的身份較無衝突。在傳記的呈現中，也幾乎沒有公／私領域之間的主體衝突。

如吳三連先生在政治／家庭生活中，並沒有很大的衝突，傳記敘述即使敘述到家庭生活，也將吳三連先生與家庭的關係的良好視爲人格上的完滿。〔註89〕私領域被視爲女性的世界，傳記中吳三連的子女們撰寫〈追懷慈母〉一文，寫出吳三連之妻在民主道路上，以私領域的妻子身份協助擔任公領域的吳三連政治上的參與的角色。〔註90〕江鵬堅的妻子江彭豐美女士則描述自己「不懂政治，對政治也不曾太熱衷，三十多年來，我一直只扮演著丈夫身邊沈默

〔註86〕李喬，〈台灣人原型〉，收錄於高俊明、高李麗珍口述，胡慧玲撰文，《十字架之路：高俊明牧師回憶錄》，初版，臺北市，望春風文化，2001年，頁16。

〔註87〕施明德，《囚室之春》，臺北，寶瓶文化，2006年9月，頁11。著作完成日期1990年4月。

〔註88〕施明德，《囚室之春》，頁42～43。

〔註89〕吳三連口述，吳豐山撰記，《吳三連回憶錄》，臺北，自立報社，1991年，頁189。

〔註90〕吳逸民等人，〈追懷慈母〉，收錄於吳三連口述，吳豐山撰記，《吳三連回憶錄》附錄十四，臺北，自立報社，1991年，頁320。

忠實的聽眾」，「只想做一個平凡的人，不希望被別人注意」〔註91〕，在彭豐美女士的這一段話，可以看到本書主要以凸顯江鵬堅的民主貢獻為主，所以在彭豐美的訪談中，她的敘說是以丈夫為主體，但彭豐美的訪談，可以看見台灣參與政治的男性，在家庭／政治之間較無衝突，是因為女性擔任起私領域中的角色。〔註92〕在《十字架之路：高俊明牧師回憶錄》一書中的第四部〈牧師娘之歌〉是針對高李麗珍進行訪談，作為對高俊明牧師生平的補述，高李麗珍在傳記中是一個敘述的補述者。但是在高李麗珍的訪談中，雖然被視為高俊明生平的補充，但也呈現了女性在民主當中所扮演的角色為背後支持與補述的身份。在高李麗珍與高俊明論及婚嫁時，高李麗珍直言當時的情況：關於女性在民主參與的工作上，女性被侷限在私領域當中，高李麗珍說到「高牧師只關心校務和教務，相對之下，顯得不很關心家務。他對夫妻的分工，界線很清楚，他說：『家庭就拜託妳了……』全家大大小小、裡裡外外，都是我的責任。我照顧小孩，管教小孩，孩子因而質疑『父親的存在』。家裡彷彿只存在著一個父親的影像，人存在著，但感情上、精神上，若有似無。」〔註93〕，可以看見男性傳記中的女性敘述，是對男性生平的補述之外，也看見男政治人物在女性擔任私領域的職責下，不會面臨公私衝突的社會角色。

　　在高俊明牧師的自述談到自己身為父親的角色時，可以看到民主運動人士的角色與作為父親的角色之間比較沒有衝突。高俊明牧師提到：「家庭，交代麗珍就好了」。〔註94〕又如盧修一有陳郁秀打理私領域的家庭生活，讓盧修一可以全心從事政治，在男性政治傳記中，男性身份或父親身份與民主角色之間並不會有衝突：當盧修一投入政治時，陳郁秀提到「我心裡已經有所準備：以後，家庭我一個人來經營。」〔註95〕。上述傳記中，呈現男性不屬於私領域，而是屬於公共政治，女人則在私領域中支持男性的民主事業，從中

〔註91〕張世瑛訪問紀錄，〈江彭豐美女士訪談紀錄〉，收錄於《勇者的身影——江鵬堅先生行誼訪談錄》，臺北縣新店市，國史館，2004年5月，頁45。

〔註92〕張世瑛訪問紀錄，〈江彭豐美女士訪談紀錄〉，收錄於《勇者的身影——江鵬堅先生行誼訪談錄》，臺北縣新店市，國史館，2004年5月，頁14～61。

〔註93〕高俊明、高李麗珍口述，胡慧玲撰文，《十字架之路：高俊明牧師回憶錄》，初版，臺北市，望春風文化，2001年，頁182～183。

〔註94〕高俊明、高李麗珍口述，胡慧玲撰文，《十字架之路：高俊明牧師回憶錄》，初版，臺北市，望春風文化，2001年，頁190～191。

〔註95〕李文著，《白鷺鷥飛過——盧修一和他的時代》，臺北市，圓神出版社，2008年5月，頁155～156。

可以看到男性反對運動者在民主運動人士／父親角色沒有私領域／公領域的
衝突。高李麗珍與陳郁秀的補述，可以看到女性面對來自社會文化的許多限
制，諸如權力的禁圍，女性述說與身份認同並非建構在男性追求的自我覺醒
上，反而是「認可和彰顯他者意識的存在」，其敘述就算是由「我」爲基調，
卻以他者與自我的關係爲取向，於是降低了「我」的位置，成爲對他者的補
述。

　　綜上所述，男性政治傳記的幾個特點，可以看到男性傳記以黨外論述爲
中心，其歷史觀點並沒有脫離第三章黨外論述「反國民黨威權」視爲一種民
主現代性，呈現的是「去性別化的民主」觀點。Cynthia Enloe 認爲許多國家
民族主義運動，都是建立在男性經驗上，包含男性的記憶、男性的屈辱、男
性的希望，卻忽略了女性的經驗〔註96〕。即使歷史學者在以政治傳記進行歷
史論述時，也忽略女性政治傳記的部分，張炎憲在討論政治回憶錄時，以鍾
逸人的《辛酸六十年》、鍾謙順《煉獄余生錄》、彭明敏《自由的滋味》、許曹
德《許曹德回憶錄》、朱昭陽《朱昭陽回憶錄》作爲台灣意識回憶錄的代表，
提及 1990 年代之後台灣人菁英回憶錄的出現，改寫了國民黨塑造下臺灣人的
樣版印象，雖然指出這些回憶錄是由男性菁英執筆，而女性菁英或庶民口述
則相對稀少了〔註97〕，但台灣歷史論述中女性回憶錄相關著作即使在八〇年
代台灣意識的爭論日漸強烈的時空下，在當下時空詮釋過去時，受關注的政
治受難者當中多爲台灣受過教育的知識份子與菁英，而女性多爲受難者家屬
的角色，在這一方面則被忽略。若說威權是一種對現狀的維持，反威權論述
的傳記是打破對現狀的維持，但威權具備複數型式，政治威權與父權威權都
是對現狀的維持。

　　在男性政治傳記中，男性被視爲反對運動的化身。相對於舊威權，九〇
年代出現的新的、反國民黨威權歷史詮釋與民主政治的脈絡中，民主轉型的
歷史敘述依然非中立的（neutral），儘管在公民社會（civil society）中，國家
的 文 化 霸 權 （ state hegemony ） 會 存 在 一 個 潛 在 的 反 文 化 霸 權
（counter-hegemony），讓政治行動會有潛在的解放與轉化，但也會有一個獨特

〔註96〕Enloe, 1989：44，轉引自石之瑜、黃競娟，《當代政治學的新範疇——文化、
　　　　性別、民族》，臺北市，翰蘆圖書，2001 年元月，頁 55。
〔註97〕張炎憲，〈台灣人意識回憶錄的出現——國民黨文化霸權的崩解〉，《台灣史料
　　　　研究》，第 11 號，1998 年 5 月出刊，臺北，財團法人吳三連史料基金會，頁
　　　　68～69。

的權力工具（powerful tool）對於發展假意識（false consciousness）。〔註 98〕但在反威權的論述中，歷史敘述依然關係到誰先佔領領導位置，當先佔領領導位置的多為男性，其民主敘述所呈現的民主歷程是一個「去性別的民主」意涵。國民黨的論述與黨外男性論述都是大敘述，一個是國家威權論述；一個是陽剛民主的宏觀敘述。「轉型期文學敘事策略還在它的『私密性敘事行為』上。所謂私密性敘事行為是相對於公共性敘事行為而言的。如果說，公共性敘事行為是一種敘事，它代表一個階級、一個民族、一個時代社會和群體，一句話，代表了一個『大我』，它往往在意識型態鬥爭頻繁活躍、人文精神高揚時期會受到特別推重的話，那麼，私密性敘事行為則可歸結於一種微觀的敘事，它代表了某個人，局囿於某個具體的個體行為，一句話，代表一個『小我』」〔註 99〕，然而大敘述其實是複數的，權威也是多重而複數型態，男性政治傳記在意識型態的爭奪上，企圖建立起民主敘述，但此民主敘述是男性群體為代表的大敘述。

若將敘事區分為「敘事的擬權威、反權威、無權威模式」〔註 100〕三種模式，擬權威模式是一種「擬政治權威的敘事，它帶有鮮明的意識型態色彩至黨史的敘事立場。往往一個人所做之文似乎總是代表黨、階級、主義，有意無意地以時代、社會的代言人自居。」〔註 101〕，擬威權的敘事會涉及大量的政治概念、威權話語。「反威權模式」「是一種反抗正統的行為規範和道德規範，反抗既定的文化秩序和意識型態的敘事模式，帶有強烈的叛逆精神。挑戰權威，消解正統，構成了他們基本的敘事立場。」〔註 102〕，男性政治傳記企圖形成反國民黨威權的反威權敘事，但「威權」是一種複數型態的展現，

〔註 98〕 Jane Junn and Nadia Brown, "What Revolution? Incorporating Intersectionality in Women and Politics", in *Political Women and American Democracy*, ed by Christina Wolbrecht、Karen Bechwith、Lisa Baldez, New York, Cambridge University Press, 2008, p.71.

〔註 99〕 吳秀明，〈轉型期文學敘事現代性的遞嬗演進及特徵〉，收錄於張頤武主編，《現代性中國》，中國開封，河南大學出版社，2005 年 3 月，頁 268。

〔註 100〕 敘事具有「擬權威、反權威、無權威」三種模式的論述架構參考吳秀明，〈轉型期文學敘事現代性的遞嬗演進及特徵〉，收錄於張頤武主編，《現代性中國》，中國開封，河南大學出版社，2005 年 3 月，頁 259。

〔註 101〕 吳秀明，〈轉型期文學敘事現代性的遞嬗演進及特徵〉，收錄於張頤武主編，《現代性中國》，中國開封，河南大學出版社，2005 年 3 月，頁 259。

〔註 102〕 吳秀明，〈轉型期文學敘事現代性的遞嬗演進及特徵〉，收錄於張頤武主編，《現代性中國》，中國開封，河南大學出版社，2005 年 3 月，頁 260～261。

男性政治傳記則是反國民黨威權／繼承父權威權的雙重性，是擬父權威權敘述／反國民黨威權敘述雙重的性質。

　　Sylvia Walby 提到男女因權力關係的差異對國家與民主的需求並不相同，女性所關心的國家目的常不被男性主導的政治體制所考量。〔註103〕呈現在傳記上也是如此，傳記書寫中的「民主」概念的差異呈現對「民主」的不同需求，書寫上也會出現不同的對話，潔樂寧（Estelle Jelinek）在《女性自傳：批評論文集》當中就強調女性自傳傾向於個人與主觀化；自傳作者亦皆有身為女人的自覺，並意識到與主流文化的差異；在形式上較不連貫，或是以斷簡殘篇的形式出現。〔註104〕然而本文認為女性敘事的興起不僅僅是對歷史的「補白」，也是開闢多重解讀歷史的空間。台灣政治女性傳記作為文化的產物，不一定皆具有性別覺醒的女性主義意識，更多是對過往「政治民主」、「性別民主」、傳統性別意識型態的承襲、協商與對話。身為女性身份／民主身份等多重主體上，會有多層次的性別／民主對話，但可以看到其性別身份的特殊性如何詮釋自己的反對運動的關係，以及黨外女性生命經驗與黨外男性生命經驗的同質與差異，下文將先討論女性傳記的特殊意義。

四、同質與差異：黨外女性自傳

　　胡紹嘉在檢視過往的傳記研究中，認為先行研究將男性傳記視為與私人生活保持距離，著重在自己於時代的關係，「將生命理想化或將自身投射為某種普遍意義和重要性的英雄模式。」，女性則是貼近自己的生活，降低自己的公共面向，男性表現時代，女性表現家庭。〔註105〕然而本文認為台灣黨外女性自傳與男性自傳同樣作為文化的產物與社會關係的總合，對於既有／舊有意識型態有所承襲與反駁，兩者之間與兩者內部皆有同質與差異性；有時代性與個人性共存。以下將闡述女性政治自傳／反國民黨威權的政治民主論述的延續。

〔註103〕Walby 1996：245。轉引自石之瑜、黃競娟，《當代政治學的新範疇──文化、性別、民族》，臺北市，翰蘆圖書，2001年元月，頁55。

〔註104〕Jelinek1986：x-xi，轉引自金一虹，《女性敘事與記憶》，中國北京，九州出版社，2007年9月，頁9。

〔註105〕在林秀玲《現代文學中的女性身影》即以女性特殊性作為分析，台北，里仁，2004年。參考胡紹嘉，《敘事、自我與認同：從文本考察到課程研究》，台北，秀威資訊科技，2008年9月，頁23～24。

（一）黨外女性自傳／女性意識

　　解嚴之後，婦女新知基金會、婦女展業中心、現代婦女基金會紛紛成立，女性主義觀念漸漸呈現多元的面貌。1990 年代晚期許多西方婦運參與者紛紛出版回憶錄。〔註 106〕女性歷史的挖掘與撰述去尋找女性的歷史，從瞭解過去的經驗形成「集體記憶」（collective memory）。在台灣回憶錄的出版當中，也在 1990 年代大量出版回憶錄與傳記，前文提到台灣在長期的政治高壓之下，歷史重塑與歷史的重新記憶有其必要，以往被官方壟斷的歷史論述當中，在民主化與民主轉型的過程中，口述史與回憶錄的出版成為歷史再記憶的方式。台灣女性政治口述的回憶錄，受到第二波婦女運動與台灣政治脈絡的雙重影響而產生。

　　傳記出版並非是作者「全部的過去」，而是「部分的過去」，是一種「選擇的記憶」的結果。傳記是作者將自己的過去寫成文字，不是一連串的歷史事件。自傳附屬於傳記類，被視為文學價值低的文類。〔註 107〕本文以意識型態、文化意涵與新歷史主義作為分析角度，在文類的分界上進行邊界的抹除，因此主要探討自傳背後的性別與民主意涵。作者透過自傳建構一個或數個身份（identity），在自我呈現的過程，試圖捕捉主體的複雜度，創造並詮釋自我身份，並在敘說中建立起自我。〔註 108〕政治受難者傳記的產生，與台灣歷史轉型正義論述生產相關，而女性口述史料的產生，正好也可以回應第二波婦女運動以來，大量女性傳記與口述歷史產生的社會因素。在這些傳記書寫當中，自我將自己放進大歷史，在看待自己在歷史中的位置也看見什麼樣的性別與政治之間的關係。這一部份將以九○年代出版的參與黨外運動的女性，且自己撰寫自傳的傳記文本作為分析對象，看政治女性產生什麼樣的論述，如何將自己放置到歷史的位置當中。本文探討的女性政治傳記以自身參與到政治事件、台灣政治受難者傳記為主要考察。以下為這一章所要探討的政治女性自傳：

〔註 106〕俞彥娟，〈美國第二波婦女運動歷史研究之回顧：兼評王雅各《台灣婦女解放運動史》〉，《女學學誌：婦女與性別研究》第 18 期，2004 年 12 月，頁 220。

〔註 107〕阮愛惠，《九○年代台灣女性自傳研究》，銘傳大學應用中文研究所博士論文，2007 年 5 月，頁 15。

〔註 108〕朱崇儀，〈女性自傳：透過性別來重讀／重塑文類？〉，《中外文學》，第 26 卷，第 4 期，1997 年 9 月，頁 134。

（二）黨外女性自傳／反國民黨威權

作者	書　　　名	出版日期	出版訊息
楊祖珺	《玫瑰盛開：楊祖珺十五年來時路》	1992	臺北市，時報文化
陳菊	《黑牢嫁粧：一個台灣女子的愛與戰鬥》	1993	臺北縣，學英總經銷
陳菊	《橄欖的美夢：台灣菊‧台灣情》	1995	臺北市，月旦
邱瑞穗	《異情歲月：黃順興前妻回憶錄》	1994	臺北市，日臻
余陳月瑛	《余陳月瑛回憶錄》	1996	臺北市，時報文化
曾心儀	《游過生命的黑河》	1996	臺南市，臺南市立文化中心
曾心儀	《心內那朵花——台灣民主運動的文學紀事》	2000	臺北，永和，新風格文藝

　　回憶錄與自傳多為自身具備書寫能力，而且具有一定的文化資本者，才有可能書寫回憶錄與自傳，而口述史運動中，女性多為相對弱勢者，但女性政治傳記則多為在政治上擁有一定聲望與民主位置的人，因此較容易被視為可做傳的對象而留下紀錄。在這些傳記中，可以看見性別／民主之間多層次的對話，本文觀察到的女性傳記一方面把自己放到性別的位置上，對話的對立面是黨外陽剛的文化，主要批判民主運動內部的父權文化與政治民主優位性；另一方面是把自己放到反對運動的民主位置上，對話的對立面是國民黨威權，主要是重述民主歷史。政治女性的民主論述中，觀察女性身分的政治女性其論述回應其他政治論述，又在九〇年代的時空產生性別論述。其性別化的身份與性別化的主體，回溯自身的生命歷程與歷史參與時，會去強調第二波女性主義的性別意識，對過往的歷史參與有新的對話，並回應黨外論述以及在 1990 年代的歷史時空。回憶強調反身性（reflexivity），〔註109〕如阿圖塞（Louis Althusser）的「召喚」（interpellation）提到只要叫人名字（此動作即「召喚」），而對方轉頭回應，就等於建構了對方的身份。〔註110〕政治傳記

〔註109〕陳明莉，《身體再思考：女人與老化》，高雄市，巨流出版，2010 年 9 月，頁 154。

〔註110〕Althusser, Louis（1971）, Lenin and philosophy and other Essays. Lodon: New Left Books.轉引自陳明莉，《身體再思考：女人與老化》，高雄市，巨流出版，2010 年 9 月，頁 22。

是針對回憶進行對話與回應，與黨外論述與婦運論述相關的痕跡產生相互論述性。

　　本文將從女性政治傳記中，政治女性在台灣民主化過程中的參與角色呈現的自我意識與反身性，看其政治／民主的意涵為何，性別主體的自我意識與反身性如何與自身的性別身份／民主參與進行對話。在《玫瑰盛開：楊祖珺十五年來時路》（1992）、《黑牢嫁粧：一個台灣女子的愛與戰鬥》（1993）、《異情歲月：黃順興前妻回憶錄》（1994）、《余陳月瑛回憶錄》（1996）、《橄欖的美夢：台灣菊‧台灣情》（1995）、《遊過生命的黑河》（1996）、《心內那朵花——台灣民主運動的文學紀事》（2000）七本政治自傳中，呈現出共同的主題是「反國民黨威權」以及對國民黨政治的批判，正面呼應黨外雜誌中民主運動的歷程與價值，批判國民黨威權體制的政治體質，強調「政治民主化」與「政治現代性」的重要。

　　在討論男性傳記與女性傳記比較時，「女性」經常被視為相對於男性的範疇（category）來被分析和理解，然而「性別」不應當被理解為男女之間一種「真實的」社會差異，而應當被理解為一種「話語方式」。〔註111〕在話語生產出來的性別範疇，男性與女性一樣都是社會的產物以及社會關係的總和，同樣處在社會紛雜的意識型態之下，其面對威權的意識型態會與男性傳記出現相同與相異之處。在女性政治回憶錄中的共同特色與參與反對運動男性的傳記一樣，是批判國民黨多年一黨獨大政治的反威權論述，並將自己視為歷史見證並進行轉型歷史的詮釋權爭奪，是對立於國民黨威權進行「反威權」的論述，相異之處則是對多重威權的思考以及性別／政治話語的曖昧性與矛盾性。在反國民黨威權論述中，《余陳月瑛回憶錄》呈現了國民黨為了鞏固政權進行修憲，犧牲台灣民主化的機會，在選舉過程中國民黨汙衊余家，使得「橋頭事件」把余家推向黨外陣營，作為政治人物家庭的成員，也要不由自主的被捲入追求民主道路的風暴之中。〔註112〕可以看到余陳月瑛在闡述自己的參

〔註111〕伊瓦——戴維斯（Yuval-Davis, Nira），秦立彥譯，〈性別與民族的理論〉，陳順馨、戴錦華編選，《婦女、民族與女性主義》，北京，中央編譯社，2002年，頁1～14。

〔註112〕如提到「余家在八卦寮的數十甲土地盡屬窪地，一雨便成澤國，根本不能種作，只能從事魚塭養殖，戰後經地政局准許變更地目為『養』，以符合實際的情形。」「政府實施三七五減租、耕地放領時，少數養殖戶未能依法取得放領資格，被人挑撥離間，藉此攻擊余家。」余陳月瑛，《余陳月瑛回憶錄》，臺北，時報文化，1996年，頁104。

政路程，是將自己放在國民黨對立面的政治民主的位置。陳菊的《黑牢嫁妝》中將自己放在一個人權工作者與反對運動者的位置當中，要求國會全面改選，反對戒嚴令，要求開放黨禁、報禁，回溯 1979 年美麗島事件發生時，自己追求的就是免於恐懼的自由，在美麗島軍法審判與呂秀蓮為唯二的女性。被捕之後不可喝水、不可上廁所，並且陷入孤立絕望當中的處境。〔註 113〕1980年被判刑 12 年，被隔離監禁。〔註 114〕在《橄欖的美夢：台灣菊‧台灣情》批判國民黨威權，雷震回憶錄被焚燬與湮滅證據竄改歷史的獨裁者技倆，強調需要歷史轉型正義的書寫。台灣的民主在九○年代依然是「半民主、半自由」。〔註 115〕

邱瑞穗《異情歲月》則描述自己身為黃順興的妻子，具有的黨外縣長夫人使得她面對國民黨威權以及黨外父權的雙重權力關係。其中因為黃順興與國民黨的不同立場受到國民黨監控，全家也因此遭到特務的監視，親友之間的聯繫也中斷，自己身為家庭主婦的日常行動，也遭特務緊緊跟蹤。當黃順興以反對派的身份擎著自己理想的旗幟向前衝擊的時候，邱瑞穗自陳也無可逃避國民黨監視的眼睛，無可逃脫地走進了國民黨的對壘。〔註 116〕楊祖珺在《玫瑰盛開──楊祖珺十五年來時路》提到自己為雛妓募款的「青草地演唱會」中，被情治單位視為群眾訴求，被國民黨視為搞群眾運動，之後多次演唱也遭到政治封殺。1978 年為王拓助選被警總人員監視，一路被封殺的政治恐怖氛圍，1979 年踏入黨外選舉，和黨外人士的越加熟稔、參加聚會愈趨頻繁之後，封殺的次數也開始增加。之後為王拓助選，受到國民黨威權體制的壓力，競選總部半夜亦遭不名人士砸爛看板的，楊祖珺自陳日後「堅決地走向反對國民黨的行列。」〔註 117〕。在《前進》雜誌被告時，批判自中壢事件以來，國民黨不斷以形式上的「法律程式」來進行對黨外的實質整肅。做了

〔註 113〕陳菊、林至潔對談，王妙如記錄整理，〈兩代女性政治受難者的對話──林至潔 VS.陳菊〉，頁 31。

〔註 114〕陳菊，〈請不要為我哭泣〉，《台灣時報》，1993 年 2 月 22 日，收錄於陳菊，《橄欖的美夢：台灣菊‧台灣情》，臺北，月旦，1995 年 5 月，頁 73。

〔註 115〕陳菊，〈故鄉不能捨棄〉，《台灣時報》，1993 年 6 月 24 日。見陳菊，《橄欖的美夢：台灣菊‧台灣情》，臺北，月旦，1995 年 5 月，頁 213～215。

〔註 116〕邱瑞穗，《異情歲月》，臺北，聯經出版事業公司，1994 年 3 月 30 日初版二刷，頁 293～332。

〔註 117〕楊祖珺，《玫瑰盛開──楊祖珺十五年來時路》，臺北，時報文化，1992 年 9 月 25 日初版，頁 229。

反對派，隨時要有坐牢的心理準備。楊祖珺反抗國民黨威權的審核制度，身處黨外陣營面臨著「刑求」的長期夢魘。〔註 118〕曾心儀曾經歷「高雄事件」的現場，投入聲援受難人及家屬、助選及記者生活，很長的時間，被各單位監控，也因處於「黑資料」名單中被「口頭警告」從事黨外運動時，經常被特務跟蹤。自陳「在這個政權控制下的生活，已到無法忍受的地步」〔註 119〕。

　　上述都是女性政治自傳回顧歷史所呈現的，是一致地將自己放在反國民黨、追求民主的位置上。在記憶篩選與排除的過程中，其共同記憶與同質論述都一致地以反國民黨威權作爲「反論述」的核心之一，此爲男性／女性政治傳記的共通之處。然而，在七本女性政治自傳中，「反論述」是較多元、分歧而非單一的。相對的，在性別意識上，七本傳記中多少都呼應第二波女性主義的某些觀點，但在進行陳述時，性別位置以及性別話語產生的歧異性頗大。其中或有批判政治民主／性別民主的優先順序；或有將性別議題放置在人權議題之下；或有將性別話語作爲政治策略等等差異性，相較於男性傳記中，沒有因爲性別身份產生性別／民主之間的衝突，女性政治傳記則十分凸顯她們的性別身份，在性別意義出現多層次、矛盾等現象。傳記書寫在呈現「我是誰」時，經常是由「我不是誰」來決定。〔註 120〕「我不是誰」即是藉由他者建立起自我的敘述方式。女性政治傳記的他者則是國民黨、政治男性、父權體制、黨外文化、傳統性別角色，在面對各種強勢他者與弱勢他者產生的自我，其自我陳述是一種社會關係與社會實踐的產物，主體是在反身性與自我之間的關係，以及在社會關係中產生。

　　歷史學家布勞代爾（Braudel, Fernand）認爲歷史的聲音常常疊和在一起，而不是其他聲音配合獨唱的情況，而且每一種時間性都包含著一個不同的歷史。〔註 121〕其敘述的複雜性來自社會諸多意識型態的動態狀態，而

〔註 118〕楊祖珺，《玫瑰盛開——楊祖珺十五年來時路》，臺北，時報文化，1992 年 9 月 25 日初版，頁 23～229。

〔註 119〕曾心儀，〈美麗島紀事：約談〉，原刊登於 1999 年 9 月 13 日到 19 日《民眾日報》副刊，《心內那朵花——台灣民主運動的文學紀事》，序三，臺北，永和，新風格文藝，2000 年，頁 83。

〔註 120〕*Autonomy, Gender, Politics*, the concept of autonomy, Marilyn Friedman., Oxford; Oxford University Press, 2003.New York.

〔註 121〕Braudel, Fernand（1966），La Mediterrane, 2, Vols. Paris: Armand Colin. 轉引自安東尼‧馬羅，霍文利譯，〈彷彿穿過暗夜的船——關於美國國內對《地中海》一書態度的思考〉，收錄於陳恆、耿相新主編，《布勞代爾的遺產》，鄭州，大象出版社，2004 年 7 月，頁 114。

女性作為一個政治行動者，既承襲既有文化又處在文化邊界上。政治女性本身已經挑戰政治屬於公共／男性領域的邊界，當過往政治被視為本質上陽剛的、男性的場域，女性參政使得政治／女性相聯結，公民的概念才較完整地與女性相關聯〔註122〕。其性別／政治身份使反對運動的政治女性的自我敘述，多樣地反思自己所面對的社會位置與社會處境，並藉由這樣的反身性來建立起自主性，以性別／民主位置來思考以及敘述自己的生命史，可以看見敘述者將自己放置在女性身份／民主位置之間的對話，是以「今日之我」回顧「昨日之我」的「反身性」。安東尼‧紀登斯（Anthony Giddens）的現代性理論中，認為記憶和傳統都以現代為參照。過去是在現在的基礎上被不斷重建。這種重建的過程不僅僅是個人的，也是社會的、集體的。記憶是一種動態的社會過程，是不斷地再生產出關於過去事件或狀態的記憶，而記憶的重複也賦予經驗的延續性。〔註123〕政治女性的經驗並非為同一層次或是性別中立（gender-neutral）〔註124〕，而應該從性別／政治的辯證來思考政治意涵，其政治經驗與政治敘述是被性別政治、複數威權因素所形塑的。

第二節　矛盾與衝突：多重角色與民主參與

自傳是以「今日之我」回憶「昨日之我」，本文所要討論的七本自傳中，是在九〇年代回顧過往參與台灣民主發展的歷程。其中自傳在呈現自我時，將自己放置在什麼位置，又呈現什麼性別與民主的視角，是本節所要討論的。前文討論男性傳記時，可以發現男性傳記中男性身份與民主參與之間沒有性別身份上的衝突與矛盾，呈現的民主敘述是一種去性別的「民主」觀。相對

〔註122〕 Christina Wolbrecht, "Introduction: What We Saw at the Revolution: Women in American Political Science ", in *Political Women and American Democracy*, ed by Christina Wolbrecht、Karen Bechwith、Lisa Baldez, New York, Cambridge University Press, 2008, p.4.

〔註123〕 安東尼‧吉登斯（Anthony Giddens），〈生活在後傳統社會中〉，收錄於《自反性現代化：現代社會秩序中的政治、傳統與美學》，貝克（Ulrich Beck）、紀登斯（Anthony Giddens）、拉什（Scott Lash）著，趙文書譯，北京，商務印書館，2001年8月，頁81。

〔註124〕 Christina Wolbrecht, "Introduction: What We Saw at the Revolution: Women in American Political Science ", in *Political Women and American Democracy*, ed by Christina Wolbrecht、Karen Bechwith、Lisa Baldez, New York, Cambridge University Press, 2008, p.7.

的，在女性政治傳記則出現女性身份／民主參與之間的衝突，以及性別身份的辯護或修辭。

　　漢娜‧鄂蘭在討論私領域時，認爲在現代性的影響下，發展出過往私領域沒有的複雜性與多元性，認爲私領域是一種現代思想，「私領域」和「隱私權」是由現代西方文化，特別是強調個人主義、自由主義、民主政治、資本主義的思想脈絡中，所建構出來的。〔註125〕私領域的發展是現代性的產物，也將「私領域」女性化，個人化、隱私化與去政治化。黨外女性在公私領域二分的現代化中，女性身份與民主參與的衝突與擺盪，可以看到自我（self）的不是一種固著（fixed）的概念，而是一種複雜的關係（complex relationship）。認同是在情境以及論述當中被建立起來的，身份也是具備多元性，但是身份的複雜與交疊性。〔註126〕政治女性自傳中，在多重身份下，自我的詮釋會去凸顯自己的性別身份時，產生身份的妥協與自我負疚，這是政治女性傳記與男性傳記的差異。班雅明在《發達資本主義時代的抒情詩人》中「儘管編年表把規則加於永恆，但它卻不能把異質性的可疑的片斷從中剔除出去。」〔註127〕。在女性政治傳記中，文本則出現片斷的、異質的、衝突的、矛盾的現象，其中因其性別身份、政治位置、政治資本的差異，使得傳記之間共同性／異質性並存。

一、妻子、縣長媳婦、縣長：私／公領域的政治

　　余陳月瑛 1926 年出生於高雄，曾任四屆台灣省議員，一屆立法委員，1969年在大寮鄉創辦高英工商高級職業學校；1971 年在橋頭鄉創辦高苑工商高級職業學校；1985 年到 1993 年連任兩屆高雄縣長，爲台灣第一位女縣長，1989年在路竹鄉創辦高苑工商專科學校等三所二專與五專的職校。爲台灣自治史上第一位女縣長。〔註128〕余陳月瑛身爲余登發的媳婦、余瑞言的太太、高雄縣縣長、四個孩子的母親，夾雜性別身份與民主位置多重主體的位置，在此將以1996年出版的《余陳月瑛回憶錄》作爲討論。

〔註125〕黃克武，〈近代中國私領域觀念的崛起與限制〉，收錄於黃俊傑、江宜樺編，《公私領域新探：東亞與西方觀點之比較》，臺北市，台大出版中心，2005 年 8月，頁 183。

〔註126〕Craig Calhpun, "Preface", in *Social Theory and the Politics of Identity*, ed by Craig Calhoun, USA, 1994, pp.10～14.

〔註127〕本雅明，《發達資本主義時代的抒情詩人》，三聯書店，1989 年 3 月。

〔註128〕余陳月瑛，《余陳月瑛回憶錄》，臺北，時報文化，1996 年，頁 54。

余陳月瑛在傳記中，多次以傳統女性特質如「好媳婦」、「好女兒」的角色來闡述自己，強調自己絕非女強人或鐵娘子，而是從乖順的女兒成爲具有母性的母親的形象，讓自己符合社會對女性的期待與要求；相對的，爲了證明自己以女性身份步入政壇，一方面又強調乖順表面下強勢的參政能力，強調自己掌握余家的經濟與財務，具有裡外兼顧的韌性，從小就有獨當一面的個性，因此日後走向政治上的道路。如同她回憶錄中寫的「自己很乖順，但未必是沒有主見的乖寶寶」。﹝註 129﹞余陳月瑛的傳記出現性別意識上弔詭的雙重性，一方面去符合社會的性別價值，一方面又認同陽剛政治去證明自己絕非女流；一方面強調自己在私領域角色扮演的多重壓力；另一方面將私領域的角色扮演視爲政治參與的前提與條件。余陳月瑛爲反駁 1963 年報社記者撰文「從廚房直接走進議會」的形容，余陳月瑛陳述「以一個平凡的家庭主婦一踏入政壇便走進當年台灣政壇的重兵地帶——省議會。」，是因爲余登發明白余陳月瑛在擔任「媳婦」角色時，具有很強的持家能力，具有勝任省議員職位的能力。強調自己在私領域的付出，所以因此走向政治領域。從私領域走向公領域；從媳婦走向縣長，是要說明自己民主角色／政治家庭；縣長／縣長媳婦雙重的承擔能力。

余陳月瑛的傳記不太出現對傳統性別意識的批判，甚至以自己服膺的女性價值爲敘述軸心。如乖順的好女兒、犧牲奉獻的母親、任勞任怨的媳婦都爲其自我認定的方式。但是提到自己在婚姻關係中的角色時，對著自己身爲女性受教權利與參政有所不滿，可以看到某一程度的性別意識普遍地成爲一般價值。文中提到婚後陪丈夫余瑞言前往台大讀法律系，陪他上課，幫他做筆記，「要不是社會既成的男尊女卑觀念根深柢固，由我來念法學院，一定比瑞言唸得輕鬆愉快。」。﹝註 130﹞扮演著協助余瑞言讀書的角色，但因爲社會既成的男尊女卑觀念根深柢固，即使陪讀過程比丈夫有能力並有心向學，只能以丈夫優先了。遺憾自己因戰亂、結婚打散了秩序加上婚後不久就懷孕了，開始進入相夫教子的生活，雖可以磨練母性，但是能有的思想空間則稀少了。敘述中，呈現自己對自己能力的信心以及身爲女性身份失學的遺憾，不斷闡述自己女性身份在家庭／事業／政治上的不利與能力。

在遺憾自己身爲女性身份失去求學問的機會時，又不斷強調自己在媳婦

﹝註 129﹞余陳月瑛，《余陳月瑛回憶錄》，臺北，時報文化，1996 年，頁 52。

﹝註 130﹞余陳月瑛，《余陳月瑛回憶錄》，臺北，時報文化，1996 年，頁 71。

角色中強勢的生活能力。比如敘述自己是管理家庭帳目的人，並「走出廚房」經營事業，代替余瑞言經營碾米廠、頂下余家魚塭的事業，主動出門找生意做，把記載得清清楚楚的帳目拿給「家官」余登發過目時，「家官」一邊罵兒子無用，一邊稱讚媳婦能幹。〔註131〕余登發當上縣長之後自己成為「縣長媳婦」之後，余陳月瑛認為自己一人身兼經商、做農、魚塭管理、主婦、媽媽等數職，是「縣長媳婦」時期的生活寫照，但余陳月瑛在闡述自己的媳婦角色時，並非批判身兼數職以及傳統媳婦任勞任怨的女性角色，而是將媳婦角色的任勞任怨詮釋為自己有能力展開自己政治生涯的起點。是女性的多重身分使其將私領域延伸為公領域，以女性身份進行政治參與的論述策略。「家官」、「大家」不曾開口要求余陳月瑛撐起家庭經濟事業的重任，但因為傳統媳婦的承擔角色，有機會讓「家官」指定而出馬競選省議員，敘述自己參政並非內舉不避親；而是他人對自己的能力不瞭解，才認定她不過是長期困在廚房裡的家庭主婦。余陳月瑛藉由自己多勞的媳婦角色，反駁報社記者撰文諷刺「由廚房走進議會」的家族政治。〔註132〕在敘述自己媳婦角色，一來描述自己承擔的雙面性，二來強調自己的能力。余陳月瑛在敘述中不斷強調自己在擔任媳婦角色的能幹，藉此合理化自己的政治能力以及非政治勢力的庇護，也產生女性越界時的第三空間論述去鬆動了原有的政治話語。

　　然而，在政治與性別的保守意識型態上，余陳月瑛在敘述中一直將余登發視為是自己走入政治圈的啟蒙師父，一方面將自己放置在余登發的「民主接班者」的角色上；一方面為證明獨立的政治能力又努力切割自己與余登發的關係。在歷史位置上，認同了自己接續余登發的民主地位，是「媳婦」認同「家官」的政治認同；另外，在政治位置上企圖擺脫家族政治之「非政治民主」的參政之說，認為「余登發」這個老政治字號不是萬靈丹，「政治也要耕耘才有收穫。」〔註133〕。自己身為女性必須「洗盡廚房的油煙」，摸索出做省議員的門路來。〔註134〕這一段余陳月瑛在說明余登發並不是一個絕對的政治勢力，其目的在說明自己的政治獨立性，以及對自己能力的宣示。雖然因

〔註131〕余陳月瑛，《余陳月瑛回憶錄》，臺北，時報文化，1996年，頁81～82。
〔註132〕余陳月瑛，《余陳月瑛回憶錄》，臺北，時報文化，1996年，頁90～92。
〔註133〕余陳月瑛，〈偶然到坦然──政治這條路〉，《余陳月瑛回憶錄》，臺北，時報文化，1996年，頁17。
〔註134〕余陳月瑛，〈偶然到坦然──政治這條路〉，《余陳月瑛回憶錄》，臺北，時報文化，1996年，頁16～17。

為余登發走入政治，但不因為是女性，就替自己找臺階下。〔註135〕可以看到余陳月瑛的闡述中，其私領域的身份是公領域的阻力與助力。其敘述在政治認同的呈現上，余陳月瑛作為女性政治人物認同自己為男性大家長之後的歷史位置，在性別敘述上則必須先否定社會女性角色來肯定自己的政治角色的獨立性。

在政治的場域上，面對女性／反對派議員雙重身份，則面臨丈夫余瑞言要她聽別人質詢就好，不必發言的狀況。余陳月瑛認為女性在男性主控的政治局面下，不能陪襯的民主花瓶只閉嘴「聽長」。女性身份在社會規範下被視為不適宜在政治場合發言，余陳月瑛雖然接受傳統賦予女性必須乖順隱忍的論述，但辯護女性在政治的參與，政治是與「查甫」、「查某」無關，而是後天是否有幸受到較好的教育才是主因。當自己身為女性在參政受到質疑時，余陳月瑛又以傳統女性特質來為女性參政進行辯護。認為女性的參政，靠的就不是強大的「蠻力」，而是女性所特有的「韌力」了。〔註136〕自己政治路上除了余登發為典範之外，台灣地方自治史上第一位省轄市女市長許世賢則是學習的對象。其原因為黨外男議員的問政風格，咄咄逼人；許世賢立場堅定、處事明快、態度不溫不火，能以理服人〔註137〕才是她學習的典範。余陳月瑛一方面認為社會對女性參政的不公，一方面認為認同傳統女性特質，且將女性特質本質化，藉此為女性適合參政進行辯駁。

女性在參政上，會因為性別身份面臨更多性別化的政治話語。如余陳月瑛的對手蔡明耀陣營公然以象徵男性生殖器的「鳥」作為選戰話題，說縣長應該選給「有鳥的」，不要選給「沒鳥的」，余陳月瑛認為其羞辱了所有的女性。〔註138〕凱瑟琳・麥金儂（Catharine A. MacKinnon）在討論父權文化中的社會語言時，認為社會語言會以語言形式使他人居於弱勢，其中性騷擾和種族騷擾、色情、仇恨宣傳都是以語言製造上／下位階，使她人居於弱勢的位置。〔註139〕余陳月瑛在參政上因為女性身份受到質疑，而必須為自己的女性

〔註135〕余陳月瑛，〈偶然到坦然──政治這條路〉，《余陳月瑛回憶錄》，臺北，時報文化，1996 年，頁 17～18。

〔註136〕余陳月瑛，《余陳月瑛回憶錄》，臺北，時報文化，1996 年，頁 53～55。

〔註137〕余陳月瑛，《余陳月瑛回憶錄》，臺北，時報文化，1996 年，頁 122。

〔註138〕余陳月瑛，《余陳月瑛回憶錄》，臺北，時報文化，1996 年，頁 217。

〔註139〕凱瑟琳・麥金儂（Catharine A. MacKinnon）著，陸詩薇等譯，《言語不只是言語──誹謗、歧視與言論自由》，台北市，博雅書屋，2010 年 12 月，頁 146。

身份參政進行辯護。但弔詭的是其辯護的方式又落入父權文化價值觀認為女性不適宜參政的論述當中，所以余陳月瑛強調自己從未凸顯自己的女性身份，也未以此要求任何特權，余陳月瑛的性別身份使得她的論述一方面將自己「去性別化」，不凸顯自己的女性身份；一方面將傳統女性特質美化，去迎合社會價值以爭取女性參政的論述空間。

綜上所述，可以看到於余陳月瑛在陳述自己女性角色時，呈現自己在傳統性別社會框架下必須以丈夫優先的無奈；也看到女性政治參與的性別障礙，呼應了第二波女性主義思潮所批判的，「政治民主」的發展若欠缺「性別民主」，則是民主進程尚未成熟。另一方面，又將以假性中性化特意忽略自己女性身份，強調自己未凸顯女性身份，無意識中呼應了女性身份不適合政治領域的價值觀。一方面又強烈地將自己「性別化」，強調被建構的傳統女性特質在參政的好處，以合理化自己的參政行為。余陳月瑛在論述自己的政治民主參與時，可以看到矛盾與弔詭之處，一方面把自己放在傳統女性的角色中；一方面又受到性別意識的影響對政治文化進行批判，可以看到性別身份在民主參與上造成的矛盾與兩難。

二、批判的妻子・愧疚的母親

參與黨外政治的女性，不乏描述母親身份／民主身份的衝突、協商與相輔相成。包含曾心儀、陳婉真、邱瑞穗、楊祖珺等人都在回溯黨外運動時描述了自己的母親身份。其中曾心儀為自己「犧牲了兒女」愧疚；認為給兒女的太少，給社會的太多。〔註140〕陳婉真則陳述為人母的女性在家庭中承受的各種壓力與迫害。〔註141〕也多次寫到為兒子久哥戶籍落籍而抗爭的過程，看見其母職擴展了政治關懷與參與，可以看到母親身份／政治身份之間的衝突與相輔相成。在母職的討論中，柯林斯（Patricia Hill Collins）討論黑人母職的矛盾存在，在非洲文化中母親「象徵著創造力與傳承」，也「代表著成熟和身為一個女人的職責履行」，可以藉由母親角色得到自我尊

〔註140〕曾心儀，〈我的草根文化工作〉，1995 年 2 月 8 日撰寫。收錄於曾心儀著，《又聞稻香》，臺北縣，新風格文藝出版，1995 年 3 月，頁 19。

〔註141〕陳婉真，〈女人的敵人是女人？女人的敵人是體制！〉，《草山小蛇與民進黨的頭人們》，臺北板橋，陳婉真服務處，1997 年 11 月出版，頁 367～368。本文為 1997 年 8 月 6 日報社評論。

重、自我依靠與獨立，但是從會結構的觀點上，黑人女性卻是被建構為弱勢者的角色雙重性。〔註 142〕在第三世界的女性運動者經常以傳統「女性特質」關懷作為起點，並從組織過程進行自我政治化。如母親因為戰爭失去兒子的痛苦，母職是促使她們形成政治組織的因素。〔註 143〕在西方白人的理論中，「母親」這個角色是使女性侷限在私領域、無法發揮自我的角色〔註 144〕，但是女性參與政治的歷程上來看，「傳統女質」不必然侷限女性進入公領域，或是母親是蒼白無力的象徵，母職與公領域亦有其相輔相成之處，如陳婉眞為兒子久哥戶籍落籍而抗爭等。自傳中的黨外女性的母親身份，則呈現愧疚的母親、「為母則強」等社會規範下產生的母職意識型態，另一方面亦呈現母親身份所帶來的政治行動力。邱瑞穗與楊祖珺則大量著墨於妻子／母親／政治參與之間的擺盪，因此本節以楊祖珺、邱瑞穗作為分析，探討其批判的妻子／愧疚的母親的角色。

（一）否定「妻子」‧肯定「母親」：邱瑞穗

在邱瑞穗《異情歲月：邱瑞穗回憶錄》與楊祖珺《玫瑰盛開：楊祖珺十五年來時路》，都以妻子／母親／民主參與者的三重身分描述自己。在過往妻子身分與民主身分的衝突與擺盪時，兩人在九○年代出版的自傳均以「今日覺醒的自我」對「過往妥協的妻子」進行批判。在民主過程中「政治民主」成為優位性議題下，女性面臨自我妥協與犧牲，在九○年代的傳記則以「性別民主」重新看待「政治民主」的發展，以女性身份批判民主身分；以今日視角批判昨日妻子的身分。在九○年代的回溯中，對過往妥協的妻子身分批判立場十分明確，本文將在第四節論述其性別話語與民主話語、性別身份與民主身份的關係與批判。相對的，兩人自傳中對於母親的角色則是出現「今日愧疚的母親」看待「昨日不完美的母親」的論述，看到女性身份造成政治

〔註 142〕Patricia Hill Collins, *Black feminist thought: knowledge, consciousness, and the politics of empowerment*, Boston: Unwin Hyman; 1990.New York: Routledge.

〔註 143〕Rohini Hensman. "the role of women in the resistance to political authoritarianismin Latin America and South Asia". *Georgin Waylen. Women and Politics in the Third World*. edited by Haleh Afshar. Routledge. 1996. p50.

〔註 144〕以貝蒂‧傅瑞丹（Betty Friedan）的《女性迷思》（The feminine mystique）為例，書中描述郊區中產階級白人女性被困在私領域中扮演家中天使，只能以生育與母職去短暫解除郊區生活的壓抑與苦悶，傅瑞丹認為母職無法讓女性真正自我，在私領域無法發揮自我。貝蒂‧傅瑞丹（Betty Friedan）著，李令儀譯，《女性迷思：女性自覺大躍進》，臺北市，月旦，1995 年。

參與上的擺盪與負疚。這一節則處理其九○年代敘述中，兩人同時闡述的「今日愧疚母親」與「昨日不完美的母親」的性別身份定位。

邱瑞穗於 1928 年出生於日本名古屋，曾擔任華僑聯合會名古屋之會事務局長、台灣省台中縣政府書記、台灣省台東縣小學保健員、中華婦聯會台東分會主任委員、中國炎黃女子詩書畫家聯誼中心理事等。於 1989 年，與黃順興離婚，1993 年出版《異情歲月：邱瑞穗回憶錄》。其離婚被論者朱崇儀視為原受制於「規範性的論述」下，一個「無法獨立的內人」因離婚後「黃順興的太太」身份被剝除，身份出現認同的危機與新的認知，因此自傳成為「尋回自我的過程」，從原來的沒有自我，到重建自我，掙脫一個「亙古不變的社會劇」分配給她的角色，而建構出嶄新的自我。〔註 145〕《異情歲月：邱瑞穗回憶錄》主要是與黃順興以及過往的自己進行對話。邱瑞穗身為縣長夫人／母親的多重角色，以「今日之我」看「昨日之我」時，「昨日之我」雖然毫無自我卻有應付現實能力的雙重性，並從這雙重意義的昨日之我中，建立起新的自我。一方面批判自己過往沒有主體性、任勞任怨的妻子身分，一方面重新賦與自己過去的價值。

邱瑞穗的妻子身分，讓她受到國民黨情治單位跟蹤；也受到黨外父權文化所要求的噤聲。其「黨外縣長夫人」的身份使其面臨國民黨與父權雙重權力的運作。但邱瑞穗也以黨外縣長夫人身份在父權文化下發展女性參政的可能，並以妻子的身份參與台東婦聯會的事務。在父權文化下的女性參政模式弔詭地依附於父權又挑戰父權。如阿根廷的艾微塔（Eva Duarte de Peron）透過使用傳統的女性（womanhood）和母性（motherhood）的概念與丈夫的關係，藉此進行政治參與與推動女性平等。〔註 146〕邱瑞穗也是藉由黨外縣長夫人的女性關係性角色推動在婦聯會的工作。參與政治的方式雖然是以關係性、依附性的角色進行政治參與，但是女性受到政治高壓／父權文化下，所產生的女性參與政治的現象之一。邱瑞穗在結婚四十年儘管飽受丈夫外遇與經濟負擔，依然無法輕易離婚，非常堅持「名正言順的妻子」這樣的身份，直到離

〔註 145〕朱崇儀，〈女性自傳：透過性別來重讀／重塑文類？〉，《中外文學》，第 26 卷，第 4 期，1997 年 9 月，頁 146～148。

〔註 146〕Magda Hinojosa, "Argentina's Women: Don't Cry for Us", *Women and Politics around the World: A Comparative History and Survey, Volume Two: Country Profiles, Edited by Joyce Gelb．Marian Lief Palley*, 2009 by ABC-CLIO, Inc, pp.213～214.

婚與失去妻子身分，邱瑞穗不再是「黃順興的妻子」，便開始批判過往的自我，推翻妻子的角色。但在母親／妻子／反對者家屬的多重身份中，邱瑞穗在自傳中依舊推崇「母親」的角色，並為自己過往「不完美的母親」而感到愧疚。

邱瑞穗與黃順興的婚姻當中，黃順興一心從政，使得家庭陷入窘迫，邱瑞穗認為自己擁有「美好的兒女」，卻讓現實生活陷入困頓時，丈夫投入政治而自己為生活奔波時，疏忽子女的童年感到罪過。每天上山砍柴，還一心掛記著孩子是否沒熱飯吃。一次家裡失火，一心搶救孩子，黃順興先生沒有惦記孩子，只拼盡全力在搶救他的書，邱瑞穗批判黃順興並為自己母親的身份感到負疚。邱瑞穗作為一個母親，早已忘卻了自己的名姓，只記得自己叫「媽媽」，陶醉身為母親的身份當中。〔註147〕傳記中在批判「妻子」的角色，但並沒有捨棄「母親」的角色。「妻子」的角色是相對於「他者」黃順興的位置而存在，當黃順興因不斷參選、不斷外遇，使得邱瑞穗在艱難與妥協中生活，「今日之我」對「黃順興之妻」身份的批判，是對黃順興的不認同，以及對「黃順興之妻」身份的否定，以否定雙重「他者」，即「黃順興」、「昨日黃順興之妻」來建立起「今日之自我」；而「母親」身份是相對於子女的位置而存在，文章中大量書寫子女黃妮娜等人的成長過程，呈現一個母親對子女的觀察與情感。邱瑞穗認為自己僅存母親身分，且除了兒女之外一無所有，「母親」的角色才讓自己滿足。一方面呈現一個母親的自責；一方面也以「否定妻子、肯定母親」的身份在自我詮釋時進行「今日的自我」認同與詮釋。

在黃妮娜事件中，邱瑞穗也不斷闡述自己作為「愧疚的母親」身份，並批判黃順興的「不稱職父親」的角色。黃妮娜為黃順興與邱瑞穗之妹所生的女兒，即使非親生，但邱瑞穗自陳「當她們稱自己的生母為姨媽，稱我為媽媽時，我常常被感動得有些暈眩」。黃妮娜因前往中國被疑為統戰份子而遭到警總約談時，邱瑞穗焦急自己「徒有一副母親的心腸」只能陪伴在黃妮娜身旁，譴責黃順興的袖手旁觀，以無奈焦急的母親身份對黃順興的「不完美父親」進行譴責。在自己的母親身份上不斷賦予母親身份的美好與愧疚，也將母親視為「為母則強」的傳統價值。文中提到「在一般社會生活中，女性也許命運裡註定便是一個弱者。但作為母親，她常常因為愛而富有驚人的勇氣

〔註147〕邱瑞穗，《異情歲月》，臺北，聯經出版事業公司，1994 年 3 月 30 日初版二刷，頁 93。

和超常的智慧。」〔註148〕。邱瑞穗在闡述妻子／媳婦／母親的角色時，以批判的立場看待「妻子」與「媳婦」的角色，將自己身爲「黃順興的妻子」的過往，是一種欠缺主體、依附性的角色，而「黃家媳婦」則是讓自己陷入未文明化的家庭父權秩序當中，因爲在婆婆的價值觀下，丈夫不斷外遇與女性卑下的角色都是被允許的，使得邱瑞穗成爲一個父權文化與傳統家庭秩序的「媳婦」角色。邱瑞穗以「性別現代性」批判傳統倫理中的父權秩序；並以中國倫理價值與性別民主結合，批判黃順興的外遇與失職。

　　對於「妻子」與「媳婦」角色，邱瑞穗都以「今日之我」對「昨日之我」進行批判，而「母親」角色則是離婚後的邱瑞穗自我定義的方式。即使常常爲自己無法幫孩子做什麼而責備自己是「一個無能的母親」〔註149〕，除了責備自己「無能母親」的角色，是因爲批判自己未稱職於自己所認定的角色。除了負疚感之外，邱瑞穗對於兒子體恤身爲母親的艱難，使自己認定「一生的幸福，也僅僅體現在我與兒女之間的理解和融合上。」〔註150〕，是自己歡樂與力量的來源。邱瑞穗對母親角色的認同，來自於自己母親傾全力輔佐丈夫，教育子女的一生，所以認爲自己應該像母親一樣，立身於人間，對母親角色的價值觀有世代的繼承。當黃順興讓自己的妹妹懷孕時，邱瑞穗雖然想自殺終究因爲孩子而要求自己堅強活下去，意識到自己與子女相依爲命，「僅是個神聖的母親」〔註151〕。「神聖的母親」是自己認同的角色，所以以「負疚的母親」批判過往「不完美的母親」，並肯定自己具有「神聖的母親」的歡樂與使命。從邱瑞穗的多重性別角色上看，可以看到其承認母職與否認妻職的性別角色，在第四節則討論相對於民主運動的自我詮釋。

（二）反對運動與母職實踐：楊祖珺

　　楊祖珺《玫瑰盛開：楊祖珺十五年來時路》中也呈現「批判的妻子・愧疚的母親」的性別身份。楊祖珺 1976 年到 1977 年開始投入民歌運動，並投

〔註148〕邱瑞穗，《異情歲月》，臺北，聯經出版事業公司，1994 年 3 月 30 日初版二刷，頁 171。
〔註149〕邱瑞穗，《異情歲月》，臺北，聯經出版事業公司，1994 年 3 月 30 日初版二刷，頁 170。
〔註150〕邱瑞穗，《異情歲月》，臺北，聯經出版事業公司，1994 年 3 月 30 日初版二刷，頁 208。
〔註151〕邱瑞穗，《異情歲月》，臺北，聯經出版事業公司，1994 年 3 月 30 日初版二刷，頁 285。

入「唱自己的歌」運動，1978 年到「廣慈博愛院」擔任義工為雛妓服務，開始在政治上參與反對運動。1981 年錄製《黨外的故事、新生的歌謠》，協助林正杰競選臺北市議員。1982 年前往美國，回台又投入社會運動中，1983 年與林正杰創辦《前進》雜誌，擔任《前進》社長，同年以黨外身份在臺北參選立委，向紀政挑戰，牽制國民黨的配票。1986 年翻譯《綠色的抗議》，在林正杰入獄後，推動「外省人返鄉探親運動」和「司法改造運動」。1987 年，「夏潮聯誼會」成立，楊祖珺擔任評議長，1989 年擔任林正杰競選立委的總幹事，之後進入立法院擔任林正杰幕僚，推動「遊說法」、「財產公佈法」。〔註 152〕，經歷民歌手、社會工作者、立委候選人等不同的生命經驗。楊祖珺以民歌運動者參與台灣社會運動，與林正杰結婚後參與《前進》雜誌的編輯與政治之路，1986 年任民進黨第一屆中執委，1987 年任夏潮聯誼會評議長，1991 年離婚。離婚後開始著手撰寫自轉《玫瑰盛開：楊祖珺十五年來時路》一書，並於 1992 年出版，闡述自己參與黨外運動的歷程。

楊祖珺在自傳回溯時，強烈地批判「昨日妻子」身份向民主政治的妥協，以「性別民主」話語批判「政治民主」話語的不足。闡述「妻子」身份時，認為是在政治民主發展上，女性身份妥協以及政治民主發展的不足。今日離婚的自我與昨日妻子的身份，在失去「妻子」身份之後過往的自我認同產生鬆動，能更直接以「今日之我」批判「昨日之妻」身份，文中提到在離婚談判的前一天：

> 前夫遲到一個鐘頭！
>
> 從來沒有如此疏離的感覺！好樣是在卡拉 OK，約了一位素未謀面的筆友一般！
>
> 「妳把我的朋友都得罪光了，害我政治走不下去！妳這幾年究竟在忙什麼？妳知道女人是幹什麼的？女人是生孩子、服伺男人的；你不浪漫、不溫柔；我以為妳不愛我了。」他一開口，我完全愣住了。我真的不認識這個男人了！〔註 153〕

〔註 152〕 參考尹章義，〈大時代的女兒——為楊祖珺的新作寫序〉，收錄於楊祖珺著，《玫瑰盛開——楊祖珺十五年來時路》，臺北，時報文化，1992 年 9 月 25 日初版，頁 3～5。楊祖珺，《玫瑰盛開——楊祖珺十五年來時路》，臺北，時報文化，1992 年 9 月 25 日初版。

〔註 153〕 楊祖珺，〈我兒阿諾〉，《玫瑰盛開——楊祖珺十五年來時路》，臺北，時報文化，1992 年 9 月 25 日初版，頁 348。

「妻子」身份的失去，也失去昨日的身份認同。「妻子」身份的失去起因於其未符合父權文化的性別框架，因此在自傳中更直接批判「昨日妻子」身份時，亦批判父權文化下的「妻子」建構，而以「今日之我」批判「昨日之妻」的身份，一種身份的失去是另一種身份的獲得，而「回憶是一種貫穿時間的實際經驗──它安排了過去經驗與目前經驗的共同呈現」〔註154〕。相對的，在「母親」身份的詮釋上，則帶著愧疚感寫下〈我兒阿諾〉一文，表達自己對兒子的深厚的感情與離婚後對兒子的愧疚。楊祖珺描述在創辦《前進》雜誌懷孕，「肚子整整痛了三個月。民國七十三年媽媽參選剛結束，創辦的黨外週刊《前進》雜誌，也因為每週遭到有關單位查禁、搶書、沒收、停刊，每天在編輯室、印刷廠中疲於奔命。為了孕育一個健康的胎兒，媽媽停止了煙、茶、咖啡、辣椒，這一切聽說會影響胎兒健康的刺激物品。」〔註155〕，甚至為了兒子去算命，幾乎「快全盤否定自己一向自詡的進步」。楊祖珺詳述自己在懷孕、撫養到離婚的過程，為兒子的成長過程而可以拋棄自己「自詡的進步」，以犧牲與自我否定傳達一個母親的付出。

　　在1987年的「司法改造運動」當中，楊祖珺帶著兩歲孩子奔走於群眾運動之中，寫到林正杰入獄後自己帶著阿諾的心情，擔憂兒子身為政治犯子女背負壓力。在林正杰坐牢時，努力讓兒子瞭解政治犯的情況，離婚之後擔心阿諾在將政治力量與父母離婚的壓力下的生活。〔註156〕楊祖珺將自己放置在「母親」的位置上書寫〈我兒阿諾〉，詳細闡述自己母親的身份與心情，相對於前文的男性政治傳記，男性政治傳記不太闡述自己在私領域的關係，女性自傳則衍生的公／私領域的擺盪與衝突，也衍生另一種政治行動的方式，如〈我兒阿諾〉中寫著：

　　　快兩歲時，爸爸坐牢。

　　　我一直不喜歡有些政治犯家庭告訴他們的孩子：爸爸出國了！因為，我要讓你接受父母的完整經驗；如果告訴你爸爸出國了，你又怎能每週一次到監獄去和爸爸見面呢？你需要爸爸存在的感覺，爸

<hr>

〔註154〕尚・勒狄克（Jean Leduc）著，林錚譯，《史家與時間》，台北，麥田出版，2004年1月15日，頁94～95。

〔註155〕楊祖珺，〈我兒阿諾〉，《玫瑰盛開──楊祖珺十五年來時路》，臺北，時報文化，1992年9月25日初版，頁375。

〔註156〕楊祖珺，〈我兒阿諾〉，《玫瑰盛開──楊祖珺十五年來時路》，臺北，時報文化，1992年9月25日初版，頁175～380。

> 爸也需要看到你以後的寧靜。更何況那時候官司不斷，媽媽甚至還
> 不清楚，究竟爸爸要到你幾歲時，才能出獄？我怎麼能夠忍受丈夫
> 及孩子，在心神不寧中度過漫漫長日呢！〔註157〕

〈我兒阿諾〉不斷呈現反對運動母親思考與行動，在母職的實踐中，涵著政治威權下必須面對的反對運動子女教育的特殊性，甚至教導阿諾具備「獨立的思考」去面對政治威權下，父母角色與處境的歷史問題。〈我兒阿諾〉中呈現的「愧疚的母親」更來自於離婚因素：

> 我必須在你已經長大的現在告訴你：媽媽在決定，是否要接受爸爸
> 提出的分手要求時，腦海裡出現的只有你！在評估完「不和諧的家
> 庭、比離婚對孩子的傷害更大」的心理分析後，媽媽煎熬地接受了
> 離婚的要求。〔註158〕

自傳中不斷解釋自己離婚的決定，以及必須離開兒子身邊的煎熬。楊祖珺傳記中呈現母親身份的愧疚感，亦呈現了離婚的母親在母職實踐上，以強烈的解釋來闡述自己無法實踐傳統母職的原因。

　　綜上所述，女性傳記被視為不以理性主義撰寫文字的「他徒敘述」，是以生活細節和瑣碎小事的「細節政治」書寫表達女性經驗的「家」與「個人隱私」〔註159〕，楊祖珺與邱瑞穗在陳述自己的「母親」身分時，以一個犧牲奉獻、不夠完美、負疚的「母親」來檢視自己的過往。對於「母親」的角色，除了因為母職所帶來的愧疚，也因國民黨威權下的政治不民主使得她們的母親實踐還背負政治參與上愧疚。邱瑞穗將自己的政治實踐視為未盡母職的原因之一，可以看見民主身份／母親身份兩種角色的兩難；楊祖珺則在政治民主的參與上，實踐另一種反對運動者的母職身份，在單純的教養之外，必須在林正杰入獄以及自己的政治參與上，進行政治民主及獨立思考的教育。可以看到雖然兩人在「妻子」身份批判自己過往的欠缺主體性，並進而批判民主運動的父權性格，然而在今日之我回顧昨日的母親身份時，依然以一個「愧

〔註157〕楊祖珺，〈我兒阿諾〉，《玫瑰盛開——楊祖珺十五年來時路》，臺北，時報文化，1992 年，9 月 25 日初版，頁 373。

〔註158〕楊祖珺，〈我兒阿諾〉，《玫瑰盛開——楊祖珺十五年來時路》，臺北，時報文化，1992 年，9 月 25 日初版，頁 379。

〔註159〕賴信真，〈書寫女性生命——簡介已出版之台灣漢人女性之自傳或回憶錄〉，《台灣史料研究》，第 11 號，1998 年 5 月出刊，臺北，財團法人吳三連史料基金會，頁 20〜21。

疚的母親」身分檢視自己母親的不足，並呈現出政治參與與不完美母職兩者之間的勾連，她們的政治身份使得母職身份受到威脅。在性別意識上，可以看到兩人批判妻子的妥協，卻對自身母親身份具強烈的負疚感。邱瑞穗的意識型態繼承文化傳統中「爲母則強」的價值；楊祖珺則以反對運動母親身份的母職實踐，並對無法實踐「傳統母職」進行解釋與闡述，也看出政治女性在性別角色的多重性。

三、台灣的女兒／父母的女兒

　　在女性政治傳記中，可以看見參與黨外運動的女性在女性身份／民主身份的矛盾性。女性在母親、女兒、妻子、媳婦、反對運動者等多重身份之間穿梭，在身份的複雜與重疊上，使得政治敘述產生多層次的擺盪與矛盾性，前文提到母親／妻子身份與反對運動身份之間的矛盾性，在此則以女兒身份與民主人士之間的關係，本文觀察到陳菊與曾心儀在傳記中，都呈現一個身爲女兒又參與反對運動的內心掙扎。

（一）家國敘事：台灣人的女兒

　　陳菊，1950 年生，台灣宜蘭人，世界新聞學校圖書資料科畢業；曾任政大公行企管中心圖書館館員，1969 年 19 歲即擔任宜蘭籍議員郭雨新先生的秘書〔註 160〕。北上求學時認識郭雨新，以及當時爲了爭取民主而被入罪的政治犯、政治犯家屬。1970 年協助蒐集政治犯名單與資料送往國際人權團體，1977年將《雷震回憶錄》密送日本，因而在 1978 年 6 月 23 日下午 6 時，警備總司令以「蒐集反動文件、政治犯名單」爲理由，便衣和管區員警便以「戶口檢查」爲名，進入住所搜走了私人文件與書報逮捕陳菊。〔註 161〕1979 年的美麗島事件中，美麗島事件時陳菊 30 歲被捕入獄，被判 12 年的徒刑，褫奪公權 22 年。

〔註 160〕陳菊，《黑牢嫁妝》，臺北，月旦出版，1993 年 12 月，頁 27。
〔註 161〕參考江湖客，〈陳菊釋後，初吐心聲〉，頁 15；《女人飆政，男人靠邊站》，臺北市，探索文化出版，1996 年，頁 17。皆提到 1978 年被捕事件。陳菊在〈政治人的情懷〉一文中，也提到「一九七八年春，我因陸續將台灣政治犯名單及雷震文稿秘密傳到海外，被警總深夜臨檢住處，進而追緝逮捕」，之後，1979年美麗島事件，陳菊又被判刑 12 年，繫獄 6 年多。見陳菊，〈政治人的情懷〉，《台灣時報》，1993 年 2 月 15 日，收錄於陳菊，《橄欖的美夢：台灣菊‧台灣情》，臺北，月旦，1995 年 5 月，頁 68～70。

在 1993 年與 1995 年分別出版《黑牢嫁妝》、《橄欖的美夢：台灣菊・台灣情》兩本書。而兩本書提到的黨外運動經歷、人權工作有許多重疊之處，兩本書的差異在於《橄欖的美夢：台灣菊・台灣情》較多記錄自己的歷程、私人生活與心情，《黑牢嫁妝》則記錄較多一同參與民主運動的人士，從記錄他人之中描述自己，並放置自己的民主系譜以及自我認同。1995 年出版的《橄欖的美夢：台灣菊・台灣情》一書，與《黑牢嫁妝》一樣是收錄《台灣時報》、《民眾日報》、《自立早報》、《自立晚報》所撰寫的個人敘述政治參與歷程的散文，《橄欖的美夢：台灣菊・台灣情》相較於《黑牢嫁妝》一書，有更多個人的生活與情感在其中。陳菊在闡述自己時，將自己放置在人權工作者的位置，其中部份文章出現以「女兒」的身份敘述自己的心情，自陳從十九歲投入台灣的民主運動，作為民主運動的工作者，力量的最大來源是父母，並提到女兒身份與民主身分兩者之間的兩難。

陳菊在 1979 年 12 月 13 日因美麗島事件被國民黨拘捕，面對偵訊與非人道刑求，被國民黨軍法判處 12 年，在解除禁見後，父母來到黑牢會面，三人只能淚眼相望。對於不能夠奉養父母，割捨親情的牽掛，只能黑牢中相會，陳菊為此感到愧疚。面為父母默默的信任和對受刑女兒無法言喻的憂傷，感到心腸一寸一寸的斷裂。日後，陳菊在讀到田秋堇記錄了陳菊母親在女兒遭判漫長十二年的刑期的失落與擔憂時，陳菊「立刻放下勺子，倚著灶，笑著把眼淚抹掉了」，「望著黑牢窗外，我早已淚流滿面。」。1986 年獲釋出獄時，「在到達老家前，我在車子看到父親在田裡工作，心中不禁升起一陣酸楚，雖然我明白這是一個民主運動者所必須付出的代價，但是對一生大部分時間雙足立於泥土中的父母親而言，我有著太多的歉意。」〔註 162〕。帶有歉意的女兒身份，使得陳菊在民主參與上出現女兒／民主運動人士的內心兩難，必須說服自己在民主實踐上，犧牲女兒的身份是民主運動者所必須付出的代價。相較於男性傳記對公／私領域的情感少著墨，女性傳記則是出現為民主犧牲親情的描述，即使連不太書寫自己女性身份的陳菊，也著墨於自己身為女兒與民主運動人士之間的兩難以及身為女兒的愧疚感。這種負疚感在男性傳記中卻很少看見，在政治領域的實踐的兩難，來自女性被歸類於關係性、情感性、屬於私領域性別角色，使得政治女性面對私領域／公領域時，會因

〔註 162〕陳菊，〈女兒的祈禱〉，《台灣時報》，1994 年 2 月 28 日。收錄於陳菊，《橄欖的美夢：台灣菊・台灣情》，臺北，月旦，1995 年 5 月，頁 25～27。

為政治上的陽剛民主使得公／私形成兩股相背、相反的拉扯力量，並形成雙重包袱。在自傳敘述當中，陳菊也會特別書寫自己對父母的虧欠感，以女性身份回顧自己的民主參與，這是男性傳記中所沒有的。

　　陳菊在「女兒身份」與「民主身分」之間產生擺盪，而「女兒身份」無法實行，是因為國民黨的威權體制脅迫到私人領域的女兒身份，也是民主路上必須付出的代價。在「民主身份」大於「女兒身份」的政治情況下，陳菊將「父母的女兒」轉為「台灣的女兒」，來進行自我表述與自我說服。如文中寫 19 歲開始投入台灣的反對陣營，具被反對運動女性可能隨時得面臨迫害、黑牢，獨自一人比較沒有牽掛，而且能割捨而放棄婚姻。身為一個「台灣人的女兒」，看到威權獨裁政權的崩解與民主政治的起飛，所以不同的人生有不同的豐富。〔註163〕在「女兒身份」／「民主身份」產生矛盾時，愧疚的「父母的女兒」轉向成赴義的「台灣的女兒」。黃昭堂在〈我的忘年之交〉一文也以「台灣人的女兒」定義陳菊〔註164〕，兩人在政治敘述上相互呼應。這樣的置放與轉換，將「國」放置在「家」之上；將「私領域」放置在「公領域」之上，符合了國／家、公／私的上／下位階關係；也符合漢文化為「家國」此大我犧牲「家庭」小我的民主敘述。陳菊將自己私人女兒的身份轉成台灣女兒的身份，以「台灣人的女兒」的身份，來詮釋自己在女兒／民主運動之間的兩難，並將自己放置在民主運動的位置上。

（二）雙重性的女兒身份

　　曾心儀 1948 年出生於台南市的眷村，本名曾台生。1977 年受到鄉土文學論戰影響，更加關切社會問題和政治問題。1975 年左右，開始投入社會運動。〔註165〕1978 年起投入台灣政治民主運動，1979 年參與余登發父子被捕的抗議示威遊行，以及其他主要社會街頭運動，1982 年因聲援蓬萊島雜誌案事件而被迫從任職的《民眾日報》離職。〔註166〕出版《我愛博士》、《彩鳳的心願》、《貓女》等短篇小說。《遊過生命的黑河》（1996）、《心內那朵花——台灣民

〔註163〕陳菊，〈如果我再年輕一次〉，《台灣時報》，1994 年 4 月 26 日。陳菊，《橄欖的美夢：台灣菊‧台灣情》，臺北，月旦，1995 年 5 月，頁 39～40。

〔註164〕黃昭堂，〈我的忘年之交〉，收錄於陳菊著，《橄欖的美夢：台灣菊‧台灣情》，頁 5。

〔註165〕曾心儀，〈走過長夜〉，曾心儀著，《心內那朵花——台灣民主運動的文學紀事》，序三，臺北，永和，新風格文藝，2000 年，頁 43。

〔註166〕參考曾心儀著，《曾心儀集》，臺北，前衛出版社，1992 年 4 月 15 日初版。

主運動的文學紀事》（2000）、《福爾摩沙紅綠繽紛》（2010）等書是以個人參與黨外運動經驗爲題材的小說與敘述。

以社運者與黨工自居的曾心儀，投入台灣民主運動當中，在解讀自己的私領域身份時，自己一個人過日子，也不想有一般的家庭生活；因爲忙碌的政治活動、社運活動之外，剩下來的時間就讓自己在有限的私密領域中放鬆。〔註167〕認爲公領域與私領域的身份是會有衝突的，因此捨棄私領域的生活，以公領域的生活爲重心，將公領域的家國放置在私領域的個人之上。在家庭關係中，女兒身份與民主人士身份之間也產生衝突，因此在自從參加黨外運動以來，避免讓家人知道她在黨外的情形，只能自己一個人承擔。〔註168〕

在具有傳記色彩小說〈斷殘紅〉一文中，寫到自己投入社會運動的心情，是自己走上自己的路，在公／私不能兼顧下，只能給家人些微金錢和精神上的安慰。在參與社會運動中，不把擁有的公共資源運用來改善私人生活，而用很理智、冷靜、近乎冷酷的態度，任父親、家人「自謀生活」，使得父親生活困窘。自己創造的生活已經超過父母親所能想像的範圍，他們約略知道曾心儀在外面參加很多與政府對抗的活動，他們只能承擔憂慮、拜佛、禱告。〔註169〕父親不知曾心儀投入什麼工作，只知道她在寫採訪報導、幫出版社、雜誌社工作，以及做些社會服務。〔註170〕

曾心儀在描述自己的女兒身份時，認爲當投入政治運動之始，以「理智、冷靜、近乎冷酷」的態度面對家人，在投入社會運動時，「爸爸已經沒有了曾心儀這個女兒」，但儘管冷酷，自己身爲女兒的身份，卻總是牽掛爸爸，父親離得愈遠愈爲惦念他。曾心儀在女兒與社運者的身分之間產生兩難，而在傳記書寫中，以愧疚的態度去描述自己過往的「冷靜」與「冷酷」。在面對女兒／社運者的身份上，意識到自己從事社運必須犧牲的「女兒」身份；但犧牲

〔註167〕曾心儀，《心內那朵花——台灣民主運動的文學紀事》，序三，臺北，永和，新風格文藝，2000年，頁46。

〔註168〕曾心儀，〈美麗島紀事：約談〉，原刊登於1999年9月13日到19日《民眾日報》副刊，《心內那朵花——台灣民主運動的文學紀事》，序三，臺北，永和，新風格文藝，2000年，頁87。

〔註169〕曾心儀，〈斷殘紅〉，原文發表於1990年4月2日《民眾日報》副刊，收錄於《遊過生命的黑河》，台南市，南市文化，1996年，頁28～30。

〔註170〕曾心儀，〈斷殘紅〉，原文發表於1990年4月2日《民眾日報》副刊，收錄於《遊過生命的黑河》，台南市，南市文化，1996年，頁38。

「女兒」身份之後又產生的負疚感，可以看見在公領域大於私領域，以及「今日之我」責備「昨日之我」的擺盪。

　　曾心儀在父親過世前的最後一個年夜飯，吃過年夜飯匆匆回到高雄客運、屏東客運的公司積欠加班費的勞工抗爭中，坐上車和爸爸道別，卻是最後一次見到父親，以後幾個月裡，全心投入聲援馬赫俊神父、鄭南榕自焚守靈、「五一九」詹益樺自焚深入探索。〈斷殘紅〉一文回顧這過程時描述到：

> 當我單獨站在父親墳前，我想到種種往事，想到爸爸人生最後、最
> 痛苦的時刻，我人在台灣，我又不像政治犯被關在牢裡，卻沒有陪
> 伴他。雖然，多年來，我認為做事要奉獻得徹底，認清公私不能兼
> 顧，願為義捨命；然而，直到親身體會眼見親人從生走到死，我才
> 深刻瞭解死亡的嚴肅意義。〔註171〕

表達既非政治犯卻未盡女兒職責的愧疚，但以家國敘述來詮釋自己公／私不能兼顧所以只能「為義捨命」。1989年鄭南榕、詹益樺先後自焚，曾心儀認為民主工作的責任落到自己心田中，〈我的草根文化工作〉一文描述離開成長的臺北家，南下鄉間的原因投入草根文化工作，卻在為民主工作付出心力時，疏忽了照顧患有高血壓、已有中風病症的父親。鄉居的時日，也會因工作上的需要回到臺北。然而，其中一次返北，卻是為父親辦喪事。父親病危來得太突然。〔註172〕曾心儀身為女兒的身份，對於投入民主運動是「公私不能兼顧」的無奈，不得不必須「為義捨命」忽略女兒身份。曾心儀接受了家／國大敘述的民主觀念，在政治民主的大議題之下必須「為義捨命」。此敘述下私領域被置放在公領域之下，而未意識到私領域／公領域、女兒角色／社運者之間兩難的性別政治。女性被視為關係性、照顧者、情感付出者的角色，所以對於自己身為女兒身份卻無法安頓好家人感到罪惡與自責。但又接收了民主大敘述中家國為先的觀念而必須為義捨命，接受了政治民主敘述召喚，使得政治女性在政治身份與女性身份一直出現矛盾的主體位置與心理狀態。

　　從上述都可以看到女性身份／民主身份之間的衝突與兩難。雖然曾心儀與陳菊在敘述自己「女兒身份」與「民主身分」時呈現矛盾與兩難，卻未因

〔註171〕曾心儀，〈斷殘紅〉，原文發表於1990年4月2日《民眾日報》副刊，收錄於
　　　　《遊過生命的黑河》，台南市，南市文化，1996年，頁53～54。
〔註172〕曾心儀，〈我的草根文化工作〉，1995年2月8日撰寫。收錄於曾心儀著，《又
　　　　聞稻香》，臺北縣，新風格文藝出版，1995年3月，頁18～19。

此認為政治民主與陽剛民主發展的缺陷與不足，而公／私僅是個人自身選擇的兩難，而非一個「性別政治」的問題。因此兩人在敘述自己的民主位置時，依然運用的「為義捨命」、「台灣的女兒」、「公私不能兼顧」等傳統性別話語／家國大敘述闡述自己的民主位置，這一部份將在第三節進行闡述。

女性身份一方面造成民主運動／性別身份的兩難；另一方面女性身份及其經驗則可以擴大民主政治的義涵。在曾心儀的傳記中，可以看到女兒身份與政治參與的關係。女性身份在另一層面上擴大女性以自身經驗參與政治的特殊性，如曾心儀因為父親的老兵身份，而關切老兵議題。曾心儀的父親是老兵，年老後，為了不要拖累女兒，去辦理住到「榮民之家」的手續。曾心儀開始回顧父親的人生，認為爸爸做餐館生意失敗後，連形式上「戶長」的地位都沒有而痛苦。〔註 173〕自己一直忙著黨外活動，飯碗是朝不保夕，不隨意向人低頭、妥協。爸爸住榮家時，也避免通信，他留給我們彰化一位鄉親長輩的位址、電話，如果有特殊事故可以聯絡。

> 爸爸以那地址寫了幾封信給我；我看到信封上他的字跡就心痛得想哭。然而，在現實裡，我冷硬著心腸做我自己的事。在我的想法裡，榮民和社會上其他弱勢者都應該受到同樣重視。然而，運動工作者的能力有限，運動的基礎工作工程浩大，必須有堅忍的毅力，點點滴滴累積。父親孤獨的生活，是我心底的痛，我默默承受著。〔註 174〕

文中不斷為自己的冷硬心腸感到愧疚，但因為父親的身份，使得曾心儀關注老兵議題，對普遍軍人生活背景的體認，不願以外省第二代、軍人子弟的身份，加上參與本土運動的經歷，用腦筋設計收攬老兵抗議的政治資源。〔註 175〕當父親在中國的家人因為有國民黨的親戚被列為「成份不好」，曾心儀指責政治的荒謬性，瞭解介入政治越深，才知道國民黨將「共匪」等於「台獨份子」；許多人被槍決、被長期囚禁。而為「紅色中國」甘願捨命、坐牢、在牢裡牢外持續搞鬥爭的人，又被中國視為「成份不好」〔註 176〕，

〔註 173〕曾心儀，〈斷殘紅〉，原文發表於 1990 年 4 月 2 日《民眾日報》副刊，收錄於《遊過生命的黑河》，台南市，南市文化，1996 年，頁 36。

〔註 174〕曾心儀，〈斷殘紅〉，原文發表於 1990 年 4 月 2 日《民眾日報》副刊，收錄於《遊過生命的黑河》，台南市，南市文化，1996 年，頁 37。

〔註 175〕曾心儀，〈斷殘紅〉，原文發表於 1990 年 4 月 2 日《民眾日報》副刊，收錄於《遊過生命的黑河》，台南市，南市文化，1996 年，頁 38～39。

〔註 176〕曾心儀，〈斷殘紅〉，原文發表於 1990 年 4 月 2 日《民眾日報》副刊，收錄於《遊過生命的黑河》，台南市，南市文化，1996 年，頁 42。

曾心儀從父親的歷史經驗中，去進行政治思考與行動關懷，是其女兒身份從私領域的關懷爲出發，發展成公領域的政治思維與行動走向。可以看到政治女性在政治與性別的身份上，受私領域的啓蒙，私領域的情感與公領域的政治參與非絕對的二分與背離，而是政治參與的出發點與立足點。然而在政治民主／陽剛民主的發展上，政治女性在社會性別關係的分工下在公／私領域則必須進行取捨。

　　綜上所述，參與台灣反對運動的政治女性，在女性必須擔任女兒、妻子、媳婦、母親等角色上，使得政治女性在公／私領域的穿越上，產生複雜的辯證關係。一方面接收性別分工意識形態，認爲女性應擔起母職、妻職、媳職的責任；一方面又在政治參與以女性身份挑戰陽剛政治領域；一方面又接收政治民主大於私人生活的「爲義捨命」的大敘述價值，而產生政治／女性兩者擺盪的道德罪惡感。

　　上述幾位政治女性中，余陳月瑛批判傳統性別社會下必須以丈夫優先的無奈；對於「媳婦」身份既肯定又否定，認爲自己的「媳婦」身份承擔多重角色的性別壓力，卻也因此得以步入政壇；另一方面也以「媳婦」身份訴說她無政治野心，企圖符合社會價值。余陳月瑛在政領域將自己性別中立化，藉此否認自己以女性身份從廚房走入政治的「縣長媳婦」；一方面又強烈地將自己「性別化」，合理化傳統女性特質適合女性參政的論述。在邱瑞穗與楊祖珺描述自己母親身份時，以「負疚的母親」批判過往「不完美的母親」，並同時呈現「承認母職」與「否認妻職」的性別角色認同。在政治／性別雙重身份上，將自己的政治實踐視爲未盡母職的原因之一，可以看見民主身份／母親身份兩種角色的兩難。陳菊與曾心儀則是在女兒身份／民主身份產生矛盾。兩人將自己愧疚的「父母的女兒」身份轉向成「台灣的女兒」。這樣的置放與轉換，將「國」放置在「家」之上；將「私領域」放置在「公領域」之上，符合了國／家、公／私的上下位階關係；也符合漢文化爲家國犧牲小我的民主敘述。兩人呈現了投入民主運動是「公／私不能兼顧」的無奈，必須「爲義捨命」忽略女兒身份。在家國大敘述的民主觀念下「爲義捨命」，兩人敘述中將私領域被置放在公領域之下，而未意識到私領域／公領域、女兒角色／社運者之間的兩難，是性別政治下的產物。Anna Obanyan 提到性別身份在步入公共領域時，同時被要求在私領域擔任家庭的角色，因此女性在家裡

與家外擁有雙重重擔〔註177〕，而這雙重重擔也是政治女性在公共參與產生罪惡感與擺盪的原因。

另一層面，女性的多重身份可以擴大原本政治參與的視野，將「民主」議題性別化。如余陳月瑛因為女性身份而較關注民生議題；曾心儀則對父親的情感，更關注老兵議題；邱瑞穗則因妻職、母職身份，質疑民主參與者的不民主性。私領域的家務空間（domestic space）其實是一個歷史上複雜的介入。家和世界的邊界混淆時，這個「新的」空間，會成為一個「介於其中」的空間（in-between space），這個空間會創造出一種新的理解範疇。「女人的範疇」（woman's sphere）便是存在這第三空間（Third Space）中。〔註178〕本文認為政治女性自傳中，呈現的女性對女性身份的多重性，呈現對父權意識形態、女性主義意識形態部份批判、部份接收的狀態，政治女性在穿越公／私領域的同時，也產生不同於男性的政治參與，在傳記書寫上，也出現差異於男性的「介於其中」（in-between）的自我敘述。

第三節　傳統性別話語／黨外政治民主繼承

在 1990 年代政治自傳中，意識型態更以複數型態來展現，黨外女性自傳呈現的性別／民主觀對過往「民主」有所承襲與轉型。民主轉型時期，黨外女性自傳在將自己擺置在民主運動的位置上去詮釋自己與民主運動的關係時，對過往民主論述進行回應與反駁；承襲與否認的幾種態度。本文認為女性自傳不必然將男性視為對立面來建立其主體，胡紹嘉的自傳研究中提出「男性話語」或「女性話語」並非本質性的分割〔註179〕。本文認為自傳的生產都是眾多意識型態以及與無數的他者進行對話的結果，並在這無數的他者之間建立起自我。在相對於民主運動的位置上，余陳月瑛、陳菊、曾心儀在詮釋自己的民主參與時，以傳統性別修辭與無性別身份的方式，擺置自己在政治

〔註177〕Anna Obanyan, "State-Society Nexus and Gender: Armenian Women in Postcommunist Context", in *Women and Politics around the World: A Comparative History and Survey, volume two: country profiles*, edited by Joyce Gelb・Marian Lief Palley, 2009, ABC-CLIO, p.232.

〔註178〕Molly A. Mayhead and Brenda Devore Marshall, "A Space for Discourse", *Women's Political Discourse: A 21st-Century Perspective*, USA, Rowman & Littlefield Publishers, 2005, pp.12～13.

〔註179〕胡紹嘉，《敘事、自我與認同：從文本考察到課程研究》，台北，秀威資訊科技，2008 年 9 月，頁 113。

民主運動中的位置。余陳月瑛、陳菊的自傳中，無疑地很確認自己在政治民主運動中的位置，以及政治民主的繼承，其中皆出現傳統的性別話語作為論述策略，在自我敘述的同時，性別身份是民主身份的補述。雖然第二節有提到女性身份／民主身份的衝突與兩難，但是此衝突是出現在面對私領域中，當詮釋自己黨外運動的身份時，則性別身份降低，性別視角是不存在的，在擺置自己的歷史身份並進行自我認同時，余陳月瑛與陳菊的自我敘述是吻合黨外民主敘述中的「政治民主」的框架。

一、傳統性別敘述／民主位置的鋪陳

（一）雙重傳記：余登發／余陳月瑛相輔相成的民主位置

　　《余陳月瑛回憶錄》書封面上印著「余陳月瑛／著」，但封面內頁又說明「余陳月瑛／資料提供，彭瑞金／撰寫」。〔註180〕。傳記文學中傳主與執筆者不同人，會產生「轉譯」的問題，但本文耙梳政治傳記的出版脈絡，發現撰寫者彭瑞金在 1995 年與 1996 年接續的書寫與出版《台灣野生政治家：余登發》與《余陳月瑛回憶錄》兩本書。其時間出版的順序可以看見規劃與脈絡，一方面企圖為高雄的黨外歷史建立系譜，一方面也為余登發／余陳月瑛的歷史位置進行書寫。《余陳月瑛回憶錄》接續著《台灣野生政治家：余登發》出版，此外緣的文本生產性呼應了《余陳月瑛回憶錄》一書中，余陳月瑛被放置在余登發的民主接班的位置，其中將余陳月瑛視為余登發的民主接班與民主系譜是有跡可尋。

　　1995 年《台灣野生政治家：余登發》一書就書寫了余陳月瑛在第四次當選第六屆省議員時，認為余陳月瑛當選是「對國民黨政治迫害的抗議」；二來余陳月瑛當選，是「投下民意對余登發縣長施政的信任票。」〔註181〕。可以看到彭瑞金在書寫余登發傳記時，就已經出現余陳月瑛的相關紀錄，其書寫目的是要以余家政治勢力與國民黨相抗衡的紀錄，並將余陳月瑛的當選勝

〔註180〕賴信真在〈書寫女性生命——簡介已出版之台灣漢人女性之自傳或回憶錄〉一文即提出作者的部確定性使本書不是一本「正統的」女性自傳。見《台灣史料研究》，第 11 號，1998 年 5 月出刊，臺北，財團法人吳三連史料基金會，頁 17。

〔註181〕彭瑞金，《台灣野生的政治家余登發》，臺北市，時報文化，1995 年，頁 145～146。

利，視為是民眾對余登發的信任票。彭瑞金將余陳月瑛放置在余登發接班者的位置，也將余陳月瑛的參政視為是余登發的民主累積與成果。在其詮釋下，余登發是政治民主的主體，余陳月瑛則是政治民主的接班者；余陳月瑛的當選，是余登發的政治累積。余登發是男性／黨外前輩／民主參與主體；余陳月瑛是女性／縣長媳婦／民主接班者的敘述邏輯。在出版時間上，《台灣野生政治家：余登發》1995 年出版一年後《余陳月瑛回憶錄》也跟著出版，可以看到彭瑞金對高雄縣反對運動政治書寫的計畫。在內容上，將余陳月瑛視為余登發的接班者。

《余陳月瑛回憶錄》在放置與詮釋余陳月瑛的位置，呈現了傳統性別／政治民主雙重的意涵。傳記在書寫上有其政治效果，《余陳月瑛回憶錄》在政治民主與性別民主的思考上，都呈現了保守性格，但可以看到《余陳月瑛回憶錄》在多重身分對話下的策略話語，以及透過這些策略來彰顯自己的民主與性別身份，呈現的性別身份與政治身份的關係。

文本是「再現」而非「真相」，語言表述是一種行動一種「展現」或「演示」，並在展現的過程構成意義。〔註182〕回憶錄中大量的篇幅在敘述余登發，本文認為傳記表面在敘述與演示余登發；背後在闡述余陳月瑛。一方面大量的篇幅談余登發的政治貢獻與民主典範；一方面是寫余陳月瑛受到余登發的影響以及栽培。其背後意義是藉由闡述余登發來詮釋余陳月瑛的民主位置；也將余陳月瑛視為余登發之後的「民主接班者」。可以看到表面談余登發，實際要陳述兩者相輔相成的政治人格與民主位置。余陳月瑛出生在社會資本、文化資本雄厚的家庭，從小學習鋼琴、音樂，受到良好的教育，婚姻期待則成為醫生娘，步入政治家庭是屬「偶然」，但此「偶然」其實是社會資本的累積與轉化。社會資本轉化為婚姻關係以及日後的政治資本。布迪厄（Pierre Bourdieu）談到資本時，認為每個人都佔據著一個有相當資本形式的位置，這些位置與資本形式都與其他的位置與資本形式處於競爭之中，都企圖獲得更好的位置以及更多的資本。〔註 183〕。余陳月瑛從優渥的家庭出身進入政治家庭，在社會位置上是資本形式的轉換，日後更繼承了余登發的政治資本，在政治傳記中對余登發的民主位置、政治資本有所承襲，以為自己歷史位置做定位。

〔註182〕胡紹嘉，《敘事、自我與認同：從文本考察到課程研究》，台北，秀威資訊科技，2008 年 9 月，頁 30。
〔註183〕劉擁華，《布迪厄的終生問題》，上海：上海三聯書店，2009 年 12 月，頁 69。

　　余登發在余陳月瑛的回憶錄中，是爲民主政治的信仰投入選舉，對「人無尊卑貴賤，一律平等」，生活簡約、爲政清廉、又極有威權，具有民主硬漢本色，爲民主運動奉獻的人，由於在政治立場上的堅持，招來一次又一次的政治風暴。沒有想過要退縮。1973 年余登發被捕入獄，又推出余瑞言競選，是「絕不在民主運動中缺席」，「關不怕、不屈服、不妥協」的個性。是一個只問耕耘不問收穫的人，做官絕不貪汙的人。〔註 184〕在蔣政權下絕不在民主運動中缺席，「家官」頑強的個性和對民主運動的堅不妥協，把余家帶進了政治的暴風圈。〔註 185〕所以余陳月瑛從「家官」身上看到了一個政治人物典範，與引領自己走入政治圈的啓蒙師父。余登發在政治民主的位置，是對立於國民黨威權進行闡述，使得余陳月瑛／余登發雙重傳記建立起自身反威權敘述的話語，並呈現反政治威權卻繼承傳統父權家長制的政治話語，是反威權／擬威權的雙重政治話語。

　　1963 年 3 月余登發以「家官」身份「徵召」余陳月瑛代表黑派參選第三屆省議員，傳記將他視爲「民主的苦心」，是爲改寫了高雄縣的政治史一著棋。1981 年余登發希望余陳月瑛出來角逐高雄縣長選舉，論述呈現是整個民主運動、反對陣營的前程和發展而要她出來競選，余陳月瑛只是「接受『時代』的徵召」〔註 186〕。「受時代徵召」之說，不斷闡述余陳月瑛並非來自政治世家與政治企圖心，是以受到民主／余登發徵召來否認余陳月瑛的政治野心，是以傳統「媳婦」此一女性身份的詮釋來否認女性在參政的企圖心，但又將自己放置在余登發的「徵召」與「啓蒙」下，藉此將余陳月瑛放在民主政治的重要位置上。其意識形態是將政治民主位置／傳統媳婦位置進行結合。一方面大力敘述余登發的人格特質與在台灣民主的特殊位置，也是要鋪陳余陳月瑛的政治特質以及余登發推余陳月瑛出來選舉的重要性。賴信眞在討論到《余陳月瑛回憶錄》時，認爲其政治生涯從偶然到坦然的契機是她的「家官」余登發，書寫的重點不是她自己。〔註 187〕但本文認爲表面在撰寫余登發，實則

〔註 184〕余陳月瑛，〈我的公公是做稼人──《台灣野生的政治家余登發》序〉，彭瑞金，《台灣野生的政治家余登發》，臺北市，時報文化，1995 年，頁 1～2。
〔註 185〕余陳月瑛，《余陳月瑛回憶錄》，臺北，時報文化，1996 年，頁 164。
〔註 186〕余陳月瑛，《余陳月瑛回憶錄》，臺北，時報文化，1996 年，頁 190。
〔註 187〕賴信眞，〈書寫女性生命──簡介已出版之台灣漢人女性之自傳或回憶錄〉，《台灣史料研究》，第 11 號，1998 年 5 月出刊，臺北，財團法人吳三連史料基金會，頁 18。

是在書寫余陳月瑛。余登發的民主位置與余陳月瑛的民主位置兩者之間是相輔相成。談論余登發的民主位置時，其實也在論述自己在民主的位置。因為余登發頑強的民主性格，使得余陳月瑛也參與了民主運動。

傳記中多次提到余陳月瑛問政不去碰大的體制問題，也不和政府官員做意識型態的拼鬥，不藉此表示自己是「黨外」，多少受到「家官」的影響；無非是朝向健全的地方自治在努力。自己以「縣長媳婦」的身份在「家官」余登發的「徵召」下進入政壇，所以回憶錄中，不斷標榜從「家官」身上看到了政治人物典範，學到了何謂「政治」。〔註188〕其實可以看到文中不斷出現的余登發「徵召」、「啟蒙」論述，啟蒙論述是受到其家官的「徵召」、「啟蒙」而步入「政治現代性」與「政治民主」當中，以「傳統家長制」、「女性媳婦」等「性別未現代化」身份走上「政治民主現代化」之路。文中在肯定余登發的民主位置時，也是在肯定自己的民主位置。余陳月瑛認同自我為「余家媳婦」、「余家人」、「余登發接班者」的身份，走入政治是時勢以及余登發的民主理念所趨。1985 年余陳月瑛當選第十屆高雄縣長，余陳月瑛談到自己當選是進入余家後，延續「家官」參與戰後的民主運動與國民黨對抗。〔註189〕余陳月瑛／余登發兩人民主位置相輔相承，亦以縣長媳婦身份將自己視為余登發的民主接班者，其將自己放置在「民主接班者」的位置，其實意識型態是屬於第三章婦運論述所批判的「未性別現代化」的女性參政模式。

余陳月瑛在詮釋自己在黨外運動的身份時，不斷以傳統性別身份進行民主位置的置放。身為「縣長媳婦」身兼經商、做農、魚塭管理、主婦、媽媽等數職，「縣長媳婦」具備「傳統媳婦」角色，也具備「縣長媳婦」的政治資本。因為身兼數職以及傳統媳婦任勞任怨的角色，意外展開自己的政治生涯，余陳月瑛對自己傳統媳婦生兒育女、相夫教子的角色給予肯定，因為媳婦身份得以進入政壇。「家官」、「大家」余登發不曾開口要求她撐起家庭經濟事業的重任，但因為傳統媳婦的承擔角色，使「家官」看在眼裡記在心裡，因而被指定出馬競選省議員，余陳月瑛認為不知情的外人認為他內舉不避親，是出於建立政治勢力的私心；而對自己的能力不瞭解，認定她不過是長期困在廚房裡的家庭主婦。被報社記者撰文諷刺「由廚房走進議會」。〔註190〕余陳月

〔註188〕余陳月瑛，《余陳月瑛回憶錄》，臺北，時報文化，1996 年，頁 64～132。
〔註189〕余陳月瑛，《余陳月瑛回憶錄》，臺北，時報文化，1996 年，頁 141。
〔註190〕余陳月瑛，《余陳月瑛回憶錄》，臺北，時報文化，1996 年，頁 90～92。

瑛在詮釋自己的媳婦身份時，將自己的媳婦角色定位為有能耐的縣長媳婦，反駁輿論將她視為從廚房走上政治的女性，為自己在民主位置上進行鋪陳。認為在台灣民主化的腳步是十分坎坷的，身處在這樣的時代，是無法自外於整個社會。「僅僅做個平凡的媳婦，不去參選省議員，也仍無法躲過政治圈的狂風暴雨，心裡也就覺得坦然了，差別只是『誰站在最前面』而已」，因此從政之路從被動到主動。「媳婦」身份是雙面刃，使得余陳月瑛步入政壇；也使得她在政壇受到質疑，因此在敘述中，不斷否定自己僅是平凡的媳婦；一方面又肯定自己在身為媳婦的多重貢獻，在性別意識型態上接收、否認、重新定義父權意識型態中被視為傳統私領域的媳婦角色。

（二）雙重媳婦：傳統媳婦／縣長媳婦

　　《余陳月瑛回憶錄》表面是以為余登發事件為使命進行自我的歷史詮釋。本文認為余陳月瑛在回憶錄中，呈現私領域／傳統媳婦；公領域／縣長媳婦的雙重角色，這兩個角色相輔相成，為性別位置弔詭與矛盾的地方，一方面傳統女性角色的凸顯，是為了彰顯自己與政治家族勢力、政治野心脫勾，其「脫勾論述」吻合女性應無政治野心的社會框架；一方面也闡述自己在民主位置上是因為自己有能耐的傳統媳婦角色的特質，所以受余登發徵召。其中余陳月瑛時而將自己擺置在「傳統女性」、「縣長媳婦」的角色，是受到徵召的接班者，時而又將自己放在獨立的政治女性的位置，並非性別附屬身份，其中有民主位置敘述的意圖，將在以下從女性／民主論述的雙重性看整本回憶錄的意義。

1.「傳統媳婦」：政治家族脫鉤敘述

　　語言敘述會有雙重含意，而敘述和論著，都是一種實踐〔註191〕。述說形式和內容的選擇都不是任意的，而是一種政治行動，此政治行動述說者對生命的詮釋和意義有關。〔註192〕回憶錄本身也會產生政治效力。余陳月瑛傳記中不斷將自己放在傳統的女性位置，否認自己來自家族政治與政治世家。「家族政治」與「政治世家」在政治民主上是威權非民主的產物；從性別民主的角度來看，「家族政治」與「政治世家」則是女性作為依附者的非女性參政現

〔註191〕米歇爾・德・塞拖（Michel de Certeau），方琳琳、黃春柳譯，《日常生活實踐》，南京，南京大學出版社，2009 年 5 月，頁 152。

〔註192〕余貞誼，〈我可能不夠女性主義：女性主義認同與實踐的敘事建構〉，《台灣社會學》，群學出版社，2011 年 6 月，頁 124。

代化的表現。所以余陳月瑛不斷闡述自己並非來自家族政治與政治世家，敘述中弔詭的一方面將自己放置在余登發的接班者的位置，呈現了自己女性參政的依附性；一方面又不斷闡述自己的政治能力來擺脫其政治依附性與非政治民主的「家族政治」之說。

在回憶錄一開始，余陳月瑛將自己描述成「大門不出、二門不邁」、「從小在繡樓長大」，不是看書，就是彈鋼琴，不曾被刻意栽培去從政，遺傳了母親溫和的個性，期待做賢熟女子，將來嫁人做好命先生娘。未出嫁前「箱子裡的姑娘」在溫室中長大，卻意外進入政治家族成為余家的「少奶奶」。原本「揚言死不肯嫁到政治家庭」，「對政治完全沒有興趣」，日後置身複雜的政治圈，依舊憨直的個性面對政治，加上二二八事件過後不久，「政治」其實等於是「恐怖」的代名詞〔註193〕，卻因嫁入一個狂熱的政治家庭；所以步入政治圈。嫁入余家之前，沒有下過廚房。嫁入余家，最先要學的不是政治，是洗手做羹湯做家庭主婦，因此從閨房、繡樓直接走進廚房。38 歲前對政治、對選舉的理解一片空白，「要學的只是相夫教子，做個賢慧的家庭主婦」，認為自己是橋頭鄉有名的「有孝媳婦」，是因為內心裡也有一股「做什麼一定讓自己像什麼」的堅毅。〔註194〕余陳月瑛不斷敘述自己「傳統女兒」到「傳統媳婦」的身份與角色，在 1990 年代出版的傳記中，是少見不斷敘述與加強傳統性別身份的傳記，呈現「性別未現代化」的女性角色。但其敘述有政治意義與策略，當女性參政成為性別現代化的訴求時，余陳月瑛傳記卻出現對傳統女性特質的歌頌，吻合女性等於陰柔／私領域的社會框架以擺脫自己政治企圖心的說法，以帶出是因為時代徵召所以步入政壇。余陳月瑛反覆在強調自己對政治的毫無興趣，要去呈現一個傳統女孩與傳統媳婦的樣貌。

在省議員選舉為了不讓國民黨的女性候選人成為保障名額，掩護其他男性候選人，所以余陳月瑛被徵召出選〔註195〕，文中提到當時「政治對我還是

〔註193〕余陳月瑛，《余陳月瑛回憶錄》，臺北，時報文化，1996 年，頁 47～62。

〔註194〕余陳月瑛，〈偶然到坦然——政治這條路〉，《余陳月瑛回憶錄》，臺北，時報文化，1996 年，頁 10。

〔註195〕余陳月瑛認為自己的從政動機是被動的，因為自己的「家官」「是一位主觀極強、極有威權的家長」，「即使自己不能親自上陣廝殺，也一定指派人員上場。」「先夫余瑞言，參選第五屆縣長、第一次增額立委選舉落選，我參選省議員、縣長，玲雅從『先生娘』成為省議員，都是承『大家長』之命，硬著頭皮被逼出來的。」余陳月瑛，〈偶然到坦然——政治這條路〉，《余陳月瑛回憶錄》，臺北，時報文化，1996 年，頁 13～16。

一張白紙。我對政治全無意願，全無準備，甚至從來沒有想過一天會涉足政壇。」「而我，因為從小『憨憨直直』，對政治的險惡不甚了了，又是他唯一的媳婦，不能抗拒他的命令，終於走上了政治這條路。」〔註196〕，「不能抗拒」的家長制與時代徵召使余陳月瑛的身份闡述從「傳統媳婦」走上「縣長媳婦」，「政治民主」是墊基在性別傳統秩序上。因為身為余家媳婦以及「家官」余登發在政治立場上的堅持，防止國民黨利用女性保障名額掩護男性提名人全部上壘，家官努力為民主奉獻，雖然余陳月瑛當時是五個孩子的母親，肚子裡還有四個月大的胎兒。政治對她而言是一張白紙，因為是余登發唯一的媳婦，終於走上了政治這條路。余陳月瑛認為自己嫁雞隨雞，婚後才發覺，嫁給一整個政治家族。〔註197〕。

　　余陳月瑛認為自己被輿論塑造成「很有企圖心」、「很有謀略」、「不斷擴張自己權力」，或與柴契爾夫人相比的「南台灣鐵娘子」一稱，是不符合自己性格的。認為「台灣的民主政治生態，還停留在叢林時代，一向被視為弱者的女性置身其間，不被吞噬已屬萬幸，我怎敢與英國的『鐵娘子』相比呢！」〔註198〕，但余陳月瑛不斷否認自己與柴契爾夫人相比，是要強調自己毫無政治野心，認為自己「缺乏她那步步為營的從政野心。」〔註199〕，而是「傳統女性的另一極端，從小受到的是溫婉柔順的教養」〔註200〕，這裡可以看到余陳月瑛所要對話的是當時的輿論界。因為在新聞不斷謠傳余陳月瑛在第一次當選高雄縣縣長時，就有準備出馬競選合併後大高雄民選市長的期前探路行動。余陳月瑛認為自己會從政，是因為「家官」余登發作為一個極有權威的家長，所以自己從政的動機是被動地「承『大家長』之命」，所以參與選舉。認為自己絕非「不讓鬚眉的女中強人。」〔註201〕，余陳月瑛提到那一代的女

〔註196〕余陳月瑛，《余陳月瑛回憶錄》，臺北，時報文化，1996 年，頁 99。
〔註197〕余陳月瑛，《余陳月瑛回憶錄》，臺北，時報文化，1996 年，頁 64～65。
〔註198〕余陳月瑛，〈偶然到坦然——政治這條路〉，《余陳月瑛回憶錄》，臺北，時報文化，1996 年，頁 12。
〔註199〕余陳月瑛，〈偶然到坦然——政治這條路〉，《余陳月瑛回憶錄》，臺北，時報文化，1996 年，頁 13。
〔註200〕余陳月瑛，〈偶然到坦然——政治這條路〉，《余陳月瑛回憶錄》，臺北，時報文化，1996 年，頁 25。
〔註201〕余陳月瑛在與其他人對話，再三澄清自己並非政治世家。南台灣的民主運動前輩郭國基生前說余陳月瑛「不遜於唐朝樊梨花、宋朝穆桂英」，比做不讓鬚眉的女中強人，也可能誤解了真正的她。余陳月瑛，《余陳月瑛回憶錄》，臺北，時報文化，1996 年，頁 55。

性，少女時代大都做好「出嫁從夫」的準備，自己婚後很快就適應了余家的生活，學著侍奉公婆，「有孝媳婦」的美名，不久就傳遍鄉裏。「本來在娘家，我就是乖順女兒，在這裡，做的事情不同，乖順的本質並沒有改變。」〔註202〕。余陳月瑛認為柴契爾夫人頗善權謀，把自己放進男權世界裡一爭長短；自己則是充分發揮女性從政的特色，比別人有耐力、有韌力，企圖用傳統女性特質與政治企圖心脫勾。

余陳月瑛不斷闡述自己傳統女兒／傳統媳婦／縣長媳婦的媳婦角色，因余登發徵召進入父權選舉文化中。傳記把自己放置到傳統女性的位置，以符合性別框架的角色來敘述，如「余家人」、「家庭主婦」、「一張白紙」、「嫁雞隨雞」等言論企圖對抗輿論加諸的「政治野心」這樣的說法。論述中一方面服膺於女性特質，另一方面藉此敘述對抗政治家族這樣的形象，不斷強調自己並非來自於政治世家，企圖與家族政治、政治企圖心脫勾。以「非性別現代性」的傳統女性身份對抗、否認「非民主現代性」亦「非性別現代性」的「家族政治」之說，強調一切都是「政治民主」的徵召。在闡述余登發做人儉樸以及民主的理想性格，認為絕非「山頭勢力」與「地方主義」，其實也是在為自己的政治之路進行闡述，認為自己絕非「家族政治」的產物。「家族政治」一來是「非政治民主」的政治現象，也是「非性別民主」的女性參政的依附性，否認來自非現代性的家族政治，卻又認同余登發及其家長制而將自己視為余家的民主位置接班者；另一面藉由傳統女性角色與特質來否認政治企圖心，並與政治家族之說脫鉤。

余陳月瑛一直企圖在回憶錄裡擺脫「余家班」、「家庭政治」的說法，以建立自己政治之路的獨立性，但又不脫離「余登發接班者」的論述方式來定位自己的歷史位置。文中余陳月瑛將自身擺放到傳統女性角色當中有雙重意義，一來要說明自己毫無政治野心，以吻合台灣政治屬於公共的、陽剛的、男性的領域，自己無政治野心以符合社會對女性的期待；二來說明因自己「傳統媳婦」是「縣長媳婦」，「傳統媳婦」服膺家長威權而順民主之勢而為成為「縣長媳婦」的民主奉獻，而非來自自己的政治企圖。

《余陳月瑛回憶錄》大量使用傳統性別話語，包含在第二次選縣長時，以「打一場母親的聖戰」為文宣反駁「媽祖婆」之稱：

〔註202〕余陳月瑛，《余陳月瑛回憶錄》，臺北，時報文化，1996 年，頁 68～69。

第二次選縣長時，文宣人員決定以「打一場母親的聖戰」為主題，我覺得甚好；以當母親的心情疼惜這塊土地和人民，的確很接近我的心情。從來我就不是野心勃勃的政治人物，就算連選連任省議員，我也不曾做過更高更遠的打算；選縣長、選立委，都是由「黑派掌門人」一聲令下，我連拒絕的機會都沒有。我從不強求什麼，但我可以傲然地說，無論在哪一個職位上，我都坦然面對自己的職務，無不盡心盡力，盡自己該盡的本分。一九七九年，最後一次當選省議員，打破高雄縣的記錄，獲得十一萬四千六百多票的超高票，為我的省議員生涯劃下完美的句點。第二次當選縣長，我得到將近三十萬票，也打破過去任何男性候選人的得票記錄。我從未有意地加入兩性競爭的隊伍，卻自信為女性從政豎立了信心和榜樣。〔註203〕

「母性」、「母親」的政治論述在政治女性大量被運用，包含第三章討論的葉菊蘭余陳月瑛等人，都以「母性」取代「女性」，與「台灣母親」、「國家母土」、「母性政治」都是在父權文化中母親／母權被歌頌；土地／國家被母性化的意識型態。俞彥娟提出「母性主義」是將私領域母親角色和責任延伸到公領域，用「母性主義」合理化他們參與政治（公領域）的權利和責任。〔註204〕余陳月瑛排斥「野心勃勃的政治人物」的形象，認為選縣長、選立委，都是由「黑派掌門人」一聲令下，從不強求什麼，從小就不是被期待自我期待成為對抗男性的女強人，倒是從小就認定自己是完完全全的女性，順著女性的特色，自然健全的成長，和男性無所謂競爭不競爭的問題，但也從不逃避性別的挑戰。「作為一個女人的本質，家庭和教育還是最重要的。」「就一個女人而言，養育六個孩子，事業各有所成，婚姻美滿，又已有了十六個內外孫，我真的是心滿意足了。」〔註205〕女性以家庭為重、母性為主的特質被強調，在政治話語的效果上，產生否定女強人的政治女性形象，是余登發接班者的性別／民主意識型態。

文中呈現和男性的競選對手比賽時，不會自慚形穢以第二性自居，也不會妄想代表女性要來征服、打倒男性。因為民主政治的選舉不是兩性的戰爭。

〔註203〕余陳月瑛，〈偶然到坦然──政治這條路〉，《余陳月瑛回憶錄》，台北，時報文化，1996年，頁26。
〔註204〕俞彥娟，〈美國婦女史研究中的「母親角色」〉，《近代中國婦女史研究》，2003年12月，頁199。
〔註205〕余陳月瑛，《余陳月瑛回憶錄》，臺北，時報文化，1996年，頁272～273。

余陳月瑛認為新女性運動的健將要因此失望了，因為她們在她的身上找不到
一點「反叛」、「對抗」、「批判」的新女性特質：

> 南台灣的民主運動前輩郭國基生前說我「不遜於唐朝樊梨花、宋朝
> 穆桂英」，不僅虛美之詞令我承當不起，把我比做不讓鬚眉的女中強
> 人，也可能誤解了真正的我——以移山倒海的女將來形容我的一
> 生，就是極大的誤解。

> 現代社會女強人輩出，她們不但可以在各種競爭的場合和男性相抗
> 衡，而且還往往能打敗他們。站在現代社會男女需要平權均等的立
> 場看，這完全無可厚非。我那個時代的環境條件不同，女性被歧視、
> 被壓迫的情形和現代的新女性比起來嚴重許多，而且是公然的，認
> 為反正女子就是順從嘛！不可能和男性正面爭強鬥勝、比個高下。
> 可是在政治競爭、權利爭奪的場合，男性與男性之間的廝殺更形慘
> 烈，不管是同黨派不同黨派的，爭奪起來毫不容情。男性在廝殺得
> 昏天暗地的時候，彼此都忘記女性的存在，自然也留給女性一點被
> 男性遺忘的空間，這個時候，女性的覺醒和崛起，靠的就不是強大
> 的「蠻力」，而是女性所特有的「韌力」了，這也算是一種智取吧！

〔註 206〕

文中提出女性受壓迫的情形，也否定自我為「女強人」的論述。余陳月瑛認
為「開朗健康的女性人生觀」，也是一種「新女性意識」。〔註 207〕自己從未有
意地加入兩性競爭的隊伍，卻自信為女性從政豎立了信心和榜樣。〔註 208〕這
種「非新女性主義」的論述，立足點是「以慈母心經營縣政」，做到「勤政清
廉」的母性政治為論述，否認新女性主義的反叛與批判論述。文中提到「在
家裡當母親的，要負責柴、米、油、鹽、醬、醋、茶，以慈母心經營縣政，
其理也是相同」。認為媒體有意無意間拿她和前英國首相柴契爾夫人的女強人
形象做比較。余陳月瑛並不感覺自己有「女強人」的特質，反而比較接近溫
和的母親形象，但認為自己並不因女性執政，而比較沒有氣魄。文中提到縣
政有繁雜瑣細的一面，相信勤能補拙。事必躬親是很累人，然而母親式的施

〔註 206〕 余陳月瑛，《余陳月瑛回憶錄》，台北，時報文化，1996 年，頁 55。
〔註 207〕 余陳月瑛，《余陳月瑛回憶錄》，臺北，時報文化，1996 年，頁 56。
〔註 208〕 余陳月瑛，〈偶然到坦然——政治這條路〉，《余陳月瑛回憶錄》，臺北，時報
　　　　　文化，1996 年，頁 26。

政風格本來就不能高高在上。〔註209〕文中呈現的「母性政治」對立於「新女性主義」、「母親」對立於「女強人／鐵娘子」的相對論述，承襲的是傳統性別關係女性／母性相扣連的意識型態，以傳統女性特質否認新女性主義的政治論述，來為自己的政治民主位置找到定位。

　　女性／母親／母性政治更不斷出現在闡述母職經驗，並將母職經驗轉化為母性政治的話語。《余陳月瑛回憶錄》中強調初期省議員生涯時，既是六個孩子的母親，又是民意代表。往往會議一結束，一切收拾好之後，第一件事就是打電話回家叮嚀孩子做功課。「雖然當了民意代表，我從不敢忽略作母親的責任」。〔註210〕當選省議員之前，余陳月瑛照管余家的家業，一方面要載著香蕉去青果合作社集貨場交割，有時早上四、五點就去八卦寮魚塭賣魚，回家「照樣相夫教子」。在三連任第五屆省議員時，「一身分飾多角——議員、媽媽、太太、媳婦，還得為『家官』的官司奔走。熬過這段負擔最沈重的時期，頗有曾經煉獄、不堪回首的感覺。」〔註211〕余陳月瑛談到自己的政績時，認為自己推動觀光、文化與教育，為自己最大的政績。「當選縣長之前，我不曾有過一天的行政經驗。抱著當媳婦的小心謹慎走過縣長室，我想憑過去的辦事經驗並不需要怯場。」〔註212〕母親職責／民意代表是雙重負擔，但是余陳月瑛的相夫教子也成了日後進入公領域的經驗。文中呈現女性公私雙重重擔的現象，更將女性／母性的角色轉化為政治話語。

　　回憶錄中大量的母職／母性敘述，在於推展出文中母親式的施政風格，使得自己的親民性、領導能力和操守獲得高度的肯定。〔註213〕文中強調作為一個「女性民意代表」從來沒有特別覺得因為是「女性」就有什麼不該做或不必去做，只是想把來到眼前的事一件一件做完而已。自認不是「女強人」那一型的人，不曾去強出頭爭什麼。〔註214〕強調「非女強人」也「非女性」，一方面否認自己超越性別位置的「女強人」之稱，否認超越傳統女性特質的規範；一方面去性別化的不凸顯自己的女性身份，潛藏了政治參與上向男性看齊的觀點。余陳月瑛談到自己與政治的關係時，並不認為她的政治細胞是

〔註209〕余陳月瑛，《余陳月瑛回憶錄》，臺北，時報文化，1996 年，頁 256～270。
〔註210〕余陳月瑛，《余陳月瑛回憶錄》，臺北，時報文化，1996 年，頁 132～133。
〔註211〕余陳月瑛，《余陳月瑛回憶錄》，臺北，時報文化，1996 年，頁 160。
〔註212〕余陳月瑛，《余陳月瑛回憶錄》，臺北，時報文化，1996 年，頁 267。
〔註213〕余陳月瑛，《余陳月瑛回憶錄》，臺北，時報文化，1996 年，頁 270～271。
〔註214〕余陳月瑛，《余陳月瑛回憶錄》，臺北，時報文化，1996 年，頁 133～134。

來自於「政治家庭」。〔註215〕女性從政，需要接受叢林法則，固然不是「鐵娘子」，但也有鋼鐵般強韌的一面吧！〔註216〕但自己擁有的是「比別人有耐力、有韌力」的女性從政特色。〔註217〕強調女性社會規範的特質，服膺於傳統特質是對意識型態的承襲，也是一種以傳統爲自己的參政辯護的政治策略。「在一個文本中同時有傳統話語和反傳統敘事話語兩套代碼同時出現，造成文本內部話語衝突的滑稽的喜劇效果，直到最後，在揶揄調侃中達到對傳統敘事話語的顛覆與消解。」〔註218〕。余陳月瑛回憶錄同時呈現性別傳統話語／反傳統話語敘事，強調自己的女性傳統角色「母親」、「愛心」、「照顧者」適合參政，又批判傳統角色使她失去更高的教育機會，以及傳統角色「媳婦」一職使得她在政治領域受到質疑，產生傳統／反傳統話語並置的矛盾與衝突。敘述中呈現不同甚至相衝突的意識型態與價值觀被堆放在同一空間或平面中；揭示了某些錯位的矛盾性。

　　余陳月瑛回憶錄中的傳統性別敘述回應了黨外雜誌中的性別敘述。在1982《政治家》半月刊，陳重逢〈余玲雅接下余陳月瑛的棒子〉一文，「余陳月瑛、余玲雅這對母女，在台灣省政壇上，一直就有好評，倒也不是她們有很突出的表現，而是她們謹守中國傳統女性的美德」，「橋頭鄉老一輩的人都這麼說，『余家是上輩子修來的福氣，才能娶到這麼能幹的媳婦』；『沒有余陳

〔註215〕余陳月瑛談到自己與政治的關係時，並不認爲她的政治細胞是來自於「政治家庭」，因爲二哥介入政治是余陳月瑛結婚之後的事。「我的娘家本是單純的企業家庭，兄長都被栽培往醫生、實業方面發展，二哥後來介入政治，不過風雲際會，時間也不長。說我從政受到家族影響，純係穿鑿附會，因爲時間的先後根本不契合。」見余陳月瑛，〈偶然到坦然——政治這條路〉，《余陳月瑛回憶錄》，臺北，時報文化，1996 年，頁 10。

〔註216〕余陳月瑛，〈偶然到坦然——政治這條路〉，《余陳月瑛回憶錄》，臺北，時報文化，1996 年，頁 12～13。

〔註217〕「英國鐵娘子瑪格利特·柴契爾僅比我早一年出生，我並不曾以她爲師，好事者拿我和她比，其實，我和她是走完全不相同的女性從政類型。她聰明睿智，頗擅權謀，把自己放進男權世界裡一爭長短，我則充分發揮女性從政的特色；比別人有耐力、有韌力。第一次當選縣長時，黑派議員在議會是極少數，我隻身入虎穴，仍然能全身而退，憑的就是我的寬容和忍耐。我以非國民黨籍當縣長，但爲地方爭取經費，自認不落人後，常令國民黨的男性縣長眼紅，憑的還是我女性從政的特質。」余陳月瑛，〈偶然到坦然——政治這條路〉，《余陳月瑛回憶錄》，臺北，時報文化，1996 年，頁 25。

〔註218〕吳秀明，〈轉型期文學敘事現代性的遞嬗演進及特徵〉，收錄於張頤武主編，《現代性中國》，中國開封，河南大學出版社，2005 年 3 月，頁 261。

月瑛這個媳婦撐著，余家哪裡有今天，早就過時了！』」〔註219〕，在《政治家》
將余陳月瑛放置在「中國傳統女性」、「能幹的媳婦」，是具傳統美德的女性，
1990 年代的回憶錄中承襲 1980 年代的敘述觀點，將余陳月瑛定位在中國傳統
女性的角色。另外，在第 24 期的《政治家》雜誌中，陳文茜、蘇逸凡編寫了
「婦女節專題」系列文章，〈為黨外奉獻的六位女性〉一文將余陳月瑛則描述
為「柔性的女政治家」。〔註220〕陳重逢將余陳月瑛放在傳統婦女的角色與典範
當中；〈為黨外奉獻的六位女性〉則將余陳月瑛視為「柔性的女政治家」，強
調其陰柔政治的特殊性。1990 年代《余陳月瑛回憶錄》在性別論述上回應、
認同、複製了 1980 年代黨外雜誌中的論述，在性別論述與意識型態上有所承
襲。此外，《余陳月瑛回憶錄》中余陳月瑛的政治典範除了余登發之外便是許
世賢，而許世賢在黨外雜誌論述中是「相夫教子之餘，曾任台灣省婦女會常
務理事、嘉義縣及市婦女會理事長、嘉義市醫師公會常務理事、省會員代表、
台南德泰醫院院長、台南世賢醫院院長，婦德貞亮，為一代風範。」，是「一
位活菩薩，一盞希望的明燈」。〔註221〕呈現了母性與政治角色，余陳月瑛以許
世賢為典範，許世賢在黨外雜誌的形象吻合余陳月瑛在回憶錄中自我的定
位。余陳月瑛的政治定位與歷史再現上，與黨外論述並無太多的差異，政治
定位與性別再現在敘述上具有一貫脈絡沒有太多顛覆，但傳記論述在不同層
次的意識型態上出現更多矛盾與曖昧性。

　　Molly A. Mayhead 與 Brenda Devore Marshall 討論女性與政治關係時，提
到許多政治女性進入公共領域的參政，通常開始於社區關懷，而不是來自於
野心。權力對一些從政女性來說，是意味可以為別人做更多事情。〔註222〕《余
陳月瑛回憶錄》將余陳月瑛的政治參與定位在著重教育工作、興建學校、社
會福利等位置，符合女性的公共參政以社區關懷為主的論述，強調不同於其

〔註219〕陳重逢，〈余玲雅接下余陳月瑛的棒子〉，《政治家》半月刊，臺北，1982 年 9
　　　　月 1 日，第 36 期，頁 35。
〔註220〕陳文茜、蘇逸凡，〈為黨外奉獻的六位女性〉，《政治家》半月刊，臺北，1982
　　　　年 3 月 1 日，第 24 期，頁 22。
〔註221〕黃天福，〈敬悼許故市長世賢博士〉，《鐘鼓鑼》，第一卷，第七期，1983 年 7
　　　　月 20 日，頁 1。
〔註222〕Molly A. Mayhead and Brenda Devore Marshall, "Strangers No More: The
　　　　Discourse of Twenty-first-Century Women in the U.S. Senate", *Women's Political
　　　　Discourse: A 21st-Century Perspective*, USA, Rowman& Littlefield Publishers,
　　　　2005, p.118.

他黨外人士針對國民黨的砲轟。回應到黨外雜誌論述中，《民主天地》中〈余陳月瑛最艱苦的一戰〉一文，描述余陳月瑛決定參選面對國民黨財政政治優勢，因為她是「老年人眼中的好媳婦，中年人眼中的好太太，青年人眼中的好媽媽形象的余陳月瑛」〔註223〕，在〈那一夜，我們「幹」國民黨〉則敘述「余陳月瑛的自辦政見會中，缺乏較震撼性的話題」〔註224〕，欠缺震撼性話題意旨對國民黨的批判不足。而回憶錄則回應了黨外論述，將自己的政治功績定位在各種社會議題上，以女性政治關懷的特殊視角作為話語策略，為自己被視為欠缺震撼性話題辯駁。

　　余陳月瑛大量用傳統女性的性別話語，所要闡述的是自己作為反對運動的一員，並非自己的政治企圖，而是因為民主徵召而順勢而為。倪炎元指出女性進入政治領域，當位階越高，所招致的敵意以及被負面報導的機率越高，而傳統上隸屬於女性的「母愛」與「母職」，也經常被召喚出來與政治實踐並置。〔註225〕余陳月瑛回憶錄中大量「非性別現代化」的女兒／媳婦／母親的性別話語，經常被召喚形成一種政治實踐。「常識性」的推論往往最能引起共鳴，回憶錄中對女性特質的論述，符合社會中對女性的常識與要求，也藉由常識性的意識型態來引起女性特質適宜參政的論述。

2.「縣長媳婦」：「民主徵召」論述

　　1979 年 9 月「中美建交」而中斷中央民意代表選舉前，余陳月瑛受到「家官」余登發徵召參選。1981 年，輿論以搞「家族政治」攻擊余家，余陳月瑛認為當時「家官」是拿著「黨外省議員」的職位，在全縣兜了好幾圈，沒人要，才強迫自己的媳婦來選的。〔註226〕回憶錄用了很大的篇幅說明當時黨外競選的困難，余登發是因為民主運動，以及找不到有勇氣的人與國民黨對抗，所以才找自己的兒子、女兒、媳婦、女婿出來競選。企圖闡述在國民黨威權下，是不得不以「家族政治」對抗國民黨威權的論述方式解讀自己的參政，「家族政治」被視為裙帶關係、家長威權產物，本身具有民主封建性與性別封建性，但成為威權政治不民主下的民主手段。文中提到「家官」余登發在找不

〔註223〕《民主天地》週刊選舉小組，〈余陳月瑛最艱苦的一戰〉，《民主天地》週刊，第 37 期，1985 年 11 月 11 日，頁 21～23。

〔註224〕《民主天地》週刊選舉小組，〈那一夜，我們「幹」國民黨〉，《民主天地》週刊，第 37 期，1985 年 11 月 11 日，頁 22～23。

〔註225〕倪炎元，〈台灣女性政治菁英的媒體再現〉，《再現的政治：台灣報紙媒體對「他者」建構的論述分析》，臺北，韋伯，2003 年，1 月。

〔註226〕余陳月瑛，《余陳月瑛回憶錄》，臺北，時報文化，1996 年，頁 100。

到女性參選人的情況下，才力拒派內反對的聲音要余陳月瑛出馬。一開始余陳月瑛只跟著「家官」向選民拜票，但「縣長媳婦」便很快就在縣民心中留下印象。〔註227〕余陳月瑛在民主運動的位置，是「家官」余登發為台灣民主運動「擺佈上去的一著險棋」。參政是因為國民黨開民主倒車，儘管只是一名「平凡的媳婦」，但在台灣民主化的歷程也躲不了政治圈的風暴，況且「追求民主的道路上，必然有人當墊腳石」〔註228〕，於是從媳婦角色的被動到主動參選，意識到自己在民主運動中所要扮演的角色。余陳月瑛將自己放在「黨外」的位置上，也將自己的參選視為不得不然的政治局勢，一來闡述當時政治環境惡劣自己必得成為墊腳石；二來說明政治不民主下主動參選解釋自己並非家族政治的產物。在民主系譜上，余陳月瑛的政治認同是將自己放置在反國民黨威權、余登發接班者的位置上。民主系譜從1968年與郭雨新、郭國基等人成為寥寥五席的黨外縣市長；到1981年受到余登發徵召角逐高雄縣縣長選舉，認為自己出來競選，絕非只想坐轎子，而是從事民主運動，很像跋涉一段長途道路，參與政治是因為國民黨不知要把人民帶到哪裡，長期不解嚴，所以「人在江湖的不由自己。」〔註229〕其民主系譜可看見其政治民主認同與自我詮釋的位置。

1973年，余登發被捕，被註銷國大代表的資格，余陳月瑛回憶到余家這段「歷史」，表白自己可說沒費什麼力氣，就擠身六〇年代的台灣政治中心——省議會。可是就任未滿四個月，因「家官」被停縣長職，立刻遞補成為余家第一線的「戰士」。從此長達十八年的省議員生涯。「家官」保外就醫後，仍然是家族發號施令的大家長，也是高雄縣黨外的精神領袖，但對外交涉的任務都得由余陳月瑛負擔起來。媒體稱余陳月瑛「從廚房走進議會」，余陳月瑛心底卻把它視為讚美。作為戰後南台灣反對運動的代表性家族，一直受執政者注目的，處此錯重複雜的政治環境下，以女性從政，擔任余家代表，確是發揮了關鍵性的作用。〔註230〕自己並沒有任何當民意代表的經驗，「家官」雖曾任莊協議會、國大代表等民意代表職位，但像省議會的民意代表，他能傳授給其實十分有限。〔註231〕

〔註227〕余陳月瑛，《余陳月瑛回憶錄》，臺北，時報文化，1996年，頁101。
〔註228〕余陳月瑛，《余陳月瑛回憶錄》，臺北，時報文化，1996年，頁138。
〔註229〕余陳月瑛，《余陳月瑛回憶錄》，臺北，時報文化，1996年，頁101～205。
〔註230〕余陳月瑛，《余陳月瑛回憶錄》，臺北，時報文化，1996年，頁110。
〔註231〕余陳月瑛，《余陳月瑛回憶錄》，臺北，時報文化，1996年，頁118。

　　余陳月瑛擅長以傳統的性別話語來闡述自己的從政歷程，比如在主持縣政時面對千頭萬緒的縣政不免戰戰兢兢，但深信沒有「先學養子才嫁人」的道理。女性在私領域的性別成為政治話語，都在余陳月瑛在闡述自己在從縣長媳婦到縣長；從私領域都公領域是的經歷，也說明自己在這經歷上獲得肯定所以才能走上政治舞臺。就職依舊帶著「婦人」仁慈的心，未隨意逼人離職。〔註232〕。作為一個女人的本質，家庭和教育還是重要的。〔註233〕余陳月瑛認為自己「就一個女人而言，養育了六個孩子，事業各有所成，婚姻美滿，又已有了十六個內外孫，我真的是心滿意足了。」〔註234〕自己在從政時不能學他發動罷免日人莊長那樣的壯舉，那不僅不合女性民代問政的格局，戒嚴時期，尤其是白色恐怖仍在的六○年代，女性就算要做一名「巾幗英雄」也沒有太大的機會。〔註235〕

　　余陳月瑛的回憶錄吻合「政治民主」優先的黨外論述，在性別意識上則出現矛盾不一的現象，一方面呈現第二波女性主義中所強調的對政治文化的批判，一方面又以傳統性別話語作為政治的策略。政治的話語複雜性上，公共領域經常被視為男性的領域，女性在公共領域當中發言時，總是必須擔心表現得太過陽剛（masculine），或是打破了性別的分類。〔註236〕引用傳統的話語秩序可以把自己放置到傳統性別位置上，受限於傳統意識型態，二來也形成符合傳統性別秩序的話語策略來贏得政治認同。在吻合傳統女性身份的敘述時，又不斷強調自己的政治能力，認為自己並非來自政治勢力父傳子、兄傳弟的政治家族，而且「余登發」這個老政治字號不是萬靈丹，小姑黃余綉鸞在橋頭選縣議員就落選，余瑞言競選第五屆縣長，照樣落馬，所以「政治也要耕耘才有收穫。」〔註237〕這一段余陳月瑛在說明余登發並不是一個絕對的政治勢力，其目的在說明自己的政治獨立性，以及對自己能力的宣示。

〔註232〕余陳月瑛，《余陳月瑛回憶錄》，臺北，時報文化，1996年，頁223。

〔註233〕余陳月瑛，《余陳月瑛回憶錄》，臺北，時報文化，1996年，頁272。

〔註234〕余陳月瑛，《余陳月瑛回憶錄》，臺北，時報文化，1996年，頁273。

〔註235〕余陳月瑛，〈偶然到坦然──政治這條路〉，《余陳月瑛回憶錄》，臺北，時報文化，1996年，頁16～17。

〔註236〕Molly A. Mayhead and Brenda Devore Marshall, "A Space for Discourse", *Women's Political Discourse: A 21st-Century Perspective*, USA, Rowman& Littlefield Publishers, 2005, p.14.

〔註237〕余陳月瑛，〈偶然到坦然──政治這條路〉，《余陳月瑛回憶錄》，臺北，時報文化，1996年，頁17。

雖然因爲余登發走入政治，但不因爲是女性，就替自己找臺階下。余陳月瑛認爲余登發是自己走入政治圈的啓蒙師父，認爲自己身爲女性身份，其論述亦擺脫傳統性別身份，努力「趕快洗盡廚房的油煙」，「摸索出做省議員的門路來」，〔註238〕可以看到余陳月瑛的闡述中，敘述自己在私領域的身份是公領域的阻力與助力。

綜上所述，《余陳月瑛回憶錄》中呈現的性別敘述與民主敘述中，將余陳月瑛視爲余登發的「徵召」、「啓蒙」下成爲「民主接班者」。余陳月瑛／余登發兩人民主位置相輔相承，其意識型態是婦運論述所批判的「未性別現代化」的女性參政模式。文中大量運用傳統女性的敘述模式與典型，其弔詭與矛盾的地方爲，一方面是傳統女性角色的凸顯，以企圖與政治家族勢力、政治野心脫勾；一方面強調因「傳統女性」、「縣長媳婦」的能力所以走上政壇。孫歌討論主體時提出「彌散」的概念時，認爲現實中複雜的意識型態，主體會形成彌散狀態，而非一個整合的獨立實體，而是「差異」、「非穩定性」、「不確定性」、「錯位的」。「彌散」的概念直接敲擊了「把主體視爲一個無可分割的實體單位的習慣，打造了在流動狀態下審視主體的眞實存在方式的新的感覺，並因而有可能提出完全不同的課題。」〔註239〕。余陳月瑛的回憶錄呈現的矛盾與弔詭的陳述，承載的是多重、矛盾、協商的意識型態。

文中大量出現的「余家人」、「家庭主婦」、「一張白紙」、「嫁雞隨雞」等性別傳統論述，企圖對抗興「政治野心」、「家族政治」、「女強人」、「新女性主義」等諸多論述。其服膺於傳統女性特質，藉此敘述對抗政治家族這樣的形象。一來要說明自己毫無政治野心，以吻合台灣政治屬於公共的、陽剛的、男性的領域，自己無政治野心以符合社會對女性的期待；二來說明因自己「傳統媳婦」是「縣長媳婦」，「傳統媳婦」服膺家長威權而順民主之勢而爲成爲「縣長媳婦」的民主奉獻，而非來自自己的政治企圖。1990 年代《余陳月瑛回憶錄》在性別論述較多去回應、認同、複製了 1980 年代黨外雜誌中的「柔性女政治家」、「中國傳統美德」、「余家好媳婦」的論述，在性別論述與意識型態上有所承襲。當論及「交互文本性」時，是指文本會藉由抄襲、引述、

〔註238〕余陳月瑛，〈偶然到坦然──政治這條路〉，《余陳月瑛回憶錄》，臺北，時報文化，1996 年，頁 16～17。

〔註239〕孫歌，《主體彌散的空間：亞洲論述之兩難》，南昌：江西教育出版社，2002 年 6 月，頁 5～6。

影射、不同註釋另一種文本，假使涉及到作者的自身文本即是「內在的互文性」；假使涉及到它者的文本則是「外在的互文性」。〔註 240〕在余陳月瑛傳記對黨外文本的引述，即是「外在互文性」，雖然其意識型態矛盾而分歧，但自我認同與歷史定位是「政治民主」的身份大於「性別民主」的身份。

二、黑牢嫁妝／獻身論述：陳菊

前文提到陳菊在女兒身份／民主身份上產生衝突的時候，其論述會將「父母的女兒」轉換成「台灣的女兒」；「愧疚的女兒」轉換為「為義捨命的女兒」。將「國」放置在「家」之上，以家國大敘述取代個人內心的衝突。在面對家人關係中產生的內心衝突，在面對民主運動時，其衝突則不存在，很明確的將自己置放在黨外運動的政治民主位置中，其中傳統性別話語亦成為民主隱喻，「獻身論述」與「黑牢嫁妝」的性別位置成為家國敘述與民主位置的隱喻。

（一）黑牢嫁妝／黨外系譜

1993 年出版的《黑牢嫁妝》、1995 年出版的《橄欖的美夢：台灣菊·台灣情》二書，並非以自傳作為目的的書籍，而是將陳菊在 1990 年代開始刊登於《台灣時報》、《民眾日報》、《自立早報》、《自立晚報》的文章收錄成書，但書中觸及個人敘述自己的生命歷程的文章頗多，具有為過往民主的參與進行回顧與定位的意義，因此本文將《黑牢嫁妝》、《橄欖的美夢：台灣菊·台灣情》中以「今日之我」陳述「過去之我」的內容進行分析。

在政治的系譜上，陳菊被視為串連老中青三代在野政治精英為民主運動人士。〔註 241〕施明德敘述陳菊為「慷慨激昂」很大氣「秋瑾型」革命烈士〔註 242〕，大多被放置在「政治運動的獻身者、代言者」的位置，是二十年台灣民主運動的觀察者與記錄者，在民主運動還是一片黑暗的時期就開始和不同派系的反對人士傳信、聯絡的人物。〔註 243〕蘇正平與施明德的言論，將陳菊放在民主運

〔註 240〕尚·勒狄克（Jean Leduc）著，林錚譯，《史家與時間》，台北，麥田出版，2004 年 1 月 15 日，頁 214。

〔註 241〕施明德，〈一個見證坎坷民主路的台灣女子〉，收錄於陳菊，《黑牢嫁妝》，臺北，月旦出版社，1993 年 12 月，頁 4。

〔註 242〕《暴力與詩歌──高雄事件與美麗島大審》，頁 336～337。

〔註 243〕蘇正平，〈開人權花朵 譜生命樂章〉，《黑牢嫁妝》，臺北，月旦出版，1993 年 12 月，頁 7。

動的位置上，認爲其主要的角色是在政治民主的參與上。上述「獻身者」的民主身份與再現論述，延續黨外論述中陳菊被視爲「戰士出征」、「永恆的黨外義工」的論述觀點。本文在《黑牢嫁妝》、《橄欖的美夢：台灣菊‧台灣情》兩本書的梳理中，陳菊敘述自己在民主身份時，在 1990 年代回應了黨外再現「戰士出征」論述，認爲自己最想學習的就是「從容就義」、「悲壯的革命風采」〔註244〕的典型，兩種論述相互回應，也承襲民主觀念上大致相同的觀點。

認同包含確認（identification）與歸屬感（belongingness），歸屬感則是確認自己與群體的關係。〔註245〕陳菊在《黑牢嫁妝》、《橄欖的美夢：台灣菊‧台灣情》二書中，提及自己扮演黨外運動串聯者的角色，在民主運動串聯者身份上拉出的政治系譜可看出其政治認同與自我定位，其脈絡也可以看出其民主概念的系譜。文中所拉出的雷震、郭雨新〔註246〕、林義雄等人的民主人士系譜，以及自己與這些人的串聯關係，承襲的民主價值也來自自由主義／反國民黨威權的系譜，強調台灣人民主／獨立運動的主體性〔註247〕，以人權／台獨／自由主義／反國民黨威權爲民主的脈絡與系譜。

〔註244〕陳菊，〈請不要爲我哭泣〉，原刊登於《台灣時報》，1993 年 2 月 22 日。見《橄欖的美夢：台灣菊‧台灣情》，臺北，月旦，1995 年 5 月，頁 71～72。

〔註245〕張玉佩，〈當認同遇上隱喻：談隱喻在認同塑造的運作〉，《新聞學研究》，64：73～101。轉引自胡紹嘉，《敘事、自我與認同：從文本考察到課程研究》，台北，秀威資訊科技，2008 年 9 月，頁 10。

〔註246〕郭雨新，台灣宜蘭人，1908 年 8 月 20 日生。1948 年正式加入中國青年黨展開政治生命。1950 年以青年黨黨員的身份，被遴選遞補爲省參議員，開始政壇生涯。1948 年就擔任台灣省參議員，直到 1972 年才離開省議會，1975 年他競選立法委員因國民黨作票而告落選。1977 年離台來美組織台灣民主運動同盟；1978 年宣佈競選台灣總統，並籌劃創辦一份海外報紙；1979 年參加台灣建國聯合陣線；1980 年倡議組織一個海外政黨。郭雨新著有《議壇二十年》、《議壇縱橫集》兩本書，提出人權、司法獨立、中央民意代表改選、言論集會自由、地方自治、選舉弊端、戒嚴要廢除、黨庫國庫不分等等。參考司馬文武〈台灣最後一位政治紳士〉、郭惠娜〈我的父親〉、李筱峰〈郭雨新的一生〉等文，收錄於郭惠娜‧林衡哲編，《郭雨新紀念文集》，台北，前衛出版社，1988 年 9 月 15 日出版。

〔註247〕如陳菊在〈孤寂的運動者──黃順興前輩與我〉一文則提到「台灣人的民主運動和獨立運動有其主體性」，對於黃順興前往中國的政治抉擇無從置喙，但相信他會「站在台灣人的一邊」，可以讀到陳菊將民主視爲台獨的思想立場。原文刊登於《自立早報》，1993 年 11 月 5 日，收錄於《黑牢嫁妝》，頁 110。〈走過患難──陳鼓應老師與我〉也提到「期盼陳鼓應老師能瞭解台灣人的奮鬥和獨立自主的意願」等說法，原文刊登於《民眾日報》，1993 年 4 月 23 日，收錄於收錄於《黑牢嫁妝》，頁 113。

　　陳菊在記這些人的同時，一方面拉出她心目中民主之河的重要人士；一方面在記錄他人的同時，也在記錄自己。如〈孤寂的運動者──黃順興前輩與我〉、〈走過患難──陳鼓應老師與我〉等文，一方面在紀錄黃順興與陳鼓應；另一方面以「×××與我」爲題書寫他們與自我的關係，並在他者／自我的相同與相異之處建立自我認同。中國傳記學者王晉光在討論女性傳記時，認爲女性自傳經常以「《在×××身邊》，或《我與×××》爲題，認爲這樣的題目與內容都是以他人爲重心的傳記體作品，細節都在寫別人的非女性主體傳記。〔註248〕然而，「主體和客體是爲彼此而構造出來的。設想一個主體時，是設想它是某個東西的主體。設想一個客體時，是設想它是因爲某個東西而存在的客體。」〔註249〕本文認爲台灣政治女性自傳「×××與我」，主體與客體、自我與他者是彼此構造出來的，是在他者與自我之間建立起一個政治系譜。陳菊文中肯定陳鼓應、黃順興的「反國民黨威權」；但否定其「統派」色彩，從其認同／否定他人中建立起自我認同。

　　前人研究賴信眞在〈書寫女性生命──簡介已出版之台灣漢人女性之自傳或回憶錄〉一文提到深具母性的陳菊在這本回憶錄當中，仍將大部分的重點放在他人的身上，許許多多黨外或民主運動的前輩都是本書的主角。這些人在與陳菊交談、探監、示威的過程中，成爲她生命的一部份，而她的青春也的確奉獻在這段民主萌芽的時光裡，這也是爲何將書名取爲「黑牢嫁妝」的原因。〔註250〕但本文認爲書寫他者是建立自我的方式，亦是拉出自我與民主系譜的位置。紀錄回憶其實始終與活生生的團體有關，並在此關聯中與現實的自我相關，「回憶是一種始終當前的現象，是一種與永恆現在的實際關連」〔註251〕，文中記錄台灣反對運動的人物時，目的都在闡述國民黨的監控下，飽受各方壓力的民主運動人士的系譜與面孔。綜觀《黑牢嫁妝》中，可以看到陳菊在自己與這些人物的關係，然後也藉此定位、擺置自己民主運動的角

〔註248〕王晉光，〈自辯謗書實錄──論《王映霞自傳》〉，《傳記文學新近學術文論選》，北京，中國青年出版社，2011 年 1 月，頁 525。

〔註249〕柯林尼可斯（Alex Callinicos），杜章智譯，《阿圖塞的馬克思主義》，台北，遠流文化。1990 年 11 月 1 日，頁 80。

〔註250〕賴信眞，〈書寫女性生命──簡介已出版之台灣漢人女性之自傳或回憶錄〉，《台灣史料研究》，第 11 號，1998 年 5 月出刊，台北，財團法人吳三連史料基金會，頁 18～19。

〔註251〕諾哈，《回憶的種種所在》，轉引自尚‧勒狄克（Jean Leduc）著，林錚譯，《史家與時間》，台北，麥田出版，2004 年 1 月 15 日，頁 96～97。

色。陳婉眞稱她爲「中壢事件至美麗島事件這段期間最重要的黨外『接著劑』」〔註252〕，其「接著劑」的角色也看出其人脈與系譜，其民主的概念則是「追求台灣的獨立與自主」以及「反抗暴政不義的情境」〔註253〕，陳菊以政治民主、反國民黨威權爲重心，將自己放在反國民黨威權的民主運動人士位置上，提出釋放政治犯、人權、歷史文獻的重視等呼籲。其民主的啓蒙則自己追溯來自國民黨白色恐怖對民主的壓迫〔註254〕與郭雨新的啓發。

　　陳菊在闡述自己的政治參與時，必從19歲開始擔任郭雨新的秘書談起，因秘書的身份而展開長期受到國民黨電話監聽、特務監視跟蹤及威嚇驚懼中渡過，且二度被捕的經歷。「郭雨新的秘書」時期是參與黨外運動的起點，日後在各種訪談中，陳菊／郭雨新名字相互出現，郭雨新也成爲陳菊民主參與的起點與啓蒙，也是陳菊所認同民主系譜位置。其「政治民主」的啓蒙來自黨外／男性的郭雨新，從郭雨新爲起點展開的民主系譜便是陳菊的政治認同與自我定位。在闡述自己的民主位置時，描述從1968年以來台灣的民主運動血肉交融在一起，是受到「前輩郭雨新先生的牽引」〔註255〕，並因此與黨外的老中青三代有更密切的聯繫，包括雷震先生、齊世英先生、郭雨新先生。郭雨新先生出國後，陳菊變成是他和海內外聯繫的一個很重要的點。〔註256〕陳菊在〈締造我命運的人——懷念郭雨新先生〉一文中，提到自身從19歲開始追隨郭雨新先生長達十年之久：

　　　　我常捫心自問（也有許多人問我類似的問題），何以一個來自台灣鄉
　　　　下的查某囡仔，竟會參與黨外的民主運動行列；面對許多人的不解，

〔註252〕陳婉眞，〈從羅馬賓館到阿靈頓大廈——念陳菊、悼郭雨新〉，收錄於郭惠娜、林衡哲編，《郭雨新紀念文集》，臺北，前衛出版社，1988年9月15日出版，頁139。

〔註253〕陳菊，〈歷史不留白——介紹「海外台獨四十年」〉，《黑牢嫁妝》，臺北，月旦出版，1993年12月，頁128。

〔註254〕陳菊自陳小學時看到學校王主任因政治迫害被抓，被放回來時，在禮堂裡奄奄一息，肚子脹脹的、好像被灌水的樣子，很訝異。對受迫害者的同情與關心，那時就在陳菊心中埋下了種子。參考盧玲穎，〈守護民主，心繫人群〉，頁10。

〔註255〕陳菊，〈歷史不留白——介紹「海外台獨四十年」〉，原刊登於自立晚報，1992年11月23日。見《黑牢嫁妝》，頁128。

〔註256〕陳菊，〈選舉假期結束〉，《沒有黨名的黨：美麗島政團的發展》，新台灣研究文教基金會美麗島事件口述歷史編輯小組總策劃，臺北，時報文化，1999年出版，頁51。

　　　　我的答案只有一個：那就是得自於前輩郭雨新先生的教導與薰陶。

　　　　<u>沒有當年郭先生的啓蒙，就沒有今日的我。</u>〔註257〕

　　　　（畫線爲筆者所加）

「啓蒙」（enlightment）是從未知到已知、從矇昧到覺醒、從未教化到教化、從黑暗到光明的線性與現代化的過程。在台灣國民黨威權體制脈絡下解讀，則是從身在政治威權中自身的民主覺悟過程。有意思的是，黨外運動女性在論述自己的民主參與者時，總會自己引用「啓蒙」與「徵召」之說，在論述中將自己政治民主系譜追溯出一位男性啓蒙者。前文提及的余登發爲余陳月瑛的啓蒙者；此處的郭雨新爲陳菊的啓蒙者；後文將討論的楊祖珺則是爲王拓助選而涉入黨外運動，其論述自身時拉出的民主系譜與民主現代性的覺醒過程，都來自反國民黨的男性啓蒙者。陳菊「今日之我」的建立是受郭雨新的民主觀念與政治參與都深深影響與啓蒙，從擔任郭雨新的秘書，遭到特務的跟蹤，體認到「作爲一個『黨外』及人身自由被剝奪的種種不平」〔註258〕，因爲體認到國民黨體制下的不民主與人身自由的剝奪，而認同郭雨新的遺言「台灣要民主，黨外要團結」〔註259〕，其訴求的民主都是以解除國民黨的威權統治爲重心，延續黨外論述時期對民主的追求。在其認同上則是以郭雨新爲典範，是以男性／自由主義的民主人士作爲政治認同、自我形塑的起點。

　　　陳菊在闡述過去時，著重在對國民黨的反抗與「政治民主」的追求上，繼承與呼應了 1970 年代展開的「政治民主」論述。從 1978 年因爲收集政治犯的救援名單被以「收集反動檔逮捕」遭警總逮捕，約談十三天，在追溯這過程中批判獨裁國家沒有表達意見的權利〔註260〕。回憶自己在獄中的情形時，面臨國民黨的無人權對待政治犯的行爲，沒有報紙、沒有書刊、隔離監禁、資訊的隔離〔註261〕。與呂秀蓮被共同監禁時，只能不停看書與鉤毛線，

〔註257〕陳菊，〈締造我命運的人——懷念郭雨新先生〉，收錄於郭惠娜·林衡哲編，《郭雨新紀念文集》，臺北，前衛出版社，1988 年 9 月 15 日出版，頁 34。

〔註258〕陳菊，〈締造我命運的人——懷念郭雨新先生〉，收錄於郭惠娜·林衡哲編，《郭雨新紀念文集》，臺北，前衛出版社，1988 年 9 月 15 日出版，頁 34。

〔註259〕陳菊，〈締造我命運的人——懷念郭雨新先生〉，收錄於郭惠娜·林衡哲編，《郭雨新紀念文集》，臺北，前衛出版社，1988 年 9 月 15 日出版，頁 36。

〔註260〕江湖客，〈陳菊釋後，初吐心聲〉，頁 17～18。

〔註261〕陳菊，〈心靈是不能禁錮的〉，《台灣時報》，1993 年 3 月 1 日，收錄於陳菊，《橄欖的美夢：台灣菊·台灣情》，臺北，月旦，1995 年 5 月，頁 75～77。

而「一針一線代表我在獄中的苦難。」甚至過年時，管理員從牆角的小洞丟進慘澹的年夜飯，在大年初三就收到被判二條一唯一死刑的起訴書，年節時，警總司令陳守山和保安處都會到監獄探訪，牢房的鎖是由管理員控制的，任何時候她們都可以進來檢查，而感到毫無尊嚴的虎落平陽的悲哀。〔註262〕在國民黨的威權體制下，陳菊將自己定義成「苦難的一代」〔註263〕，在險惡的政治局勢之下，進入民主運動是「一生最漂亮的選擇」。文中批判國民黨時期的獨裁與反人權的作法時，將自己放在追求「政治民主」所犧牲的「苦難的一代」。以「政治民主」批判落伍、保守、閉塞的國民黨思想，訴求民主制度之下去體會到民主的價值。

　　《黑牢嫁妝》、《橄欖的美夢：台灣菊・台灣情》兩本書中多呈現反抗國民黨威權的無奈，以及國民黨政權多方迫害台灣民主運動者的情況。〔註264〕陳菊在政治系譜上，將雷震事件〔註265〕、二二八事件、五○年代白色恐怖、七七年『中壢事件』、七九年十二月十日美麗島事件視為民主發展的系譜。陳菊在此脈絡下將自己放在一個人權工作者與反對運動者的位置當中，定義自己是政治不民主下「苦難的一代」。

　　陳菊闡述自我的民主參與時，大量強調「政治民主」的話語，其性別身份甚少被提及。在提及性別身份時，認為自己身為女性是一無所有，因為沒有家庭、沒有婚姻、沒有子女，連執意追求的愛情也不可得，幾近四處漂泊處處無家，但領受到許多民主前輩的提攜與疼惜，參與民主運動與歷史事件，包括戒嚴令下的橋頭示威，美麗島事件是更值得的事〔註266〕。在其闡述中，將自己的生命與反對運動的歷史結合在一起，女性身份的「一無所有」，在性別身份上不吻合社會價值，但與台灣民主的結合是更有價值的事。文中以人權工作者自居，認為自己是在反對陣營中長大，「我沒有兒女，這本書猶如我

〔註262〕陳菊，〈寒天飲冰水──憶牢中的年〉，《橄欖的美夢：台灣菊・台灣情》，臺北，月旦，1995年5月，頁82～84。

〔註263〕「一生最漂亮的選擇」見《黑牢嫁妝》，臺北，月旦出版，1993年12月，頁9。「苦難的一代」一說，見陳菊，《橄欖的美夢：台灣菊・台灣情》，臺北，月旦出版，1995年5月。頁43。

〔註264〕陳菊，〈政治人的情懷〉，《台灣時報》，1993年2月15日，收錄於陳菊，《橄欖的美夢：台灣菊・台灣情》，臺北，月旦，1995年5月，頁68～70。

〔註265〕盧玲穎，〈守護民主，心繫人群〉，頁11。

〔註266〕陳菊，〈一生最漂亮的選擇〉，《黑牢嫁妝》，臺北，月旦出版，1993年12月，頁9～10。

的『兒女』，是我生命的見證和延續。」〔註267〕，陳菊以民主／母親的角度，敘述自己的民主參與與成果猶如一個母親的子女，性別身份的提及，只是爲了闡述自己與台灣民主之間的關係。

陳菊回憶過往時，提到19歲與一般女孩一樣也讀郭良蕙與瓊瑤的女孩，但更深儀梁啓超與胡適筆鋒常帶感情的文采。可以看到相較於郭良蕙／瓊瑤的愛情、閨秀、陰柔的閱讀經驗，但更以政治、陽剛的、自由主義作家作爲自己的典範。其態度是摒棄被歸類爲閨秀氣女作家的作品，是在闡述自己與其他女孩的不同之處。延伸到日後生命經驗則是當同齡的女性徜徉在父兄、伴侶的呵護中，自己則是在恐懼、壓迫中成長。〔註268〕兩種經驗區分出閨秀／陽剛；一般女性／非一般女性；一般少女／民主參與者的差異，也看出陳菊的筆下自我認同的「公共」／「理性」／「政治」的「陽剛民主」。相較於其他女性的差異，此差異是讓陳菊走入台灣民主運動的起點。因爲擔任郭雨新秘書，展開和一般少女的不同生活，沒有打扮得漂漂亮亮欲逛街，而是接觸到反對運動人士，看到政治、社會上的種種不公平〔註269〕。脫離與其他女孩的生活方式，是一種民主意識的覺醒與啓蒙。在其敘述中不斷強調愛情，婚姻不是生命的唯一或重心，「一個從事反對運動的女性可能隨時面臨迫害、黑牢，獨自一個人比較沒有牽掛」〔註270〕，呈現了反對運動女性在傳統性別身份／民主身份的兩難，提到「在反對運動二十多年，深切感受女性運動者的孤單，一面尋求生命的價值，一面卻有另一層的失落，唯有更多的堅毅和豁達，才能維持理想之不墜。」〔註271〕在政治參與上，社會規範下的性別身分有實踐的困難。因爲女性被置放在私領域／家庭的／非政治性的使得反對運動女性在反國民黨威權時面臨的選擇處境。文中陳菊自述儘管會羨慕別的

〔註267〕陳菊，〈一生最漂亮的選擇〉，《黑牢嫁妝》，臺北，月旦出版，1993年12月，頁11。

〔註268〕陳菊，〈不會滾動的石頭〉，刊登於《中國時報》，1990年9月23日。收錄於《黑牢嫁妝》臺北，月旦出版，1993年12月，頁250～253。

〔註269〕黃秀錦，〈尋找生命中的綠光〉，本文爲陳菊訪談記錄，原刊登於《自立晚報》，1991年8月26日，收錄於《黑牢嫁妝》臺北，月旦出版，1993年12月，頁271～277。

〔註270〕陳菊，〈如果我再年輕一次〉，原刊登於《台灣時報》，1994年4月26日，收錄於陳菊，《橄欖的美夢：台灣菊‧台灣情》，頁39。

〔註271〕陳菊，〈女人半邊天〉，原刊登於《台灣時報》，1993年10月11日，見陳菊，《橄欖的美夢：台灣菊‧台灣情》，頁206。

女性同胞有人呵護，但自己經歷了更重要「民主政治的起飛」〔註272〕，親身
經歷台灣歷史上的重大變化，在戒嚴下參與橋頭示威遊行、美麗島事件受難
人、民進黨建黨，人權運動參與是更重要的。〔註273〕陳菊認為自己的性格是
堅持固執地參與民主運動，「一無所懼也一無所求」、「不太會屈服壓迫與強權」
〔註274〕。「不適合做政治人，卻在政治圈打滾二十幾年」，參與在人權工作與
社會工作等〔註275〕，這是身為「台灣人的女兒」〔註276〕的經歷。在詮釋民主
參與時，面對女性社會角色，陳菊以「台灣人的女兒」置放自己的位置，民
主參與是更重要的事。

　　陳菊在闡述自己的民主位置時，不斷出現傳統性別話語的敘述，其敘述
方式也回應了黨外雜誌對她的論述與再現。田秋堇在1985年的黨外編輯作家
聯誼會中的「陳菊，我們感念妳」中，以「嫁給台灣的女孩」稱呼陳菊〔註277〕；
黃樹根的〈民主大姊頭〉一詩以「嫁妝可能是整座黑牢」〔註278〕來形容陳菊；
施敏輝型榮陳菊是公認的「嫁給台灣的女孩」〔註279〕。社會價值中的性別框
架下女性必須走入婚姻，當政治女性不符合此框架時，則被視為是以另一種
方式替代了傳統女性身份，社會框架的女性婚姻角色則會成為政治修辭與隱
喻。《橄欖的美夢：台灣菊・台灣情》與《黑牢嫁妝》中，都不脫離人權工作
者的身分定位。在反對運動中的男性與女性的差別在於很多政治女性多為單

〔註272〕陳菊，〈如果我再年輕一次〉，原刊登於《台灣時報》，1994年4月26日，收
　　　　錄於陳菊，《橄欖的美夢：台灣菊・台灣情》，頁40。

〔註273〕黃秀錦，〈尋找生命中的綠光〉，本文為陳菊訪談記錄，原刊登於《自立晚報》，
　　　　1991年8月26日，收錄於《黑牢嫁妝》臺北，月旦出版，1993年12月，頁
　　　　275。

〔註274〕陳菊，〈颱風聯想〉，《台灣時報》，1994年8月29日。收錄於陳菊，《橄欖的
　　　　美夢：台灣菊・台灣情》，臺北，月旦，1995年5月，頁140～142。

〔註275〕陳菊，〈明知寂寞政治路——回應老友陌上桑〉，《台灣時報》，1994年5月17
　　　　日。收錄於陳菊，《橄欖的美夢：台灣菊・台灣情》，臺北，月旦，1995年5
　　　　月，頁152～154。

〔註276〕陳菊，〈如果我再年輕一次〉，原刊登於《台灣時報》，1994年4月26日，收
　　　　錄於陳菊，《橄欖的美夢：台灣菊・台灣情》，頁40。

〔註277〕田秋堇，〈嫁給台灣的女孩〉，1985，黨外編輯作家聯誼會。收錄於《黑牢嫁
　　　　妝》臺北，月旦出版，1993年12月，頁256～270。

〔註278〕黃樹根，〈不是尾聲——民主大姊頭〉，原刊登於《民眾日報》，1988年10月
　　　　17日。收錄於《黑牢嫁妝》臺北，月旦出版，1993年12月，頁282。

〔註279〕施敏輝，〈最後的英雄——悼郭雨新先生〉，收錄於郭惠娜・林衡哲編，《郭雨
　　　　新紀念文集》，臺北，前衛出版社，1988年9月15日出版，頁128。

身，「單身論述」更詮釋成「獻身民主」的論述，所以不斷出現「黑牢嫁妝」、「嫁給台灣的女孩」等政治修辭，以傳統性別角色來詮釋女性與國家／民主的關係，以「台灣國、台灣島、嫁台灣土地的陳菊」〔註280〕作爲標幟，「性別身份」的詮釋是爲了「民主身份」的確立，將自己定爲在以「台灣」作爲國族主義的民主人士。

文中偶而書寫到單身情境，如1979年美麗島事件發生時，陳菊被判刑時，提到自己一片茫然不知遺書要寫給誰，父母從來不知自己的女兒在做些什麼，兄弟姊妹則所知有限，自己沒有伴侶而在生命邊緣掙扎的孤零感覺〔註281〕，但陳菊將筆鋒一轉將「獨身論述」轉爲「獻身論述」，認爲投入政治在反對運動二十多年，雖然沒有愛情、家庭、事業不能兼顧是女性的悵憾，但「曾經長期援助主張中國統一的政治犯，更被無數在台灣沒有親人的政治犯視爲在台親人或『保母』。」〔註282〕，自己是以「黑牢嫁妝」獻身於台灣，以傳統女性婚姻身份作爲隱喻，以女性身份獻身台灣民主的論述。在《橄欖的美夢：台灣菊‧台灣情》則出現感情不是女人的全部，堅強獨立的女性不依賴感情的論述。〔註283〕女性感情獨立的觀點吻合的二波女性主義所強調的感情獨立論述，但在陳菊的敘述脈絡之下，感情獨立說更是因爲政治民主的重要性大女性規範的性別角色。

綜上所述，陳菊在性別／民主身份的闡述上，面對「政治民主」的發展時，不認同女性「應有的」生活，不認同社會要求女性服膺的性別角色，但並非批判性看社會規範下的女性身份，而是將民主身份放在高處，是犧牲女性生活投入民主運動，並以傳統女性身份的話語，比喻成自己與民主政治的關係。在民主位置則拉出一系列民主人士的系譜。從雷震、傅正等五〇年代的自由主義知識份子；到撰文紀念郭雨新、吳三連、余登發、鄭南榕、林義雄、施明德、黃華、詹益樺、陳婉眞等人；也撰寫海外台獨運動的史明、黃

〔註280〕陳菊，〈運動者屬於人民〉，原刊登於《台灣時報》，1994年9月6日，收錄於陳菊，《橄欖的美夢：台灣菊‧台灣情》，臺北，月旦，1995年5月，頁157。

〔註281〕陳菊，〈請不要爲我哭泣〉，《台灣時報》，1993年2月22日。陳菊，《橄欖的美夢：台灣菊‧台灣情》，臺北，月旦，1995年5月，頁72。

〔註282〕陳菊，〈人權優先〉，《台灣時報》，1993年4月5日。陳菊，《橄欖的美夢：台灣菊‧台灣情》，臺北，月旦，1995年5月，頁191。

〔註283〕陳菊，〈讓心靈的世界無限大〉，《台灣時報》，1994年1月17日。《橄欖的美夢：台灣菊‧台灣情》，臺北，月旦，1995年5月，頁58。

文雄、黃昭堂、張燦鍙、陳南天、洪哲勝，批判國民黨黑名單政策〔註 284〕；也記錄了日後與台獨立場不一樣的黃順興、陳鼓應，認為美麗島事件之前，「台灣民主運動尚未有明顯統獨之爭」，但陳菊認為「台灣人的民主運動和獨立運動有其主體性」〔註 285〕等論述，可以看見被視為「黨外台獨派的靈魂」〔註 286〕的陳菊將自己定位於自由主義／台灣人的女兒的「政治民主」大於「性別民主」的位置。陳菊從擔任議員郭雨新秘書、進入黨外民主運動與人權工作、美麗島雜誌社成立後任高雄市服務處副主任、高雄事件後以叛亂罪被處有期徒刑十二年、曾任國大代表、臺北市社會局長、高雄市社會局局長等職位，從早期的政治苦難以及日後的政治資本，都有明顯的系譜與政治位置可尋，她在回溯黨外民主的參與時，對黨外的發展較少批判，立足點多是在相對於國民黨的人權／台獨／自由主義／反國民黨威權位置上。在敘事的「擬權威、反權威、無權威」〔註 287〕三種話語模式中，陳菊的論述是反國民黨威權的「反權威」模式；卻承襲黨外「政治民主／陽剛民主」的論述，「擬權威」政治民主／陽剛民主中鮮明的意識型態色彩乃至於黨史的敘事立場。

（二）「政治民主」優先論

上述提到陳菊之所以將「民主身份」放置在「性別身份」之上，也可以從其性別意識型態的觀念切入。在許多篇章中陳菊都以「人權工作者」自居〔註

〔註 284〕參考陳菊，〈老驥伏櫪　志在千里——歡迎郭榮桔博士返鄉〉、〈永遠與勞動者站在一起——老而彌堅的史明前輩〉、〈廿一年生死兩茫茫——喜見刺蔣案黃文雄志士〉、〈有情的革命者——歡迎台獨聯盟黃昭堂教授返回故鄉〉、〈「獨立」鋪滿他的心〉、〈瀟灑的革命者——歡迎陳南天〉、〈力踐左言左行——唐吉訶德式的運動者洪哲勝〉等文，收錄於《黑牢嫁妝》，臺北，月旦出版，1993 年 12 月。

〔註 285〕陳菊，參考〈孤寂的運動者——黃順興前輩與我〉、〈走過患難——陳鼓應老師與我〉，《黑牢嫁妝》，臺北，月旦出版，1993 年 12 月，頁 110。

〔註 286〕見陳婉真，〈從羅馬賓館到阿靈頓大廈——念陳菊、悼郭雨新〉，收錄於郭惠娜・林衡哲編，《郭雨新紀念文集》，臺北，前衛出版社，1988 年 9 月 15 日出版，頁 139。

〔註 287〕敘事具有「擬權威、反權威、無權威」三種模式的論點參考吳秀明，〈轉型期文學敘事現代性的遞嬗演進及特徵〉，收錄於張頤武主編，《現代性中國》，中國開封，河南大學出版社，2005 年 3 月，頁 259。

〔註 288〕以「人權工作者」自居於許多文章可以看到。如陳菊，〈一步一腳印〉，《台灣時報》，1994 年 1 月 10 日。見陳菊，《橄欖的美夢：台灣菊・台灣情》，臺北，月旦，1995 年 5 月，頁 183～185。陳菊，〈人權不分畛域——與魏京生一夕談〉，原刊登於《自立早報》，1993 年，10 月 28 日，收錄於《黑牢嫁妝》，臺北，月旦出版，1993 年 12 月，頁 214～218。等文

288〕，也提出「人權優先」的概念，但耙梳其「民主」概念可以發現其論述是將「政治民主」優先於「人權民主」，所以務必「先有政治的民主，方有人權完全的解放」〔註289〕。文中強調台灣的人權運動者必須也是積極的政治運動者，「人權」是放在台灣的「政治」議題下來討論，必須先解決「政治」問題，才能解決「人權」問題，此處的「政治」問題便是國民黨威權問題，意指國民黨問題解決人權問題亦可隨之解決。雖然陳菊自我定位為人權運動者，認為「人權」和「民主」是不可分離的，但其意識型態是「人權」是「政治民主」的一環，是必須先解決政治問題的「政治民主優先論」。其論述中將性別議題也是人權議題下的一環，提出婦女的權利也是「人權」，因而要求婦女人權列入聯合國人權會議的議程〔註290〕。性別議題是人權問題的一環，可以看到政治民主優先論之下，政治大於人權；婦女又屬於人權的思考脈絡，也就是政治問題必須先解決的政治民主優先論的觀點。女性主義學者戴維斯（Yuval-Davis, Nira）對女權／人權的關係進行反思，批判當世界婦女大會提出「女權就是人權」的口號〔註291〕，是以西方世界國家的觀點觀看非西方世界國家的問題，將女權問題被視為不民主國家喪失人權的問題，是將西方／非西方視為自由民主／威權體制、有人權／無人權、性別解放／性別壓迫的二元對立。「女權就是人權」的謬誤在於相信只要解決國家威權下的人權問題，女權就會解決，也就是將女性問題視為威權體制下人權受迫害的問題。

政治問題優先論的觀點，也在 1992 年在愛爾蘭首都都柏林的國際婦女高峰會議中看出。在此會議中，台灣不能代表中國與會，陳菊則對此感到啼笑莫名。認為會議是以婦女參政者的身分接受邀請，不是國民黨政府的代表。〔註

〔註289〕陳菊，〈人權沒有國界〉，原刊登於《自由時報》，1991 年 6 月 14 日，收錄於《黑牢嫁妝》，臺北，月旦出版，1993 年 12 月，頁 177～181。〈AI 您的名字就是公理與正義——賀國際特赦組織台灣分會成立〉一文，也提到與 AI 之間的關係。《自立晚報》，1994 年 5 月 15 日。見陳菊，《橄欖的美夢：台灣菊·台灣情》，臺北，月旦，1995 年 5 月，頁 208～212。

〔註290〕陳菊，〈讓心靈的世界無限大〉，原刊登於《台灣時報》，1994 年 1 月 17 日。收錄於陳菊，《橄欖的美夢：台灣菊·台灣情》，臺北，月旦，1995 年 5 月，頁 60。

〔註291〕伊瓦——戴維斯（Yuval-Davis, Nira），秦立彥譯，〈婦女、族裔身份和賦權：走向橫向政治〉，陳順馨、戴錦華編選，《婦女、民族與女性主義》，北京，中央編譯社，2002 年，頁 48～49。

〔註292〕陳菊，〈盼望一個兩性平等的世界到來——推動搖籃的手，也在推動自由平等〉，刊登於《自立晚報》，1992 年 7 月 16 日。收錄於《黑牢嫁妝》臺北，月旦出版，1993 年 12 月，頁 191～192。

292〕看到台灣問題／女性問題結合在一起，面臨台灣反對運動女性的「台灣身份」被否認；或因為「台灣身份」使得「女性身份」被否認的僵局。此現象都增強陳菊認為「政治民主」必須優先於「性別民主」的必要性。其性別參政的觀點，則認為台灣婦女在解嚴之後女性參與政治的數量增多，是民主化的過程與結果。因為民主化促成女性參政不再受到禁忌，以及隨著政治結構的改變婦女選票更受重視。陳菊認為婦女運動植根於台灣整個政治民主化與政黨政治發展下，無法自外於整個政治發展的脈絡。解嚴前，由於國民黨的威權控制，由男性操控的政體一向為政治運作的主軸，此外國民黨刻意培養女性組織作為酬庸以及維持政權穩定的工具〔註293〕，認為國民黨國會中的性與暴力，是父權社會中的「沙文」之惡。〔註294〕陳菊將民主化與女性參政結合在一起，將國民黨威權統治／父權威權體制結合一起看，認為「性別不民主」是來自於「政治不民主」。陳菊指出黨國威權父權體制的問題，但未將父權體制／黨國體制視為各自獨立又互相纏繞的雙軸線，因此忽略黨外運動陣營亦與父權體制結合的問題。民主化運動的黨外女性未以女性身份參與政治，在個人性別身份與民主參與上，並沒有衝突產生，整體上其性別議題被放到政治民主與人權的議題下來討問。

在 1990 年代的性別政治思考上，女性參政與性別解放某一層度成為普遍的政治意識。陳菊也批判過去威權體制下女性受限於傳統家庭角色的扮演，無法走出家庭來參與政治。1979 年「美麗島事件」之後，女性參與政治運動大多是因為丈夫或家庭的因素，而真正因為自覺而自願參與社會改造的婦女仍佔少數。〔註295〕從政女性若不是家族或配偶受難的因素，婦女的能力和從政的才華幾乎被淹沒。為此，丈夫的苦難是婦女間接的成就。〔註296〕重新檢視黨外女性政治理念時，許多的女性雖然以婦女保障名額，或美麗島事件發生後，女性以政治受難者家屬的形象參與政治，然而，她們多半並不刻意凸顯提出女性權益為競選與參政的主要競選主軸。〔註297〕可以看見 1990 年代女

〔註293〕陳菊，〈台灣婦女的政治參與〉，轉載自第四屆全國婦女國是會議，頁 7～10。
〔註294〕陳菊，〈山中歲月〉，原刊登於《台灣晚報》，1994 年 6 月 5 日。收錄於陳菊，
　　　　《橄欖的美夢：台灣菊・台灣情》，臺北，月旦，1995 年 5 月，頁 234。
〔註295〕陳菊、林至潔對談，王妙如記錄整理，〈兩代女性政治受難者的對話──林至
　　　　潔 VS.陳菊〉，頁 31。
〔註296〕陳菊，〈女人半邊天〉，原刊登於《台灣時報》，1993 年 10 月 11 日。收錄於
　　　　陳菊，《橄欖的美夢：台灣菊・台灣情》，臺北，月旦，1995 年 5 月，頁 206。
〔註297〕陳菊，〈台灣婦女的政治參與〉，頁 7。

性權益與女性參政的觀念普遍化後，女性權益的競選主軸也成普世價值。陳菊提到女性角色的扮演，「推動搖籃的手有是推動自由民主的力量」〔註298〕，女性除了傳統推動搖籃的功能，還能推動自由民主，這不僅是女性的解放，也是人類社會的共同解放。〔註299〕，在此論述中，將女性放在私／公領域雙重角色當中，女人走進公共領域，卻依然必須負擔私領域的責任的傳統價值觀，而女性的公共參與可促成民主的發展。雖然在九○年代婦女權益普遍化下，陳菊也以平等性別權益觀點看待女性參政，但是其論述主軸依然以「政治民主」為優先，認為在反對陣營裡，女性同志原來不多。早期自己和蘇慶黎在黨外有點相依為命，後來與施叔青、呂秀蓮被國民黨政府稱「黨外四大女寇」，因而以女寇自許。當提到反對陣營裡是否有性別歧視，是否重視女權時，陳菊則說反對黨是有心重視卻力有未逮。〔註300〕從上述論述都可以看到陳菊將「國民黨的非民主」／「父權的非民主」視為同一條軸線，當政治威權解除，性別威權也會跟著解除。

綜上所述，陳菊將自己放置在政治民主人士的身份上。在談到從19歲就開始參與政治運動，就傳統對女性的認定的性別身份來說生活是不圓滿的；但自我肯定收穫是豐盈的，因為從未缺席重大的歷史事件。〔註301〕。其意識型態上是政治民主優先論，自我定位則是「政治民主」的參與是大於「性別身份」。自認在傳統女性角色不圓滿，但獻身於「政治民主」是值得的。其呈現出來的意識型態，是以政治民主為優先，強調的婦權是在廣義的人權之下被定義。在自我回溯與論述中，未批判傳統性別規範的問題，而是以傳統女性角色來隱喻民主位置，認為自己是「嫁給台灣」的女性，將「獨身論述」轉為「黑牢嫁妝」的「獻身論述」。

〔註298〕陳菊，〈讓心靈的世界無限大〉，原刊登於《台灣時報》，1994 年 1 月 17 日。收錄於陳菊，《橄欖的美夢：台灣菊·台灣情》，臺北，月旦，1995 年 5 月，頁 60。
〔註299〕陳菊，〈女人半邊天〉，原刊登於《台灣時報》，1993 年 10 月 11 日。收錄於陳菊，《橄欖的美夢：台灣菊·台灣情》，臺北，月旦，1995 年 5 月，頁 207。
〔註300〕陳菊，〈女人半邊天〉，《台灣時報》，1993 年 10 月 11 日。陳菊，《橄欖的美夢：台灣菊·台灣情》，臺北，月旦，1995 年 5 月，頁 206～207。
〔註301〕陳菊、林至潔對談，王妙如記錄整理，〈兩代女性政治受難者的對話——林至潔 VS.陳菊〉，頁 31。

三、民主系譜與敘述分界──曾心儀

曾心儀著作繁多，但多為文學創作作品。在關於回溯與建構自己參與黨外運動的自傳性質紀錄中，以《游過生命黑河》小說集中的〈斷殘紅〉（1990）、《又聞稻香》（1995）、《心內那朵花──台灣民主運動的文學紀事》（2000）、《福爾摩沙紅綠繽紛》（2010）為主。曾心儀的作品中，常混淆小說／自傳的邊界，將虛構的小說／真實的政治兩者相互隱喻，使紀實／虛構固有的二元對立被解構了。雖然本文以論述分析與新歷史主義為出發，認為傳記／小說本就不應被視為真實／虛構之別，但曾心儀混淆小說／自傳的邊界則是其書寫的特殊性，明顯地企圖以小說虛擬與匿名性寫法進行歷史「真實的」敘述與隱喻。「小說家甚至在以真人真事為依據時也可以編造內容，而且還可以隨心所欲地自由處理這些內容。」〔註302〕，曾心儀以小說手法處理政治議題時，卻非隨心所欲而是企圖記錄歷史「真實」。如收錄在《游過生命黑河》小說集的〈斷殘紅〉一文，雖是小說形式卻是以自己的眷村記憶、對父親的情感、參與黨外運動經驗為書寫背景〔註303〕；又如《福爾摩沙紅綠繽紛》即用化名影射政治人物，如將「貞貞」指涉陳婉真，陳菊化名為「黃姐」等，都是將虛構的小說／真實的政治的邊界抹除，進行相互指涉。這一小節將從曾心儀回溯自我的政治參與時，自我定位以及呈現的民主意涵進行討論。

（一）政治視角的轉向

本文前文在女兒身份／民主身份討論過曾心儀在面對私領域時，出現的性別／民主身份的兩難，但是曾心儀在 1990 年到 2000 年闡述參與黨外運動與民主運動的關係時，並未從性別身份闡述自己在民主運動的實踐，女性身份與視角在私領域中浮現；在面對黨外運動時則為隱形。較具特殊性的是曾心儀在 2010 年出版的《福爾摩沙紅綠繽紛》中，才出現女性意識的角度，在「接觸到一些女性主義的書」，「才初次詫異，許多女性主義先覺者拒絕傳統

〔註302〕Mark Schorer, "The Burdens of Biography", Biography as High Adventure, ed. Stephen B. Oates（Amherst: The University of Massachusett Press, 1986），p. 78. 轉引自趙白生，《傳記文學理論》，北京：北京大學出版社，2003 年 8 月，頁6。

〔註303〕參考曾心儀，〈斷殘紅〉，完稿於 1990 年 4 月 2 日，原刊登於《民眾日報》副刊，收錄於《游過生命黑河》，台南市，台南文化中心，1996 年 5 月出版。

賦予女性的角色、職務。我不免想著，如果我生在女性主義普遍存在於社會各角落，我是不是就不會被『母性天性』做家事的樂趣演變成無止境的惡夢？」〔註304〕，因而在 2010 年的作品中出現以女性意識觀看自己生命史的角度，但「性別民主」的轉向僅限於女性社會規範角色的思考，未對「政治民主」的性別角色進行批判。相對的，在 1990 年到 2000 年的相關回溯中，都以闡述國民黨威權體制與迫害為主軸。

　　本文認為在 2000 年到 2010 年有不同的政治條件與歷史時空，使得曾心儀從過往「放棄私人生活，願意全心全意投入『改革、戰鬥』，覺得個人、家庭都是其次，社運最優先」；到「想停下來，把一團亂絮清一清。」〔註305〕，過往以「政治民主」為優先，社會運動也歸諸於「政治民主」大旗幟之下，如前文提到的家國大敘述下，其他民主與性別身份的次要性。但曾心儀在民主的敘述上，於 2000 年到 2010 年之間有所轉變，開始質疑「忠於我們長期以來的民主運動信念是很荒謬、受辱的事——被自己陣營、尤其是一些帶頭的人欺侮。」，「台灣的民主運動軼事，多的是令人不忍卒讀的慘酷、難堪」〔註306〕，其批判的來自政黨的政治現狀的失望，不單是過往黨外運動的回溯與批判，而是黨外民主對於累積的日後消耗失望。文中回溯黨外早期「雞兔同籠」鬥爭，「三十年一覺春夢，醒來，你才看到不只『雞兔同籠』，龍、蛇、老鼠、狼、虎……都競相結黨同籠！英傑從一個搖旗吶喊的派系頭子，步步高升，總統府、行政院、民進黨的最高層」〔註307〕。曾心儀在 2010 年的回溯當中，對黨外的內部分歧到日後的利益爭奪與派系，對過往黨外民主進行批判與不滿。所有「初生的民主制度無法與先前不平等的威權統治整體劃清界限，那這個民主制度就有苦頭吃了。」〔註308〕，曾心儀批判民主發展形成的威權，但其民主回溯的批判並非來自於黨外「政治民主」本身義涵的不足與擴充，

〔註304〕曾心儀，《福爾摩沙紅綠繽紛》，臺北縣，遠景出版，晴光文化發行，2010 年 2 月，頁 60。

〔註305〕曾心儀，《福爾摩沙紅綠繽紛》，臺北縣，遠景出版，晴光文化發行，2010 年 2 月，頁 64。

〔註306〕曾心儀，《福爾摩沙紅綠繽紛》，臺北縣，遠景出版，晴光文化發行，2010 年 2 月，頁 136～137。

〔註307〕曾心儀，《福爾摩沙紅綠繽紛》，臺北縣，遠景出版，晴光文化發行，2010 年 2 月，頁 136。

〔註308〕Laurence Whitehead，朱柔若譯，《民主的代價：冷戰後全球的民主化運動》，台北，國立編譯館，1995 年 12 月，頁 7。

而是對政治利益的瓜分進行批判。相較之下，2000 年前的紀錄，則是呈現「美麗島事件事件發生在黨外最興盛、最高峰的時期。記得當時的黨外人士都是往外開拓，沒有明顯的內部鬥爭。當時黨外人士間，瀰漫著理想、奉獻、犧牲的精神；⋯⋯自己也被當年的黨外人世間的同志愛感動了。因此，我決定以客觀的態度，讓這部作品問世。我願讓世人看到它，它是一部被埋藏了廿年的『地下作品』」〔註309〕，在其政治立場與歷史解讀上，有其歷史觀點的轉向與政治立場的斷裂。

本文認爲在 1990 年到 2000 年的歷史時空，「反國民黨威權」的史觀與敘述都還在進行與國民黨的歷史詮釋權的爭奪上，「反威權」論述上在發展狀態，《心內那朵花——台灣民主運動的文學紀事》的紀錄還是以批判國民黨爲主，並把自己放置在「政治民主」的位置。其出版及敘述以 2000 年爲分界出現不同的敘述視角，看見記憶在不同的時空點產生不同的敘述與追溯。2000 年的《心內那朵花——台灣民主運動的文學紀事》、1990 年到 1996 年撰寫的《游過生命黑河》以紀錄國民黨威權與黨外的艱辛爲主；2010 年出版的《福爾摩沙紅綠繽紛》則批判當年的黨外、今日的政黨上政治利益的爭奪，認爲「不可抵擋的反抗專制獨裁統治潮流退潮。過去藉選舉突破老 K 一黨獨大、累積反對運動能量，退化爲搶奪議會政治利益交換和分配」。〔註310〕在 2010 年的政治小說中，開始對過往政治民主不足的批判。懷海德（Laurence Whitehead）在反省冷戰結束後的民主發展時，認爲「並不是在威權政體轉型後誕生的民主政權下具有影響力的政治行動者，都有無懈可擊的民主信用」，必須在「既有的制度當中，有許多必須重建，有的必須降級，有的根本重要重新創造。」〔註311〕，曾心儀的視野轉向比較接近於威權轉型後的民主惡化進行批判。

在 1990 年到 2000 年，是訴求轉型正義論述與歷史重新詮釋呼聲很高的時空，曾心儀回溯過往的反對運動的參與時，將自己放置在民主系譜的位置，不太有性別身份上的掙扎與兩難。曾心儀因參與黨外運動，牽涉「蓬萊島雜

〔註309〕曾心儀，《心內那朵花——台灣民主運動的文學紀事》，序三，臺北，永和，新風格文藝，2000 年，頁 95～96。

〔註310〕曾心儀，《福爾摩沙紅綠繽紛》，臺北縣，遠景出版，晴光文化發行，2010 年 2 月，頁 156。

〔註311〕Laurence Whitehead，朱柔若譯，《民主的代價：冷戰後全球的民主化運動》，臺北，國立編譯館，1995 年 12 月，頁 5。

誌事件」、「陳文成博士命案」被迫離開報社﹝註312﹞，曾身爲美麗島雜誌社務委員，在陳水扁初次參選臺北市議員參與助選，之後多次參與選舉、反抗國民黨的抗爭活動、爭取言論自由等案件中。﹝註313﹞被視爲在「黨外家庭」﹝註314﹞中長大，爲各種危險的工作獻身的「黨外義工」。以外省第二代／民運人士／作家等多重身份寫下《心內那朵花——台灣民主運動的文學紀事》等書。﹝註315﹞以黨外義工／外省人／民運人士／作家身份爲自我定位，持續關注工運、農運的議題﹝註316﹞。曾心儀在書寫黨外記錄時，一方面以見證與記錄的角色，書寫當時的人事物，另一方面則從自己的參與中書寫自己。文中記錄了陳菊、陳婉眞、陳文成、黃信介、鄭南榕與詹益樺等人，在黨外運動的人際關係中，鋪展自己的位置。其論述更多的篇幅在談國民黨威權體制下的參與，很明顯曾心儀在回溯自己的民主參與時，將自己放置在「反國民黨威權」的民主運動的位置，在其敘述民主參與時，性別身份則是消失隱形了。

在經歷「高雄事件」後，投入聲援受難人及家屬、助選及記者生活，和李筱峰用手寫「黨外快報」爲參選臺北市議員的陳水扁競選。很長的時間，被各單位監控，在民眾日報當記者時因是陳文成案與聲援陳水扁的蓬萊島案而被迫離職，也因處於「黑資料」名單中被「口頭警告」從事黨外運動時，經常被特務跟蹤。情治單位遍佈全省，黨外也因此充滿緊張的氣氛，從雷震案到余登發事件，都是國民黨政權下的民主運動者的犧牲，在美麗島大逮捕發生之後，投入救援工作，與黨外新生代與被捕家屬聯繫，整理事件記錄，在美麗島事件發生時，曾心儀自陳「在這個政權控制下的生活，已到無法忍受的地步」﹝註317﹞。在施明德被捕時，幫忙員警整理琳達的衣物時，一位警

﹝註312﹞曾心儀，《福爾摩沙紅綠繽紛》，臺北縣，遠景出版，晴光文化發行，2010年2月，頁29。

﹝註313﹞黃天福，〈台灣民主運動從不缺席的參與者〉，曾心儀著，《心內那朵花——台灣民主運動的文學紀事》，序三，臺北，永和，新風格文藝，2000年，頁33。

﹝註314﹞李旺台，〈看著它藤纏絲牽〉，曾心儀著，《心內那朵花——台灣民主運動的文學紀事》，序三，臺北，永和，新風格文藝，2000年，頁35。

﹝註315﹞李筱峰，〈三合一的曾心儀〉，《心內那朵花——台灣民主運動的文學紀事》，序五，臺北，永和，新風格文藝，2000年，頁41。

﹝註316﹞李昂，〈走過歷史，不求回報〉，《心內那朵花——台灣民主運動的文學紀事》，序三，臺北，永和，新風格文藝，2000年，頁37。

﹝註317﹞曾心儀，〈美麗島紀事：約談〉，原刊登於1999年9月13日到19日《民眾日報》副刊，《心內那朵花——台灣民主運動的文學紀事》，序三，臺北，永和，新風格文藝，2000年，頁83。

官要求檢查身份證，又「徹底搜查」並控告「妨害公務」，在做筆錄時發現員
警以未發生事件定罪，毫不信任法律。《心內那朵花──台灣民主運動的文學
紀事》〈陳文成博士遇難紀事〉更寫到 1981 年的陳文成博士命案的殘酷性。〔註
318〕文中亦強調島內民主運動與海內外民主運動的結合，讓許多事件不全被國
民黨打壓下去。其自我定位與政治認同從其參與的事件、書寫的民主系譜看
出其自我定位。

（二）政治民主／草根民主：「文化精英」視角

　　曾心儀身爲外省第二代／文化工作者在敘述自己時，敘述除了因爲聲援
蓬萊島案，被迫離開報社記者，而到鄭南榕的時報週刊擔任專職記者，更以
小說家身份爲志業，關心社區與農民運動等議題，如新光紡織女工的抗爭事
件。在政治民主位置之外，也將自己放在社會運動的歷史位置當中，關注農
民、兒童、女工、1979 年發生的多氯聯苯毒油事件等議題〔註319〕。社運份子
的角色定位中，其「政治民主」參與上較接近「草根民主」參與。〔註320〕在
《又聞稻香》一本散文集中，書寫在高雄農村的經驗以及對農村議題的關切。
日後因爲鄭南榕與詹益樺的死來到南台灣，「『五一九』鄭南榕喪禮示威隊伍
走到總統府前，發生詹益樺以預先藏在身上的泛油燒死自己，趴倒在鎮暴部
隊蛇籠鐵絲網上。他是高雄縣農權會的工作人員，他的死，引起我積極關心
農民問題。」〔註321〕，也將自己描述爲具有「草味潛入我生命的底層」〔註322〕
的草根性格。在黨外政治的參與上，自己放置在草根民主／政治民主的位置
上，相較於余陳月瑛、陳菊以政治民主爲主軸，曾心儀與她們有共通性與差

〔註318〕曾心儀，〈心靈之旅簡記──在陳文成博士的母校密西根大學圖書館〉刊載於
　　　　《台灣公論報》1999 年 8 月 14 日。〈歸鄉──陳文成博士遇難紀事〉，原刊
　　　　載於《台灣公論報》1999 年 9 月 25 日至 12 月 28 日，《心內那朵花──台灣
　　　　民主運動的文學紀事》，序三，臺北，永和，新風格文藝，2000 年，頁 153
　　　　～216。
〔註319〕曾心儀，《心內那朵花──台灣民主運動的文學紀事》，序三，臺北，永和，
　　　　新風格文藝，2000 年，頁 244。
〔註320〕曾心儀，〈黑鄉〉，原刊登於 1981 年《現代文學》復刊號第 15 期。《心內那朵
　　　　花──台灣民主運動的文學紀事》，序三，臺北，永和，新風格文藝，2000
　　　　年，頁 53～79。
〔註321〕曾心儀，〈美濃鄉居〉，《又聞稻香》，臺北縣，新風格文藝出版，1995 年 3 月，
　　　　頁 34。
〔註322〕曾心儀，〈斷殘紅〉，完稿於 1990 年 4 月 2 日，原刊登於《民眾日報》副刊，
　　　　見《游過生命黑河》，台南市，台南文化中心，1996 年 5 月出版，頁 19。

異性，其差異則在自我論述爲草根參與的社運份子時，呈現了政治民主之外的社運／草根民主的「民主」義涵。

其自我定位爲「草根政治民主」的位置，主張組工會、關心農民等議題，但曾心儀的草根立場則是夾雜著「知識分子」的位置與優勢，如看到台灣農民受到壓迫，提到「受壓迫者並不必然會起來反抗，這一點，我在鄉間深刻體會到了。我目睹著一個又一個老農夫、老農婦，受盡病魔吞噬生命之苦，因爲做不動了才停止勞動，躺在病榻上等死。」〔註323〕，以「知識分子」的立場將農夫受壓迫詮釋爲不會起來抗的受壓迫者，是以站在「覺醒者」看待「未覺醒者」、以「能動者」看待「無能動者」的人道視角書寫底層。文中也提到「我曾試著想要找鄉村文化，看看是不是可以從自然的生活中抓到文化本質？如果從鄉間人們所重視的一些事來看，頗令人感到失望。」〔註324〕，曾心儀將鄉間的歌舞秀、賭博視爲欠缺文化本質，都可以看到曾心儀的「草根立場」是夾雜著文化精英自許的視角。在敘述凋敝的農村中，「家庭式卡拉OK這種商品遍佈全台灣，它的價格並不很貴，也不便宜。它有製造熱鬧的作用，卻缺乏內涵和發展性。」〔註325〕，曾心儀在農村的草根活動中，不時出現以文化內涵欠缺來評價觀看農村的生活，文中出現的鄉村景象是二元對立圖像；一方面是純樸美好；一方面是欠缺文化，其論述不是美化與單純化農村；便是將能農村置放在落後的位置，呈現了「文化精英」式的批判。其文化精英的批判，呈現「人道主義的啓蒙現代性」〔註326〕態度，以協助、拯救的態度看待農村文化，亦認同文化現代化中高雅文化的價值觀。

大致而言，1990年到2000年曾心儀回溯自己黨外運動的參與時，認爲美麗島事件事件發生在黨外最興盛時，沒有明顯的內部鬥爭，此時的自我認同與政治民主定位亦很明確。其政治行動包含在政治迫害余登發父子被逮捕進

〔註323〕曾心儀，〈又聞稻香〉，《又聞稻香》，臺北縣，新風格文藝出版，1995年3月，頁54。

〔註324〕曾心儀，〈誘惑〉，《又聞稻香》，臺北縣，新風格文藝出版，1995年3月，頁87。

〔註325〕曾心儀，〈跳探戈的女孩〉，原刊登於《民眾日報》副刊，1991年4月17日，《又聞稻香》，臺北縣，新風格文藝出版，1995年3月，頁128。

〔註326〕「人道主義的啓蒙現代性」觀點參考於可訓〈中國當代文學的現代性問題論綱〉一文，收錄於張頤武主編，《現代性中國》，中國開封，河南大學出版社，2005年3月，頁252。

行橋頭遊行時，在大逮捕期間寫下「回想——美麗島人物誌」，寫好後，到處找隱密的影印社拷貝，一家換過一家，把影印本快速流通出去；用這種方式突破國民黨的封鎖。〔註327〕，曾心儀認爲雷震時期只是上階層的知識份子擬組反對黨；而余登發案時期，在野派的政治活動已形成知識份子與群眾結合。〔註328〕在〈余案遊行回憶〉一文，寫到自己參與余登發案時的遊行，認爲自己「不迷信群眾運動」，是少數有勇氣打破「黨外神話」的人。〔註329〕在談論自己在參與黨外民主運動時，自我定義爲社運工作者、民主運動者的身份很明確，在談論民主身份時，較無性別身份上對民主身份的質疑，將自己放置在民主系譜上時。

　　綜上所述，曾心儀回顧「昨日之我」與自我定位時，可以看到差異性質的存在，將自己放置在草根民主／政治民主的結合位置。大多的回溯中，較接近爲黨外歷史做紀錄；爲國民黨威權做見證的角度書寫。在詮釋自我的民主參與時，在九〇年代的傳記較無性別身份／民主身份的擺盪。曾心儀的敘述在時間上產生分界點，2000 年前不斷描述對威權的無法忍受，2000 年後則是對黨外歷史的痛苦無法承受。1990 年代曾心儀在文中提及「在這個政權控制下的生活，已到無法忍受的地步」〔註330〕；在 2010 年則是批判黨外歷史的相關活動，認爲「那地方有太多痛苦的回憶，我不要再承受任何一點折磨。」〔註331〕，在 1990 年的自我敘述中，所無法承受的是國民黨政治威權；2010 年無法承受的是黨外歷史所帶來的的痛苦，爲政黨揮霍了黨外時期的資產而感到痛苦。在戒嚴時期，「黨外圈子裡，『紅色』共產黨、台獨，壁壘分明早已不是秘密。黨外時期是相對於國民黨統治實施戒嚴、黨禁。台獨變成『黨外』的泛稱，是『黨外』的主流。以後，解嚴、組黨，綠色又成爲台獨的泛

〔註327〕曾心儀，《心內那朵花——台灣民主運動的文學紀事》，序三，臺北，永和，新風格文藝，2000 年，頁 95～96。

〔註328〕曾心儀，《心內那朵花——台灣民主運動的文學紀事》，序三，臺北，永和，新風格文藝，2000 年，頁 100。

〔註329〕曾心儀，〈餘案遊行回憶〉，《政治家》半月刊，臺北，1982 年 9 月 1 日，第 36 期，頁 32～33。

〔註330〕曾心儀，〈美麗島紀事：約談〉，原刊登於 1999 年 9 月 13 日到 19 日《民眾日報》副刊，《心內那朵花——台灣民主運動的文學紀事》，序三，臺北，永和，新風格文藝，2000 年，頁 83。

〔註331〕曾心儀，《福爾摩沙紅綠繽紛》，臺北縣，遠景出版，晴光文化發行，2010 年 2 月，頁 176。

稱。紅色，是統派的泛稱。」。〔註332〕曾心儀對民主發展的不足，多以黨外到民進黨成立的利益爭奪為批判，在闡述自己在黨外運動的參與時，1990 年代的時空以站在國民黨的對立面進行書寫，並未突出性別位置，在其政治民主觀念的發展上，包含草根運動的性質，但未從「複數民主」卻被黨外論述單一化為「政治民主」的侷限有所批判。

第四節　性別民主話語／黨外民主批判

　　黨外運動在以「反國民黨威權」為唯一目標時，形成一個內部差異必須縮小的集體和共同體，在「反國民黨威權」成為最大「共識」時，異質聲音會因此成為次要的、瑣碎的議題。在全球與台灣局勢改變與歷史發展下，「民主」概念的轉變與衍生，意識型態也隨著物質、非物質的建構產生轉變。在此轉變之下，原本團體的邊界會出現不斷抗爭（struggle）和協商（negotiation）的過程，並因此使邊界模糊或重新畫出。在認同政治的理論中，認同政治會同質化和自然化社會的類別與團體，而且否定了認同邊界的移動（shifting），也否認了利益的衝突與內部的權力差異，所以必須關注集體之間與內部裡頭的權力關係。〔註333〕

　　前文討論民主論述時，提到民主「共識」的達成有可能是不民主的開始。戴維斯（Nira Yuval-Davis）在討論公民與差異時，亦提出少數族群會挑戰認同以及共同體的邊界。〔註334〕當邊界鬆動可以挑戰過往建立認同所忽略的身份多元性。在黨外運動以「政治民主」為優先價值時，「政治民主」在優先順位的排序優先於其它民主議題，而身份的複雜與交疊性也會因為身處在的價值場域不同，會產生優先順位（priority）的自我認定與定位擺置。民主表面上具有的「共識」，背後參與在其中的個人認同其實是一種不完整的、片段的（fragmentation），且個人經驗和集體經驗集體是具有衝突的。〔註335〕在此衝突之下敘述會建立起差異的認同，而自我也在共識、差

〔註332〕曾心儀，《福爾摩沙紅綠繽紛》，臺北縣，遠景出版，晴光文化發行，2010 年 2 月，頁 173。

〔註333〕Nira Yuval-Davis, "Women. Ethnicity and Empowerment: Towards Transversal Politics", *Gender & Nation*, SAGE Publication Ltd, London, 1997, p.119.

〔註334〕Nira Yuval-Davis, "Citizenship and Difference", *Gender & Nation*, SAGE Publication Ltd, London, 1997, p.73.

〔註335〕Craig Calhpun, "Preface", in *Social Theory and the Politics of Identity*, ed by Craig Calhoun, USA, 1994, pp.10～14.

異、衝突、協商中形成。前文提到論述的幾種形式包含「反威權敘述」、「擬威權敘述」、「無威權敘述」三種，「反敘述」（counter-narratives）則是個人認同在主流公共敘述中不被表述時的重要策略。〔註336〕然而，威權的形式與意識型態是複數型態，因此「反威權敘述」也必然是分歧且複數型態的。「反威權敘述」有可能同時繼承傳統父權議題型態；又呼應政治民主理論，形成「政治民主」上的反威權、「性別民主」上的擬威權狀態的矛盾敘述，對意識型態有所繼承亦有所反駁。「反威權敘述」亦可能展現「政治民主」上的反威權、「性別民主」上的反威權、傳統倫理的擬威權狀態。以上種種「反敘述」（counter-narratives）的矛盾與曖昧都是在不同層次的追求民主現代性時展現的差異。

　　前文討論余陳月瑛、陳菊、曾心儀的自傳時，可以看到三人的敘述中將自己擺置在「政治民主」大於「性別民主」的自我認同上。其敘述出現具有反國民黨威權／擬傳統性別秩序、反國民黨威權／無性別敘述、反國民黨威權／文化菁英優位視角等不同的層次。三人的傳記中常出現以傳統性別敘述或無性別敘述來進行「政治民主」的政治修辭，以曖昧、弔詭或次要的性別話語展現對「政治民主」的追求。這一節則是處理楊祖珺《玫瑰盛開——楊祖珺十五年來時路》（1992）與邱瑞穗《異情歲月》（1994）兩本政治自傳進行討論，發現其論述與男性傳記的共同之處一樣為反國民黨威權之外，亦對原有團體邊界與唯一價值產生批判，其「反敘述」形成反國民黨威權／反父權秩序；抑或反國民黨威權／反父權秩序／擬傳統倫理秩序等不同層次的意識型態。兩本自傳的共同性都是以「今日之我」批判「昨日之我」；以離婚後的自我覺醒批判昨日臣服的妻子。在政治民主／性別民主上具有雙重且複雜的自我認同，楊祖珺是反國民黨威權／反黨外父權／反單一民主威權的政治認同與自我定位；邱瑞穗則是反國民黨威權／反黨外父權／擬傳統倫理等意識型態，下文則針對兩人敘述與其再現背後的性別／民主意涵進行細部的討論。

〔註336〕Margaret R. Somers and Gloria D. Gibson, "Reclaiming the Epistemological "Other": Narrative and the Social Constitution of Identity", in *Social Theory and the Politics of Identity*, ed by Craig Calhoun, USA, 1994, pp.61～75.

一、多重的身份／多重的民主：邱瑞穗

　　邱瑞穗於 1989 年離婚後脫離「妻子」身份後，在痛苦、矛盾到覺醒，然後開始感受自己所擁有的時／空，並在此時間點上開始書寫／建立自我。其傳記敍述離婚後的自我回溯過去「家庭主婦」、「黨外縣長夫人」、「犧牲奉獻的母親」的多重角色與過往，是同時承擔中國傳統文化與日本傳統文化雙重包袱的多重身份。離婚後的「今日之我」以啓蒙的獨立的生命個體批判昨日黃順興之妻的虛弱、無知與委屈求全。朱崇儀在論述邱瑞穗時，將黃順興與邱瑞穗兩人的傳記進行比較，認爲邱瑞穗以「黃順興前妻」的身份進行寫作；相較於黃順興的自傳中「太太」的角色幾乎不存在。〔註 337〕本文認爲兩者的差異是因爲黃順興的「自我」是建立在政治領域，相對於「自我」的「他者」則是國民黨與其他政治人物；邱瑞穗的「自我」則是建立在婚姻生活中，相對於「自我」的「他者」則是黃順興。黃順興只是談到自己政壇的起伏，以自己的事業生涯中重要的事件與人物串連而成，將自身放在「公共領域」中，相對的，邱瑞穗則以婚姻以及婚後如何維持生計爲重心，以傳統妻子角色的價值觀檢討評量自己過往的人妻角色。〔註 338〕可以看到男性傳記與女性傳記的差別。賴信眞提出相較於男性作品重視事實陳述，女性作品則兼顧事實陳述與內在情感的探索，以私人觀點表白的「他途描述」的特點〔註 339〕。《異情歲月》中私人情感的敍述企圖要和黃順興的《湖賓雜記》做對話，也呈現男／女性書寫不同的特點，自傳中要對話的他者以及敍述他者時建立起自我，會因自我／他者的關係，不同意識型態的角逐之間建立起來，蕭高彥從西方認同理論中提出現代社

〔註337〕朱崇儀提到：寥寥提到妻子的敍述，僅有第 76 頁的「當我結束了六個多月的逃亡生活，重回到高雄時，發現我的妻子的心已經離我而去了，當我回到員林後不久，她也被其外省籍男友遺棄（大陸妻子回來了），曾一度來到我家。」然而這個妻子並不是邱瑞穗，因爲是頁的後面提到他「毅然決定」和她離婚。到了下兩頁，才以簡單的數語交代了他的第二次婚姻：「我也在這期間〔擔任委任官〕認識一位女同事〔邱瑞穗〕，並和她組織另一次新家庭。朱崇儀，〈女性自傳：透過性別來重讀／重塑文類？〉，《中外文學》，第 26 卷，第 4 期，1997 年 9 月，頁 146。

〔註338〕邱瑞穗提到很小的時候，父母就告誡她們幾個姊妹：結婚以後，假如丈夫覺得帶給他一種負擔，那婚姻便是失敗的。見邱瑞穗《異情歲月》一書中的〈自序〉，臺北，日臻出版社，1994 年 3 月 30 日初版二刷。

〔註339〕賴信眞，〈書寫女性生命——簡介已出版之台灣漢人女性之自傳或回憶錄〉，《台灣史料研究》，第 11 號，1998 年 5 月出刊，臺北，財團法人吳三連史料基金會，頁 21。

會中自我認同的建立不可能是主體內在的自我獨白，而須透過與其他人的對話有可能。〔註340〕個人的自我再生產都會將集體認同傳遞下去。《異情歲月》中的「他者」便是黃順興、「昨日之我」、國民黨等交錯的對象。

（一）國民黨威權／黨外父權／丈夫威權的三重軸線

《異情歲月》中呈現了一名女性因身為「黃順興之妻」而面臨丈夫外遇、被感染性病、擔起家計，處於丈夫威權之下。「黃順興之妻」的身份則因黃順興〔註341〕曾任台東縣第一任黨外縣長而成為「黨外縣長夫人」的身份。邱瑞穗因此以「黨外縣長夫人」去面對「國民黨威權」以及「黨外父權」的雙重權力關係，家庭主婦的日常行動也受到國民黨監控與特務的監視，甚至親友之間的聯繫也中斷。過往妻子的身份使其在政治與家庭領域承擔了政治不民主／性別不民主的雙重處境。當黃順興以反對派的身份作為自身理想的旗幟時，邱瑞穗的「妻子」身份無可逃避國民黨監視與竊聽，無可逃脫地走進了國民黨的對壘。自陳雖然不是民主運動的一員，但只因為丈夫是民主運動的領導人物，「便無可逃避的捲入了這個浪潮，從而也賦予了自己一層政治色彩。」〔註342〕，邱瑞穗的「妻子」身份，使其捲入政治高壓的監控中，承擔國民黨威權／黨外黃順興兩者共同交錯的權力關係。

傳記中「昨日之我」是一個沒有政治目的；以丈夫志向為主的家庭主婦，天地是丈夫與兒女，卻因身為「黃順興之妻」而「一生都不曾擺脫政治」〔註343〕。性別依附性使得她在政治上也是依附性。黃順興在邱瑞穗筆下，是只要一喝酒便破口大罵：「他媽的國民黨。」，甚至喝得酩酊大醉不管身邊有沒有國民黨的特務也是如此〔註344〕，而身為政治家的妻子只能不安。在「黨外縣長夫人」時期賣春聯償還丈夫債務，在丈夫投入民主政治不管家務時，則獨自面

〔註340〕蕭高彥，〈國家認同、民族主義與憲政民主：當代政治哲學的發展與省思〉，收錄於石元康等作，《市民社會與民主的反思》，台北，桂冠出版，1998年，頁168。

〔註341〕黃順興曾任台東縣黨外縣長、縣議員、立法委員等職。

〔註342〕邱瑞穗，《異情歲月》，臺北，聯經出版事業公司，1994年3月30日初版二刷，頁293～332。

〔註343〕邱瑞穗，《異情歲月》，臺北，聯經出版事業公司，1994年3月30日初版二刷，頁299。

〔註344〕邱瑞穗，《異情歲月》，臺北，聯經出版事業公司，1994年3月30日初版二刷，頁117～118。

對籠罩在生活中的不安定感。本「無須關注政治，無須過問政治」，「更不懂什麼叫做政治」的邱瑞穗，因黃順興從事民主運動的日子，除了整天提心吊膽之外，也協助競選而奔走，並自行製作、油漆、寫字、畫畫宣傳車的標語。其敘述中反覆強調自己不是民主運動的一員，只因為丈夫是民主運動的領導人物，而身上就濺滿民主運動大潮的水花〔註 345〕，不但必須嚴肅地承受著家庭的緊張氣氛，更時刻擔憂著各種變故和災難。身為政治壓力與妻子角色，因家屬的身份而受到政治上的干預，儘管不斷強調自己是不懂什麼叫做政治的家庭主婦，依然受到政治上的干預與國民黨威權的壓迫。其「不懂政治」之說，看到邱瑞穗的自我建構不是建立於國民黨的對立面的「反國民黨威權」的位置，而是建立在與「反國民黨威權的黃順興」的關係當中，政治威權體制的壓迫是來自於性別角色，對邱瑞穗而言，受到「政治不民主」的遭遇是「性別不民主」的副產品，而妻子與家屬身份本身即是政治不民主下的受難者。

　　過往的「黃順興的妻子」伴同丈夫迎擊政敵，一方面面對國民黨特務的監視；一方面要為黃順興的民主理念扮演妻子輔助的角色。其性別身份使其面對國民黨威權與父權文化的雙重權力。甚至在 1960 年 10 月，國民黨第五屆縣議員候選人提名發表時，黃順興為了不要國民黨自己的女性候選人成為理所當然的婦女保障名額，除了自己參選外亦將邱瑞穗提名為候選人。女性參與選舉在陽剛民主／黨外民主的發展下，成為制衡選票的手段，而非女性自主參政的「性別民主」。甚至黃順興擬一份演講稿讓她在政見會發表會背誦，將受日本教育的邱瑞穗置放在國語的程度很差，台語亦不甚流利的位置。在戰後國民黨的國語政策下，國語是位階高的優勢語言；在黨外運動台語則是優勢語言，邱瑞穗則在語言位階下，面對雙重優勢語言，曾受日本教育在戰後權力板塊的挪移下，成為處境不利、低政治資本的參政語言。而邱瑞穗提起這段時，覺得在政治面前一直懵懂無知的家庭主婦，也被推上舞臺，才意識到已經走入了民主運動的大潮，身上早被大潮濺濕。〔註 346〕身上的大潮一來是來自國民黨政治；二來來自於與「黃順興之妻」的身份。

　　在政治場域中，黃順興當選時，邱瑞穗必須以「妻子」身份伴在丈夫身邊向各界朋友答謝。在婚姻秩序／政治秩序中，女性伴侶成為男性政治事業

〔註 345〕邱瑞穗，《異情歲月》，臺北，聯經出版事業公司，1994 年 3 月 30 日初版二刷，頁 144～332。
〔註 346〕邱瑞穗，《異情歲月》，臺北，聯經出版事業公司，1994 年 3 月 30 日初版二刷，頁 293。

的輔助之外，亦必須扮演維護家庭秩序中的角色以支撐丈夫的政治事業。邱瑞穗在「黨外縣長夫人」、「黨外議員夫人」時期，因爲黨外處境的高壓，還得時時刻刻防範不知何處射來的明槍暗箭，並挺身爲丈夫遮風擋雨，還要時刻記住自己的丈夫是民眾的代表，再沒有一個家庭主婦的寧靜和清閑了，認爲自己「的行爲都滲透在他的身上。」〔註347〕，一切自我考量都以政治／丈夫的顧慮爲優先，文中以「今日之我」批判「昨日之我」這位他者。除了因社會角色以丈夫優先之外，黨外縣長夫人也面臨國民黨陣營的排擠，所以邱瑞穗在婦聯會的募款，便因此遇到困難。在社會規範的角色下，必須爲投入反對運動的黃順興而背負國民黨的壓力，既扮演傳統妻子的角色；也扮演對抗國民黨的競選角色，面對國民黨威權／反對運動父權的雙重權力，「已經作爲他的同路人，共乘一條船」；在丈夫當選爲縣長，坐上縣長夫人這把交椅之後，「夫既唱了，便由不得你婦不隨了。」〔註348〕。邱瑞穗本無意參與政治運動，但爲丈夫的事業自身投入政治選舉；也以家屬的身份支持丈夫的選舉運動，也以家屬的身份面對國民黨／父權的雙重壓力。

（二）黨外民主與性別不民主：對反對運動的批判

　　公／私領域的分界將私領域視爲個人的、隱私的，「私領域」也在公／私分界下被迫從政治版圖中消失。在自由主義論述中，將管理自己的事情視爲「民主政治」，在此民主政治的權利之下，私人領域之不被侵犯的權利，也是一種個人自由的領域。〔註349〕「私領域」成爲一種需要被保護的隱私是政治論述中自由主義民主的概念。趙剛認爲自由主義的迷思是將「政治」＝「國家」（the State）＝「公共」（the Public），在此政治民主觀念下，「公領域」和「私領域」、「國家」和「市民社會」、「國家」和「個人」形成對立的觀念與意識型態。〔註350〕在邱瑞穗的自傳中，呈現私領域與公領域的政治關聯性，

〔註347〕邱瑞穗，《異情歲月》，臺北，聯經出版事業公司，1994 年 3 月 30 日初版二刷，頁 294。

〔註348〕邱瑞穗，《異情歲月》，臺北，聯經出版事業公司，1994 年 3 月 30 日初版二刷，頁 119～120。

〔註349〕石元康，〈市民社會與民主〉，收錄於石元康等作，《市民社會與民主的反思》，臺北，桂冠出版，1998 年，頁 2～3。

〔註350〕趙剛，〈不確定性、公眾、與民主：杜威對於自由主義和民族主義的批判〉，收錄於石元康等作，《市民社會與民主的反思》，臺北，桂冠出版，1998 年，頁 222～223。

也寫出在黨外運動過程中，政治被等同於國家；被等同於公共時，身爲家庭被視爲私領域與隱私性下，家庭不平等關係必須隱忍，成爲「不可說」的過程，將「不可說」揭露爲「可說」；讓被隱藏的浮上檯面；將「去政治化」的事「政治化」，這便是對公／私領域邊界的鬆動。

　　黃順興在政治參與時，由邱瑞穗提供家裡經濟與政治支持，當兩人皆參與政治與經濟的公共事務時，「私領域」的家庭依然由妻子承擔。在性別分工的越界上，女性步入「公領域」時；男性並未因此步入「私領域」，因此女性在未完全的性別解放下，穿梭在多重領域與角色之間。當黃順興競選失敗時，是靠妻子賺來的錢喝酒解悶；競選勝利時則返回酒家，一面飲酒，一面討論，借著酒的力量而達到議論政治的高潮。《異情歲月》在論敘述黨外議員在議場外議事時，是一方面自詡爲幹大事業的人士，一方面卻忽略生活細節與家庭關係，批判丈夫將政治生涯視爲比孩子成長更重要的事，其意識型態便是展現否定黨外民主將公領域視爲唯一民主的論述，呈現反黨外父權的反敘述。在法蘭克福學派的「否定辯證法」政治哲學當中，認爲「否定的否定」不是對「否定」的揚棄，而是堅持持續地去否定與去批判〔註351〕。若說黨外民主是對國民黨威權的否定，反「反國民黨」則是一種對否定的否定，而只有在否定的否定當中才能不斷去呈現差異，顛覆「共識」而更接近眞正的民主意涵。邱瑞穗質疑過往的自己支撐家計卻沒有因此掌有任何的權力，亦質疑黃順興以上／下位階的態度處理公／私領域的問題，視其「民主」理念具有虛僞性。當「私領域」的生活不被放置在政治民主的場域中，「民主」的概念被窄化爲對抗國民黨的「政治民主」。

　　在自由主義民主下，民主共識僅意謂「政治民主」時，黃順興一面高擎著「人權」、「民主」的旗幟，卻在性別上沒有雙方平等的關係。邱瑞穗批判黃順興自詡爲一個改革者，表面提倡人權與民主，在家庭中卻永遠排斥男女平等。在愛情關係與夫妻關係中，沒有一個文明人程度，而是恰恰走到自己政治主張的反面。〔註352〕作家林雙不在〈夜訪黃順興〉一詩中黃順興幾乎是人格的典範：「每一個腳印／都是一段歷史／每一道皺紋／都是一頁記錄」，其「存在便

〔註351〕關於法蘭克福學派的否定辯證法請參考阿多諾（Adorno）、霍克海默《否定的辯證法》，1966 年。
〔註352〕邱瑞穗，《異情歲月》，臺北，聯經出版事業公司，1994 年 3 月 30 日初版二刷，頁 73～81。

是一種教育」，其身影具有「明確的手勢」、「堅定的眼神」，是台灣「奮鬥和希望的象徵」。〔註353〕在作家林雙不筆下被神聖化的黃順興，邱瑞穗則以「性別未現代化」的評價去顛覆其形象，將其神聖性庸俗化。自傳中寫到當黃妮娜〔註354〕即將與烏拉圭大使館的一等秘書結婚時，黃順興的反應是大聲斥喝「你與黑人結婚，就永遠不要回來。」，批評黃順興是一位「民主鬥士」，一直擎著一面旗幟，倡導民主，倡導人權，甚至以之為終身志業，但卻未身體力行，認為民主運動的領導人卻沒有健全的民主意識，一面倡導人權，一面像個封建官僚、無聊政客那樣玩女人。〔註355〕其敘述中對「性別不民主」的批判展現「政治民主」將私領域忽略；對性別民主的視而不見之外。將「私領域」視為無傷大雅的小事時，上／下的權力關係再一次複製。在上／下位階下，民主被視為

〔註353〕林雙不，〈夜訪黃順興〉全詩：「曾經那麼顯赫過的／一個人／住在那麼泥濘的土路旁／曾經那麼顯赫過的／一個人／展現那麼樸拙那麼鄉土／那麼隨和那麼親切的容顏。這些都是夜訪的人／怎麼猜也猜不到的意外／其實也沒有時間猜／經過風浪的人物／早已拉開嗓門／一面招呼吃菜喝酒／一面笑談南北東西／吃的是他自己煮的一碗蛋花湯／喝的是臨時買來的台灣米酒／由於這個地方平時沒有人住／什麼東西都沒有。大家不要客氣啦／做主人的他一再招呼／談的卻不必準備／每一個腳印／都是一段歷史／每一道皺紋／都是一頁記錄／從台灣到大陸／從西部到東部／看的多了聽的多了／一開口／就自然流淌出／無數珍貴的話語／而他始終謙虛地說著／哈哈笑著／不知道夜訪的人／多麼以他為榮／的確是以他為榮啊／這座島孕育了這種人物／風吹雨打以後／真正挺得住的人物／真正永不退卻的人物／去吧！威脅／去吧！利誘／同胞的好惡／祖宗的注視／是他心頭永不改變的巨石。走要走自己的路／看要看自己的腳步／不要為了別人生氣啊／年輕人／不要輕易為了別人動怒／世界上總有些東西會腐爛／不要停下來嗅啊不要停下來／怕的是一起落伍。就是向前走啦／最重要的是向前走／不斷向前走。暗夜的雨點打下來／打在犁頭厝的山林間／窗外的草樹啊／一起唱著哀傷的曲子／人物就低沈了下去／是有過哀傷的時候／卻不為自己難過／難過的是那麼多人不守法／更難過的是／那麼多人幫助別人不守法／那麼多人那麼多人的人格／只值五十塊／新台幣／問題在自己／自己要教育自己的同胞／需要自己來教育／不論何時不論何地／人物啊／你的存在便是一種教育。手勢／明確的手勢／眼神／堅定的眼神／表情／剛毅的表情／沈默也好開口也好／都那麼自然而然／成為奮鬥和希望的象徵。告辭的時候／雨已停天已亮／人物走到大門旁／一面握住訪客年輕的手／一面微笑著說／慢慢走／因為路泥濘／更要慢慢走／不必緊張／不要驚慌」，見《台灣新樂府》，台北，草根出版，1995年2月初版，頁127～132。（完稿於1981年五月。）

〔註354〕黃順興與邱瑞穗妹所生之女。

〔註355〕邱瑞穗，《異情歲月》，臺北，聯經出版事業公司，1994年3月30日初版二刷，頁66～294。

「國家」／「公共」的議題，而此「民主」等於「國家」／「公共」的邏輯則
是男性的、陽剛的，是未經過「性別民主」的挑戰與反思。

在「政治民主」優位於「性別民主」的台灣反對運動當中，婚姻中的不
對等成為「不可說」與「不必說」的，這種「不可說」來自於「政治民主」
議題是大於其他議題，也來自於性別問題是被置放在「不可說」的「私領域」
中。當黨外朋友勸邱瑞穗為了民主運動，不要張揚黃順興的私人生活，要她
「顧大局，識大體，為民主運動而忍辱負重。」〔註356〕。「顧大局，識大體」
之說是要顧全大局，此「大局」即為團結一致對抗國民黨威權，民主運動與
反對團體形成即使內部差異也必須整體一致的社群。莫漢蒂（Chandra Talpade
Mohanty）在批判「團體」、「社群」、「家」的同質性、整體性與穩固狀態時，
批判其依靠著對他者的排除與壓迫，略掉了其中的異質性建立起集體的邊
界。〔註357〕看出在台灣參與民主運動的人士裡頭，「性別民主」的概念不存在，
且「私領域」未提升到公共議題的層次而不被討論，而邱瑞穗的揭露行為則
是讓「不可說」的「私領域」成為「可說的」「公領域」。當黃順興競選勝利
風流韻事跟著出現，邱瑞穗須預支薪水以償還其欠下的酒錢，此外必須一邊
面臨國民黨的虎視眈眈；一邊幫忙借債，以一個妻子的責任支持民主運動。
然而不論是為了丈夫，或是為了民主，邱瑞穗的「自我」都是一個次要的議
題，反對運動／丈夫事業才是當時必須顧的大局。成令方在討論反對運動的
異議份子一方面追究民主自由和人的解放卻言行不一地壓迫同一陣營的女
性。批判台灣反對運動「黨外」活動的主流理論以重組政經權力結構為抗爭
的主要目標，只有「革了國民黨的命」設定為「優先」目標抗爭，「政經大事」
取得了階段性中合法的重要地位，在此時期不應該出現唱反調的「內部分裂」
的論述。〔註358〕然而，公共性本應該是「多次元並且多層次的概念」，涵括從
個人到社會、國家不同層次，並且在不同層次上「複合地發生相互聯繫。」〔註

〔註356〕邱瑞穗，《異情歲月》，臺北，聯經出版事業公司，1994 年 3 月 30 日初版二
刷，頁 122。

〔註357〕Biddy Martin, Chandra Talpade Mohanty, "*Feminist Politics: What's Home Got to
Do with It?", Feminism without borders: decolonizing theory, practicing
solidarity*, Durham; Duke University Press, 2003.London, pp.191～221.

〔註358〕成令方，《抓起頭髮要飛天：嬉笑怒罵的女性主義論述》，臺北市，時報文化，
1993 年，頁 17～18。

〔註359〕金鳳珍，〈「氣」的公共性：崔漢綺氣學政治論中的「公」與「共」〉，收錄於
黃俊傑、江宜樺編，《公私領域新探：東亞與西方觀點之比較》，臺北市，台
大出版中心，2005 年 8 月，頁 165。

359〕，但在黨外運動時期，未看見複合式的公共領域，而壁壘分明地區分了「政治民主」與「性別民主」、「公領域」與「私領域」的邊界，「私領域」被置放到不可說、隱私的、次要的、非公共的領域中。

在具優先性的「反國民黨威權」氛圍下，黃順興投入民主運動；邱瑞穗則是扮起忍辱負重的角色。即使邱瑞穗對政治不感興趣，但因為其「妻子的身份」而走入政治的怪圈之中。邱瑞穗在黨外陣營被視為支助了自己的丈夫，又培養了五個孩子，還得忍受黨外政治家的「顧大局，識大體」，是為民主運動而忍辱負重的「模範夫人」。〔註 360〕，當公民身份是由「公共領域」的事務所界定，而女性被歸屬「私領域」時，女性公民性無法被認定。〔註 361〕當私領域被去政治化時，女性／私領域被置放在非公共議題、非公民性的無關緊要裡。其敘述呈現的民主虛假性是來自於性別的未現代性中。在黃妮娜因前往中國涉及政治案件，遭判刑三年感訓時，黃順興認為會面入獄的黃妮娜是向國民黨屈服，所以拒絕前往而住在鄉下恪守著自己的清高，絕不和自己的政敵國民黨打交道，邱瑞穗認為這樣的邏輯荒謬極了，缺少一位大政治家的道德勇氣，認為即使黃順興在台灣的民主運動成為領袖人物，在「私領域」的父親角色卻未以同樣民主的態度介入政治事件中，僅僅在酒醉之後大罵國民黨。〔註 362〕邱瑞穗不斷進行「私領域」與性別關係的書寫，主要目的為對民主運動人士黃順興進行批判，但在批判的過程中，僅著重在對「他者」黃順興個人的批判，但可以從個人的敘述中看到其以性別身份書寫自我與黃順興；自我與民主運動的關係。

《異情歲月》反覆出現的對話對像是黃順興以及其所寫的《走不完的路》和《湖賓雜記》這兩本書，書寫是為了駁斥自己在黃順興的筆下被「抹得不留一點痕跡」〔註 363〕。本文認為《異情歲月》的書寫不僅是對抗自己在黃順興真實生活中被抹除，亦是為自己成為空白的一頁展開書寫與詮釋，以對抗不被寫、不能說的處境。若說九○年代轉型正義與重寫歷史的浪潮下，男性

〔註 360〕邱瑞穗，《異情歲月》，臺北，聯經出版事業公司，1994 年 3 月 30 日初版二刷，頁 155～346。

〔註 361〕陳順馨，〈導言一：女性主義對民族主義的介入〉，陳順馨、戴錦華編選，《婦女、民族與女性主義》，北京，中央編譯社，2002 年，頁 10。

〔註 362〕邱瑞穗，《異情歲月》，臺北，聯經出版事業公司，1994 年 3 月 30 日初版二刷，頁 169～171。

〔註 363〕邱瑞穗，《異情歲月》，臺北，聯經出版事業公司，1994 年 3 月 30 日初版二刷，頁 101。

自傳是要以「反論述」之姿爲一頁空白的歷史辯駁；《異情歲月》則是以另一種「反論述」之姿對抗「反論述」本身的空白。

（三）性別／民主／現代性

石之瑜、黃競娟論述邱瑞穗爲「深受傳統性別刻板角色影響的男女，屬於處在『封建主義』的人我相處模式，此模式中的許多女性，儘管她們的配偶有如暴君，或不負養家的責任，但她們仍然犧牲奉獻一生、忍受困境。」〔註364〕。劉素萍將邱瑞穗視爲典型的由東方傳統文化薰陶和塑造的女性，視相夫、教子爲天職，表現東方女性的堅毅、母愛的博大，以及爲人妻的賢慧，委曲求全，直到離婚後，才從追求的夢幻中驀然清醒。〔註365〕在阿憶博士的序言中，邱瑞穗「描繪一個複雜的大人物，一個政治上激進、正義、清廉、愛民的丈夫，卻在私人生活中，沈緬於無度的酒色之中。」〔註366〕，是經歷了一系列坎坷成爲「獨立自主的老人」。在邱瑞穗的〈自序〉中提到自己在原生家庭接收了傳統女性應以夫爲天的價值觀，一直檢討自己並認眞地回溯自己的足跡，驚奇地發現自己是「不折不扣的典型的東方式的婦女」以及「接受了十幾年日本學校的文化教育」的日本婦女的綜合體。〔註367〕

上述論述都將《異情歲月》呈現的過往「昨日之我」視爲傳統守舊，是今日覺醒的自我批判昨日蒙昧的自我，筆者肯定其解讀的角度，但是本文並不單一地將整本傳記視爲從「未啓蒙到啓蒙」的線性發展，因爲傳記在不斷地回溯中，產生對過往解讀與性別意識的複雜性，「過去的自我」與「今日的自我」都在每一次回溯中產生變化與調整。在《異情歲月》中，一面批判過往、一面肯定過往；一面否認他者「昨日之我」，一面重新詮釋並召喚「昨日之我」。著重在尋回、召喚自己的過程。如文中所言，「只有自己登上一座高峰，通過一場變故，你才能產生整體的觀照，才能在痛苦中深醇地反思」「才可能在否定中昇華起對昨天的肯定。」一個人走出陰霾，「而且強大起來，並

〔註364〕石之瑜、黃競娟，《當代政治學的新範疇——文化、性別、民族》，臺北市，翰蘆圖書，2001年元月，頁16。

〔註365〕劉素萍，〈序〉，《異情歲月》，臺北，聯經出版事業公司，1994年3月30日初版二刷。

〔註366〕阿憶博士，〈序〉，《異情歲月》，臺北，聯經出版事業公司，1994年3月30日初版二刷。

〔註367〕邱瑞穗，《異情歲月》，臺北，日臻出版社，1994年3月30日初版二刷。

用一種高雅和淵博去肯定過去。」〔註368〕。整本自傳明確地是從壓抑到覺醒、蒙昧到啓蒙的自我詮釋，但不僅是從壓迫到覺醒或是非啓蒙到啓蒙，更在回溯過往時賦予過去新的解釋，其敘述意涵呈現了「性別民主」的意識型態的生產與召喚，是在批判過往又重新肯定過往，從性別依附、政治依附中召喚與再詮釋主體的生產。

1. 性別／民主的現代／非現代性

在以「今日之我」批判「昨日之我」，回溯自我的過程中，邱瑞穗是以一個有意識的角度，省視與批判昨日臣服於黃順興的不夠覺醒的自我。民主論述理論家約翰・S. 德雷澤克（John S. Dryzek）提到自我陳述的意義在於可以揭示不同位置的人的經歷，陳述是向其他主體展示自己的主體經驗。〔註369〕傳記企圖展示的主體是從一生沒有更高的奢望，只是想要營構一個完美的家的家庭主婦，到離婚後主體轉變的自我。過往是「爲丈夫政治的深沈而忙；爲五個兒女的成長而忙」，盲目崇拜自己的先生，將自己擔任黨外縣長夫人的功勞都歸於丈夫，是「一個女人的全部生活，都只爲了他的丈夫，這就是一切。」〔註370〕的依附角色。在婚姻中即使被染上傳染性病、貧困、爲丈夫競選、負債，都選擇忍耐，因爲「忍耐是一個女人彌縫她的生活的黏和劑。我忍耐了，同時，我也原諒了，也許我的錯誤便是那一次的忍耐與原諒。」〔註371〕，認爲丈夫是要成就大事業的，儘管他不關心柴米油鹽依然炫目地望著他，是「要爲我的先生爭光」的黨外縣長夫人，「今日之我」則以性別自覺後的「性別民主」與「性別現代化」對過往是依附、無自我進行批判。

當黃順興競選勝利，風流韻事跟著出現，邱瑞穗預支薪水協助償還欠下的酒錢，甚至捨棄自我來保護丈夫名譽，縣長背後的妻子是一個忍辱負重，維持丈夫形像的角色。黃順興的清廉是建立在邱瑞穗的犧牲上，一面替他所養的女人付住宿費，一面又爲他接待造訪者，還必須預支薪水以償還黃順興

〔註368〕邱瑞穗，《異情歲月》，臺北，日臻出版社，1994 年 3 月 30 日初版二刷，頁 372。

〔註369〕約翰・S. 德雷澤克（John S. Dryzek），丁開傑等譯，《協商民主及其超越：自由與批判的視角》，北京，中央編譯出版社，2006 年 9 月，頁 58。

〔註370〕邱瑞穗，《異情歲月》，臺北，聯經出版事業公司，1994 年 3 月 30 日初版二刷，頁 140。

〔註371〕邱瑞穗，《異情歲月》，臺北，聯經出版事業公司，1994 年 3 月 30 日初版二刷，頁 18。

欠下的酒錢。之後黃順興變賣地產到台東開墾，在生活的勞累與困頓中，「以後，當我從鏡子裡發現那彎曲的背脊已顯出了老態時，我已無法再使它挺拔起來了。原來世人會有微駝的背，正是由於過度的勞累。」〔註372〕而自己身為台東縣第一夫人，「太本分，太拘謹，太恪守自己的特色」「那時甘心做一片綠葉。」去陪襯紅花。安分當「內人」，參與公共事務「功勞是屬於他的。」認為自己「不需要功勞」，「一個女人的全部生活，都只為了他的丈夫，這就是一切。」〔註373〕「我，雖然名正言順，但我只是個『內人』，生孩子與做飯，便是我全部的職責。」〔註374〕，隨著上臺下臺，但對政治始終沒有絲毫的興趣，也始終一竅不通。走入政治全因為對先生的感情，當時縣長與他的夫人，是拆不開的。第一天坐上縣婦聯主委的交椅時，一心要為先生爭光。出於這個動機，為台東縣的史冊上留下了時裝會、選美會。也以縣長夫人身份進入部落。邱瑞穗回顧自己的婚姻一次次染上性病，一次次去做人工流產，都起因於自己「夫唱婦隨」的個性，可以毫不隱晦地對人們說，自己不是政治家，更不是政客，「只是個母親，只是個妻子」〔註375〕，「昨日之我」是性別意識未現代化，以黃順興的意志為自己的意志的「妻子」身份。

具備性別意識現代性的「今日之我」批判過往的自己虛弱和無知，過往黃順興是具備男性／國語優勢／政治人物；邱瑞穗是女性／日語／以丈夫意志為意志的妻子，語言／身份／性別的位階讓她進而崇拜自己的丈夫。在自傳中不停去回顧自己的性別角色，批判自己為了孩子與為了丈夫，忘記了追求自己的價值，批判一個人若沒有獨立意識，便會成為附屬品、犧牲品。邱瑞穗檢視自己在婚姻關係中徘徊在舊式的「婦道」裡頭而喪失自我，是個「內人」與「陪襯」，因為社會的價值讓她處在妻子的角色中，不敢肯定自己的價值，不管腳步走得多遠，始終是一個影子。對自己深受日本傳統「夫唱婦隨」的文化以及台灣婚姻關係中對女性的要求，檢視自己在日本父權／台灣父權下性別角色的形成。

〔註372〕邱瑞穗，《異情歲月》，臺北，聯經出版事業公司，1994年3月30日初版二刷，頁40。
〔註373〕邱瑞穗，《異情歲月》，臺北，聯經出版事業公司，1994年3月30日初版二刷，頁139～140。
〔註374〕邱瑞穗，《異情歲月》，臺北，聯經出版事業公司，1994年3月30日初版二刷，頁144。
〔註375〕邱瑞穗，《異情歲月》，臺北，聯經出版事業公司，1994年3月30日初版二刷，頁289～290。

　　在批判過往的時候，邱瑞穗對過往「妻子」角色進行批判，也對傳統性別價值進行反思。以媳婦身份在與婆婆——黃順興母親互動時，看到婆婆將女性家屬的外衣外褲內衣內褲，都從上面的麻繩上，調換到下面的麻繩上去，建立起男上女下，尊卑有序的庭院。過新年時，必須把所有的菜端到男主人面前，媳婦與孩子只能吃殘羹剩菜，這世界「依然是以男性為主體，男性決定一切，享有一切特權。」〔註376〕，在婆婆眼中男人三妻四妾是生產與耕作的工具。傳統性別秩序建立在長幼尊卑上，邱瑞穗將男上女下、女性依附、妻子內人等價值視為未現代化的舊傳統。然而較特殊的是，邱瑞穗在批判傳統的父權秩序時，並非單純是以「性別現代性」批判傳統的性別秩序，而是以中產階級文明教養的觀點，將階級優越／高雅文化兩者結合在一起，「生長在一個高級工程師的家庭裡，與村野和農家，有著一段不算短的距離。」〔註377〕認為自己來自於一個有文化素養、高級工程師的家庭，來自一個文明／有教養／中產階級的位階，卻嫁入未文明／無文化／下層階級的村野和狹隘農家。其文化現代性是一種階級上的優越感，以階級優位的視角看待父權文化，父權文化被放入不文明、不現代的傳統與野蠻。中國學者汪暉在討論「現代性」時，認為「現代性」本身具有繁複的概念，「首先是一種時間觀念，一種直線向前、不可重複的歷史意識」，也是韋伯（Marx Weber）所說的「理性化」的過程。現代性在社會表現上，追求主體自由，在國家表現上則是「參與政治意志形成過程的平等權利」，在私人領域上，「是倫理的自主和自我實現」，在公共領域上，則是「通過公共意見和公共文化的形成，促使社會和政治權力的民主化。」這種種的「現代性」本身會有緊張衝突與矛盾。〔註378〕邱瑞穗將黃順興的「性別不民主」視為「非理性化」的展現，以文明現代性批判父權與民主運動的的未現代，而黨外運動的發展上，在追求公領域的政治民主現代化時，女性在私領域的主體追求與自我現代性則受到壓抑與衝突，傳記批判女性自我受壓抑的未現代性時，則混合了文明現代性／性別現代性等價值觀點在其中。

〔註376〕邱瑞穗，《異情歲月》，臺北，聯經出版事業公司，1994 年 3 月 30 日初版二刷，頁 28～189。
〔註377〕邱瑞穗，《異情歲月》，臺北，聯經出版事業公司，1994 年 3 月 30 日初版二刷，頁 29。
〔註378〕汪暉，〈我們如何成為「現代的」？〉，收錄於張頤武主編，《現代性中國》，中國開封，河南大學出版社，2005 年 3 月，頁 30～31。

　　邱瑞穗將不平等的性別關係與夫妻位階視爲是蠻荒的，必須建立性別的平等才是步入「現代性」。以「性別現代性」看黃順興在民主身份中的不足時，邱瑞穗在傳統父權的反思上是以「現代文明／性別覺醒」結合的角度批判傳統父權，丈夫的不重婚姻／男女位階是野性的；是未進入現代性的，即使一直追隨著激進的政治，也擠不進現代的文明，邱瑞穗的觀點中「現代文明」優位於「激進政治」。當黃順興的行爲讓「性」成爲一種被支配的權力關係，以「性別現代性」的視角觀之，民主運動人士停滯在「未現代」的行徑中。黃順興對女性的態度，在進行先進的民主運動的同時，在婚姻觀上卻保留舊時代的遺產，不曾跳出舊式家庭的圈子的舊文明，亦無力超越自己農民家庭的文化。其混亂的感情與性生活，是「一半走進文明社會，一半留在偏僻的荒野」，「未經文明薰陶的無忌無休的慾望，也煞似一個野人。」〔註379〕。邱瑞穗的價值觀呈現了矛盾與紛雜的意識型態，是將黃順興在婚姻中毀壞夫妻感情與背叛，視爲視違背中國倫理道德，以舊道德的「重倫理道德的東方民族」〔註380〕，將自我放在現代文明／中國倫理／具性別意識的位置；黃順興則是野蠻蠻荒／反中國倫理／無性別意識的虛假民主人士。邱瑞穗的「性別民主」的意涵不全然是西方第二波女性主義與台灣婦運論述的「性別民主」內涵，而是將夾雜著「中國夫妻倫理」與「女性自覺意識」混雜的狀態。

　　邱瑞穗的「文明現代性」觀點中，將「高山族」〔註381〕、農村、中國傳統、父權文化都放在在未現代化的舊傳統位置當中。如「高山族」文化是「半人半猴的世界」，山區的生活是「野蠻時代」〔註382〕、「洪荒的世界」〔註383〕，山下的文明無法到達的地方，而來自農村與中國傳統父權的黃順興，即使一直追隨著激進的政治，也擠不進現代的文明，是一半走進文明社會，一半留

〔註379〕邱瑞穗，《異情歲月》，臺北，聯經出版事業公司，1994 年 3 月 30 日初版二刷，頁 282。

〔註380〕參考邱瑞穗，《異情歲月》，臺北，聯經出版事業公司，1994 年 3 月 30 日初版二刷，頁 70～71。

〔註381〕邱瑞穗形容原住民爲原始的「高山族」。見《異情歲月》，臺北，聯經出版事業公司，1994 年 3 月 30 日初版二刷，頁 106～107。

〔註382〕邱瑞穗，《異情歲月》，臺北，聯經出版事業公司，1994 年 3 月 30 日初版二刷，頁 43。

〔註383〕邱瑞穗，《異情歲月》，臺北，聯經出版事業公司，1994 年 3 月 30 日初版二刷，頁 49。

在偏僻的文明失落者，是一個「野人」，身爲妻子的自己則是「從屬於他，任他處置」的依附性位置。〔註384〕瑪麗・道格拉斯（Mary Douglas）在討論知識系統的建立時，「污穢」的概念從來不是孤立的，而是在系統的秩序觀念內以分離與排除去建立起來的。〔註385〕邱瑞穗批判過往自己的依附性與黃順興的性別不民主，批判父權意識型態下自己的順從與丈夫的威權，其批判傳統父權秩序與「昨日之我」不自覺的狀態，但其將自我放在現代文明／中國倫理／具性別意識的位置時，價值落入了一系列的二元對立當中，將兩組觀念畫上等號。其價值觀呈現將文明／野蠻、都市／農村、中產階級／下層階級、性別平等／性別不平等這一系列的兩組關係對立，並在兩組對立關係間畫上等號，所以文明的都市是性別民主的；不文明的農村則是性別蠻荒，此其敘述中因他者「黃順興」過於龐大，而將黃順興個人的特質與行爲普遍化爲共相。

　　當然，在現代性的種種矛盾中，「現代性不是一個單純的社會歷史進程，可以說，從一開始它就充滿了矛盾和張力。」〔註386〕。現代性有歷時性與共時性，在追求不同的現代化上，會處於一種對抗的緊張狀態，本文則是看到民主現代性的追求上，民主現代性、性別現代性、文明現代性之間的種種衝突。在民主發展的歷程上，政治民主／性別民主的進程產生衝突與緊張關係，具有工程師家庭／文化資本的邱瑞穗將自己的階級位置／性別位置／中國倫理視爲較具文明現代性，批判黃順興的民主位置／父權封建／反中國倫理的不民主，自傳中呈現其性別意識混雜了承襲中國倫理、具有女性自覺、位居階級優勢，卻遭受國民黨威權、黨外父權、傳統父權進而批判覺醒的複雜性與矛盾性。

2. 重新詮釋與賦權：「今日之我」看「昨日之我」

　　自傳是體現敘事與書寫過程中，傳主自我理解與認同建構的文類（genre）。〔註387〕重新詮釋是一種以現代的角度賦予過往新的意義，並否定

〔註384〕邱瑞穗，《異情歲月》，臺北，聯經出版事業公司，1994 年 3 月 30 日初版二刷，頁 258。
〔註385〕瑪麗・道格拉斯（Mary Douglas）著，黃劍波、盧忱、柳博贇譯，《潔淨與危險》，北京，民族出版社，2008 年 9 月，頁 52。
〔註386〕周憲，〈現代性的張力——現代主義的一種解讀〉，收錄於張頤武主編，《現代性中國》，中國開封，河南大學出版社，2005 年 3 月，頁 109。
〔註387〕胡紹嘉，《敘事、自我與認同：從文本考察到課程研究》，台北，秀威資訊科技，2008 年 9 月，頁 22。

或重新肯定自己過往，藉著召喚過去建立起今日的自我。邱瑞穗批判自己過去的無自我、附屬的、非獨立的依附性，其「今日之我」的主體建立在他者「昨日之我」、「黃順興」、「黨外民主」的對立面，但除了以對立面去批判過往之外，也重新發覺自己過往的價值，以肯定昨日來建立起今日的自我主體。過往儘管壓抑、堅忍，是沒有感覺的自我，但因爲過去的勞苦，也培養了自己日後獨立的能力。過往的自己是一個內人／母親／黨外縣長夫人，重新被詮釋成從艱辛中獲得力量的女性，不再是往日那日本式受壓抑的女人。

其自我重新詮釋與啓蒙覺醒來自某些事件，而這些事件的一連串發生也促成召喚昨日詮釋今日的時機點。如在黃順興離開台灣的政治舞臺前往中國，邱瑞穗看到黃順興躬身擦起地來，中國大陸男人提籃賣菜，臨灶做飯，男女各自擁有自己的工作單位，也重新確認了一個女人的價值和地位。邱瑞穗在性別意識上，是受到中國對於女性應該同樣參與工作的影響，因而能從容地應付這椿離婚案，平靜地打發著日子。因爲理解到兩人是平等的。邱瑞穗回顧過往是依附於他人，回憶自述中以「意識覺醒」的自己，來批判自己的過往，自己是獨立的存在，不需做他人的陪襯，既「不是月亮，也不是綠葉，我便是我。」〔註388〕，不再做陪襯。

因此當邱瑞穗到北京，發現黃順興將門鎖更換拒絕她於家門外，邱瑞穗便獨自住進這棟房子並請鎖匠換了鎖；獨佔此天地，認爲自己不再是過往那任人揉捏的麵團，而是與丈夫分庭抗禮。因爲意識的轉變，使得其行爲也產生轉變。在離婚的官司中，黃順興在政治力量上，具備台灣黨外運動份子／中國人大常委／性別身份男性的角色；邱瑞穗則爲縣長夫人／家庭主婦的角色，女性關係性角色使其在政治場域與法律場域顯然位居結構弱勢，造成離婚官司的不利。直到遇到律師劉教授向邱瑞穗說，「你和黃先生同樣都是人，即使敗訴，你也不會改變這個實質。」，自我認同並非單由自我所創造，也有賴於他者的認知，當「自我認同」（identity）是一個主體確認自己在時間空間上的存在，「自我認識、自我肯定的過程涉及的不只是自我對一己的主觀瞭解，也滲雜了他人對此一主體之存在樣態是否有相同或類似的認識。」〔註

〔註388〕邱瑞穗，《異情歲月》，臺北，聯經出版事業公司，1994 年 3 月 30 日初版二刷，頁 126。

〔註389〕江宜樺，〈自由民主體制下的國家認同〉，收錄於石元康等作，《市民社會與民主的反思》，臺北，桂冠出版，1998 年，頁 121。

389〕，對邱瑞穗來說，律師與中國便是重要的「啓蒙他者」。Peter Wagner 在論述現代看待過去的方式時，認爲任何一事件的發生與存在，都會徹底改變了某些人看待過去的方式，對於過去的全新觀點，也並非只有一種解讀。〔註390〕自我自主性與他者的認知是息息相關的，Gerard Delanty 認爲自我是在認知與自主的過程中建構起來的，經驗無法化約爲自我的認同。〔註391〕邱瑞穗在經歷中國經驗、離婚官司、劉律師的啓蒙等，而重新詮釋過往與自我。

前文提到陳菊的「政治民主」啓蒙者是郭雨新；余陳月瑛的「政治民主」啓蒙者是余登發；相對的，不把自己擺置在「政治民主」身份的邱瑞穗，其「性別民主」啓蒙者則是律師劉教授。在「他者」一席話之中，認同其話語爲「一種啓蒙，一聲嘹戾的號角」，然後開始召喚過往的自己，認爲過往的自己並非一無是處，也藉由講述過往親身的經歷，來形成自己與昨日的連結。自傳在呈現自我時，其自我是在與他者的交融中不斷生成。〔註392〕所以召喚自己 15 歲、20 歲的時候，總是應聲而起，「曾經參加的田徑比賽，穿上白色的運動鞋，白色的運動衣，踏上一條富有彈性的跑道，確認自己的價值。」，這是一場延遲了四、五十年的啓蒙，一場延遲的性別覺醒；一種遲到的性別現代性，「今日之我」從此便挺直了幾十年來甘爲他人負累而彎下的背脊，像「人」一樣重新生活了。今日覺醒後力量的重新展現，來自於對過往的肯定與重新詮釋，因爲賦予過往新的詮釋，並從詮釋中找到重新走下去的力量。

至此，離不離婚都不是重要的了，關鍵在於自己已經醒來，看到人所應珍視的東西。〔註393〕邱瑞穗拒絕成爲黃順興眼中那因一次次生育，背緩緩駝下還一味沈默的身影，而且重新詮釋過往犧牲的意涵，認爲四十年來獨自支撐了的家，養育了五個孩子，過去爲了五個子女的生活，四十年間幾乎能做的事都做了，「已有我的經驗，也有我的世故」。雖然過往是爲他人著想，並保持沈默，但「沈默的份量，沈默的涵義。」。〔註394〕拒絕過往被「他者」黃

〔註390〕 Peter Wagner，駱盈伶譯，《現代性的理論化之路》，台北，韋伯文化國際出版，2009 年 3 月，頁 156。

〔註391〕 Gerard Delanty，駱盈伶譯，《現代性與後現代性：知識、權力與自我》，台北縣永和市，韋伯文化國際，2009 年，頁 265。

〔註392〕 趙白生，《傳記文學理論》，北京：北京大學出版社，2003 年 8 月，頁 28。

〔註393〕 邱瑞穗，《異情歲月》，臺北，聯經出版事業公司，1994 年 3 月 30 日初版二刷，頁 253。

〔註394〕 邱瑞穗，《異情歲月》，臺北，聯經出版事業公司，1994 年 3 月 30 日初版二刷，頁 256。

順興定義，因此賦予過往新的意義，並是自己取得獨立的力量來源。邱瑞穗在台東無法謀生之計，以賣字畫爲生，展現了一個女性獨立謀生的能力。也召喚黨外縣長夫人時期，擔任婦聯會主委成功募款的經驗。以及自己徒步台灣高山，詮釋自己「看來軟弱，而心中卻藏著柔韌，一種比鋼絲還牢靠的柔韌。」〔註395〕。立足於過往的經驗，肯定自己可以走過艱辛生活的力量。邱瑞穗重新看過往，認爲自己看起來軟弱，但卻是柔韌的，並非可以任意讓「他者」擺佈的弱者。

　　當公民社會分成了「公共領域」和「私人領域」，「婦女和家庭處在私領域中，而私領域是被去政治化的」。〔註396〕邱瑞穗在不平等且「去政治化」的家庭關係中，從無我到自我，開始在「政治化」自己的角色中自我賦權，使今日行動上可以與黃順興兩相對峙的離婚案中，沒有後退半步。當今日自己並非黃順興眼中的自我時，相對於黃順興不曾跳出舊式家庭的圈子，邱瑞穗對於新的生活，新的時代，都擁有自己的位置。離婚後認爲今後自己的時間都是屬於自己。〔註397〕綜上所述，可以看到邱瑞穗在身爲黨外縣長夫人面臨了國民黨威權／黨外父權／傳統父權的多重秩序，在這多重秩序當中以「性別現代性」重新檢視過往「妻子」的身份。莊子秀在討論女性傳記時，提到「書寫自我的目的往往是爲了自我蛻變，從再現自我及自己與他者的關係中，去重構一個不斷生成的主體。」〔註398〕，《異情歲月》重新賦權過去的自我，既批判亦賦權於過往的自我；以性別不民主／反中國倫理／舊封建家庭來批判黃順興的「人權」與「民主」荒謬性。但是邱瑞穗的性別現代性夾雜著中產階級／文明化／都市化的觀點，將「性別現代性」、「性別民主」視爲中產階級、文化教養、文明化的產物。其對婚姻中的性別關係，既強調現代女性自覺又擁護傳統倫理中夫妻倫理的意識型態，因在中國傳統倫理「妻子」身份的不可得，才使得吻合第二波女性主義的性別自覺意識生產與彰顯。

〔註395〕邱瑞穗，《異情歲月》，臺北，聯經出版事業公司，1994 年 3 月 30 日初版二刷，頁 142。

〔註396〕伊瓦——戴維斯（Yuval-Davis, Nira），秦立彥譯，〈性別與民族的理論〉，陳順馨、戴錦華編選，《婦女、民族與女性主義》，北京，中央編譯社，2002 年，頁 3。

〔註397〕邱瑞穗，《異情歲月》，臺北，聯經出版事業公司，1994 年 3 月 30 日初版二刷，頁 386。

〔註398〕莊子秀，〈瑪麗‧卡迪娜和安妮‧艾諾的自傳小說／創作言說〉，《女學學誌：婦女與性別研究》第 22 期，2006 年 12 月，頁 5867。

二、政治／性別的多重辯證：楊祖珺

　　楊祖珺的《玫瑰盛開——楊祖珺十五年來時路》（1992）與邱瑞穗回憶錄《異情歲月》（1994）有共同性，即以「今日非妻子」對「過往妥協妻子」身份的回溯與批判。文中除了對國民黨威權體制的批判，陳述自己在民主運動的參與外，也呈現黨外運動時期意識型態的分歧，這些分歧使得黨外歷史不被單一化地詮釋，而是強烈呈現內部的差異。身在其中的楊祖珺則不斷呈現黨外力量之間彼此意見紛歧與拉扯。本節將從楊祖珺的自述中，其從性別角度重新詮釋黨外運動的歷史以及參政女性的主體位置，在談論自己的同時，也看見性別身份與政治身份兩者的拉扯與角力。政治女性在公／私領域、傳統／現代、國族／性別之間力量的拉扯中，政治立場與性別立場之間的角力會有衝突與協商，楊祖珺女性／妻子／母親／歌手／黨外政治的多重角色，在民主化運動中則有反覆對話的過程。這章節探討楊祖珺在闡述自己在黨外的生命歷程時，將自己放置在什麼樣的歷史位置上，其性別身份／民主身份如何讓她進行這一段歷史詮釋與自我再現。下文將討論楊祖珺如何自我詮釋性別與民主身份以及其中的衝突與協商。

　　政治女性在政治參與上，面臨社會規範下實踐家庭的性別角色以及公共參與性別角色的雙層要求。在民主運動上也面臨性別與國族之間的辯證與對話，可看見主體身份背後的眾多論述使性別主體不斷協商。其中，黨外參政的女性在歷史的論述中，受到第二波女性主義、家庭性別角色、台灣民主運動等等論述交錯影響，女性主體也在錯綜複雜的論述中進行主體的協商與行動。所以在此以楊祖珺作為分析與考察對象，觀察黨外運動時期，女性主體如何在複雜的政治場域中協商與展開政治行動。

（一）性別意識／政治意識

　　在《玫瑰盛開——楊祖珺十五年來時路》在為自己下定位時，拉出的第二波女性主義、民歌運動、夏潮左派的幾道系譜。文中一開始即以叛逆傳統性別的女性、反叛的民歌手為自己做定位，將社會意識與性別意識置放在政治意識之上，因日後對政治運動參與的失望，使其傳記的自我定位以社會運動者／文化運動者／女性角色為自我詮釋視角。在自傳一開始，從回溯自己性別成長過程去詮釋自己在性別角色的反叛性，是以性別主體敘述自己的性別反叛性。文中陳述自己是反叛威權體制「問題太多」的「野丫頭」，質疑性

別規範與與性別被馴化的體制，並在自述中有意識地反思性別養成的過程。〔註399〕對社會的參與是以民歌手的身份投入，在六○年代黑人民權運動、反越戰、反資本主義、反體制反文化運動的影響下，1978 年與李雙澤、王津平、梁景峰參與「唱自己的歌」運動，推行社會改革的理念。在自傳中詮釋自我時，認為當時政治意圖卻是模糊的，反而是性別意識的啓蒙優先於政治意識。1979 年國民黨主導的媒體撻伐呂秀蓮是「鼓勵亂倫」，楊祖珺爲瞭解究竟因而到書店買西蒙波娃（Simone de Beauvoir）的《第二性》，在新女性主義作爲契機點，接觸到第二波女性主義之後「茅塞頓開」，驚覺到女性從小所受到「不合理」的要求，自覺「解放」之後，對女性主義及西蒙波娃（Simone de Beauvoir）所談的社會主義特別感到興趣。〔註400〕其自我定位的性別意識啓蒙者是呂秀蓮與西蒙波娃。追溯「昨日之我」時，質疑「女人的月事不潔」，是「每個月一次的羞辱」、「女人要會做家事」、「好女人」、自己婚後「冠夫性」等價值觀念。其敘述中，是以性別角色的反叛優先於對國民黨體制的反叛，在 1983 年在競選宣言也強調自身的女性立場。在引介西方的女性主義理論的脈絡下，可以看到台灣思潮受到全球思潮的影響，也看到 1990 年代的傳記中，參與反對運動女性在回溯過程中，性別身份的詮釋優先於政治身份的詮釋。

《玫瑰盛開——楊祖珺十五年來時路》中「今日之我」回顧「昨日之我」時，重新詮釋自己「性別身份」優先於「政治身份」，自覺地提出自己受到西方第二波女性主義與台灣新女性主義的影響，有意識地將自身的生命經驗與第二波女性主義的歷程進行連結。其政治行動除了參與《前進》雜誌、黨外政治之外，1978 年與蘇慶黎、李元貞等人開始著手雛妓議題的工作，並進入「廣慈博愛院」婦女職業訓練所工作，1983 年的選戰提出同性戀與女權的問題，批判歧視同性戀的行爲、男性沙文主義、女性保護名額等。〔註401〕但其

〔註399〕楊祖珺，《玫瑰盛開——楊祖珺十五年來時路》，臺北，時報文化，1992 年，9 月 25 日初版，頁 106。

〔註400〕楊祖珺說到：才發現，從小的「不正常」原來是非常正常的！爲什麼愛打躲避球卻偏要我去抱洋娃娃？爲什麼喜歡穿短褲就偏要我去穿裙子？爲什麼愛替嬰兒洗澡、做家事燒飯煮菜時，卻又品頭論足：「看不出這野丫頭……」原來女性從小所受到「不合理」的要求，是社會制度及社會成見造成的！自覺「解放」之後，開始對女性主義及西蒙波娃所談的社會主義特別感到興趣，連法國的新聞也開始吸引了我。楊祖珺，《玫瑰盛開——楊祖珺十五年來時路》，臺北，時報文化，1992 年，9 月 25 日初版，頁 106～107。

〔註401〕林若塵，〈永遠是壓不扁的玫瑰——選戰之後的楊祖珺〉，《黨外，補破網——1983 黨外落選者專輯》，臺北，前衛，頁 76～77。

實楊祖珺剛進入婚姻與投入黨外運動時，自認為是以政治民主為優先，當時自己並未很強地介入婦女運動當中，但在 1992 出版的傳記，卻在自我詮釋中將性別身份／性別意識置放在政治民主／政治民主的身份與意識之前，認為自己的性別意識優先於民主意識，可以看到在九○年代性別意識蓬勃、國民黨威權式微、轉型正義論述、黨外運動的分歧與組黨等時空下，產生了不同時空的不同記憶，是回溯民主運動的參與對自己的重新詮釋。

在不同的時空中產生不同意義的回溯，可以從書寫時刻當下的意識型態去觀察現在與過往的對話。楊祖珺在 1990 年代初期除出版《玫瑰盛開——楊祖珺十五年來時路》之外，《女人的大愛》亦以性別論述為主軸，內容以西方第二波女性主義與台灣婦運的提倡內容為核心。如婦女應超越「母親」與「賢妻」的刻板印象，女性的社會角色不應該是統治者茶餘飯後的話題點綴，而必須是全面性的社會改革提升女權。〔註402〕批判民法、女體框架、同工不同酬、民法親屬篇、瓊瑤式的「菟絲花」的婦女的形象、台灣婦聯會「婦德、婦功、婦容」的「插花」角色，以及婚姻關係中男強女弱的價值觀都需要再檢視與批判。認為社會價值的「維持女性弱勢」是一種藉由保守追求社會安定的方式，因為「改變」令人恐懼；因此女權運動者背負了較大包袱的原因，認為婚姻中男女雙方必須平等對待，男性不應依歸的父權心態。〔註403〕《女人的大愛》的性別意識則呼應了《玫瑰盛開——楊祖珺十五年來時路》中以一個「女人」的身份為起點〔註404〕，反省與回溯自身生命經驗的陳述。文中性別意識的現代化，批判政策的保守性，呼應婦運論述中「性別現代化」與「性別民主」。除了在 1990 年代提出「性別現代化」，也引述呂秀蓮的文字，批判國民黨誣指呂秀蓮「公然主張雜交」一說，在不斷反覆引述中，看見新女性主義論述對其意識形態的影響。在《玫瑰盛開——楊祖珺十五年來時路》中亦提到：

> 我二十七歲的民國七十一年底，由於婚姻關係，成為台北市議員的幕僚，在日常生活中，則全面投入台灣民主運動的反對派陣營中。

〔註402〕楊祖珺，〈我們不是弱者——給婦女同胞的一封信〉，《黨外，補破網——1983 黨外落選者專輯》，臺北，前衛，頁82。

〔註403〕參考楊祖珺，〈瓊瑤現象〉、〈重整兩性關係〉、〈談監護權，不妨看看對岸「婚姻法」〉、〈兩岸的婦聯會〉等文，收錄於《女人的大愛》，臺北，方智出版，1994 年，初版。

〔註404〕楊祖珺，〈生命之美〉，《玫瑰盛開——楊祖珺十五年來時路》，臺北，時報文化，1992 年 9 月 25 日初版，頁389。

　　長期爲女工、女老師及社會弱勢做心理輔導工作的夏林清問我：「妳爲什麼不在婦女工作上著力呢？」

　　「我也曾考慮過，但我認爲民主運動應該優先於女權運動。民主運動可以包含女權在內，但女權運動不能包含民主運動。」我相當肯定地分析給她聽。

　　隨著我在民主運動中的多年經驗，我反覆思考：「在追求民主的過程中，女性參與者的遭遇，與社會上的待遇是一致的。我們追求『民主』，但是，如果以『不民主』去對待女性『同志』時，這種民主、是什麼樣的民主？而它所追尋出來的『民主制度』，又會是符合什麼樣的『人權』精神？」〔註405〕

　　我一直由衷地感謝像婦女新知、婦女救援基金會、主婦聯盟、晚晴協會以及夏林清這類的社會工作者在最基礎又最辛苦的婦女權益上努力。〔註406〕

前文提到批判論述分析時，話語會隨著社會結構的轉變而產生轉變。〔註407〕1990 年代雜文出現的性別意識，與傳記以性別意識優先於政治意識相互呼應，也是楊祖珺在 1990 年重新看過往的自己時所做的新的詮釋。在回溯自己的生命歷程時，在離婚後以「身爲女性的自我，那些刻骨銘心的反省」，使其回憶錄中也以「不同於其他黨外人士」的參照點來呈現自己是誰。在回溯的過程，賦予過往的自己性別反叛的意義。

（二）性別身份／政治身份

　　楊祖珺在性別身份與政治身份上，出現兩者的交錯，出現「獻身於婚姻」是「獻身於民主」的論述；並以性別位置的「娘家」隱喻政治位置「夏潮」的論述。在其傳記敘述中，將自己的身份系譜置放在夏潮／外省／民歌手／社運者的身份位置上。在爲自己下定位時，對於婚姻關係中的「他者」林正杰、「過我的自己」的「林正杰之妻」、政治他者《前進》雜誌、「黨外」運動

〔註405〕楊祖珺，〈女性從政〉，《玫瑰盛開——楊祖珺十五年來時路》，臺北，時報文化，1992 年 9 月 25 日初版，頁 340。

〔註406〕楊祖珺，〈女性從政〉，《玫瑰盛開——楊祖珺十五年來時路》，臺北，時報文化，1992 年 9 月 25 日初版，頁 344。

〔註407〕Norman Fairclough, *Critical discourse analysis: the critical study of language*, Harlow, England; Longman, 1995.

多所批判。其中「過往的妻子」身份是「自我」消失的民主／婚姻奉獻。在參與社會運動遭到全面歌禁後，蕭新煌和王津平鼓勵楊祖珺出國留學，待修成博士學位再回到台灣繼續改革社會的理想，但楊祖珺在台灣的政治危機，與男友的情濃意重下，放棄了學業、選擇了和交往極短時間的男友以及台灣的民主運動結婚，因婚姻以及政治因素，離開原本國外求學的歷程。在自傳的回溯中，這一段經歷是犧牲自己區就於婚姻，是「在情濃意重下，我放棄了學業、選擇了和交往極短時間的男友以及台灣的民主運動結婚。」〔註408〕。同時走入婚姻與走入民主，以女性身份獻身於婚姻與政治當中，是與台灣民主結婚的「獻身於民主」的論述。在為「民主獻身」過程，必須忍受傳統性別的秩序與價值。一方面必須面對守著父權傳統文化、面對守寡三十年的婆婆要求楊祖珺歌女「要守本分」；一方面在黨外運動中面對國民黨的威權體制；另一方面面對黨外運動的父權文化，且身陷在無日無夜的政治生活當中。〔註409〕楊祖珺的論述中，性別位置與政治位置結合，出現「獻身於民主」以及「獻身於婚姻」雙重獻身的論述，自我則消失在這雙重獻身當中。

　　在性別／民主身份上，女性「獻身於婚姻」與「獻身於民主」的雙重獻身中，於婚姻中的自己必須「守本分」，在民主運動上則「徹底萎縮成『傳統女性』」。即使在現實生活中，必須像一位總經理般，站在全程負責的工作崗位上，但凡事言必稱先生的名號；將成功的都歸於先生名下，把疏忽或失敗視為自己的過錯在他人面前自責。久而久之，「我」不見了，但在各種事務中又都見到「我」的影子。「今日之我」批判「昨日之我」是「沒有經過深刻反省」，「沒有自我」，害怕被視為「太能幹」的迷思。〔註410〕「昨日之我」是「政治現代性」具有優先性民主進程裡，反國民黨威權下必須符合傳統父權的「後勤女工」。當「後勤女工」從「私領域」走上「公領域」時，「公領域」的政治場域亦延伸了公／私二分的觀念，將政治行動切割成前臺與後台，製造出政治空間中的公／私、男／女的區分，使得黨外運動的前台／後台都是被性別化的場域。在《玫瑰盛開——楊祖珺十五年來時路》中，父權體制／國民

〔註408〕楊祖珺，《玫瑰盛開——楊祖珺十五年來時路》，台北，時報文化，1992 年 9
　　　　月 25 日初版，頁 40。

〔註409〕楊祖珺，《玫瑰盛開——楊祖珺十五年來時路》，臺北，時報文化，1992 年 9
　　　　月 25 日初版，頁 40～41。

〔註410〕楊祖珺，《玫瑰盛開——楊祖珺十五年來時路》，臺北，時報文化，1992 年 9
　　　　月 25 日初版，頁 356。

黨威權都成為大敘述，「後勤女工」在黨外陣營中必須符合父權秩序的大敘述來反抗國民黨威權的大敘述，在九〇年代回溯中則是以第二波女性主義的女性自覺來批判父權／國民黨威權的兩種宏大敘述。從自我敘述可以看到自我詮釋中對「昨日之我」的否定與批判，其中對「昨日之我」的批判更來自對政治環境的失望，過往「為了政治理想我放棄了的一切──包括未完成的博士學位、學術理想和繼續推廣民歌運動的美夢。」〔註411〕，使其對獻身於「政治民主」進行反思。

（三）性別民主／政治民主的位階

1. 反威權／擬威權的黨外：「後勤女工」論述

本文在第四章討論婦運論述時，提到《婦女新知》所批判政治場域生產的「後勤女工」論述。楊祖珺在自傳中的呈現，回應了婦運論述中的訪談與言論，只是更為直接的將自己的參政細節描述出來。「民主」原本應是開放公民政治參與的可能，但是在性別的民主參與上是不平等下，陽剛性（masculinity）與陰柔性（femininity）會形塑新的實踐（practices）與假設（assumptions），並會形成所謂的「陽剛民主」（masculine democracies），公民性對女性來說成為政治上需要辯駁的問題。〔註412〕當公民被定位為抽象、理性、不可分割的、無情緒化的，能進行政治決定，是非情緒的，女性則被視為情緒化的，私領域的，並排除在公共領域之外。〔註413〕「陽剛民主」在黨外運動的展現，則是男性屬於政治、女性屬於家庭兩種分類的延伸，成為男性站在幕前、女性站在幕後的「陽剛民主」。楊祖珺的傳記中呈現了黨外運動性別歧視，批判了女性在執行危險事務時，自動或被動地安排到陣頭的第一線，然而分配權利或政黨位置時，往往又成了配角、插花性質的角色「集體性的健忘症」政治模式。在經歷台灣民主化過程中，回憶錄中呈現了台灣統／獨；男／女政治的多重關係下，女性政治人物角色的矛盾性與容易成為後勤女工的性別位階關係。

〔註411〕楊祖珺，《玫瑰盛開──楊祖珺十五年來時路》，臺北，時報文化，1992 年 9 月 25 日初版，頁 193。

〔註412〕Anne Stevens, *Women, Power and Politics*, Palgrave Macmillan, New York, 2007, pp.21～22.

〔註413〕Anne Stevens, *Women, Power and Politics*, Palgrave Macmillan, New York, 2007, p.25.

　　「後勤女工」是二次大戰當男人被徵兵到前線做戰時，美國國內產業發生極度的人才荒，羅斯福總統呼籲婦女同胞「走出家庭、投入國家建設的行列」，女性很快地就替代了原本看似屬於「陽剛」的男性工作。大戰結束，戰場上撤回的男性失業問題嚴重，總統再次發表感性的文告，呼籲婦女同胞「回去建立美好的家園，妳的家庭需要妳」，在政府及工廠主的雙重壓力下，生產線上的工作，很快地又重新回到男性手中。〔註414〕《後勤女工》一片來台灣展出，之後「後勤女工」一詞在《婦女新知》雜誌不斷被引述來批判女性在職場與政治的後勤角色。楊祖珺在27歲時在臺北的國際影展中看到《後勤女工》這一紀錄片，亦以「後勤女工」一詞進行自我定位，以後台身份描述自己的政治位置，回應其《婦女新知》雜誌受訪時所形容，對「後勤女工」現象的批判與引述，可以看到西方第二波女性主義思潮與台灣婦運論述的影響。

　　在《玫瑰盛開——楊祖珺十五年來時路》自我詮釋中，以民歌手身份「唱自己的歌」運動展開黨外運動的經驗，在與林正杰的婚姻之後走上政治之路。在「昨日之我」的「後勤女工」角色中，描述1983年為三月創辦出刊的《前進》週刊，每星期要看六、七本英文期刊，編寫十幾則報導世界大事的「外國月亮」專欄，囊括社務的大大小小的事情，在《前進》雜誌盡做些「盡是些沒人要做的瑣事」。〔註415〕，「昨日之我」的後台工作盡是瑣碎的事，是政治前台／後台、大事／瑣事、上／下、男／女位階的性別區分，「後勤女工」論述便是批判前／後台的圍籬。在回溯「昨日之我」時，對自己的性別位置不以為然，在自身的政治立場、自己的性別身份、丈夫的政治立場三者之間進行角力，當林正杰「街頭狂飆」時期，「黨外」電話紛紛邀請他演講，自己身為受難人家屬兼「街頭狂飆」的實質行動總務，是身、心、腦、力同時耗竭。〔註416〕文中提及：

> 作為公眾人物的妻子，先生入獄前、坐牢期間及出獄後，在在都會
> 影響妻子的角色。從「位居第二線及家庭主婦」到「逼進第一線獨
> 立作戰」再回到「退居第二線及家庭主婦」，這個看似循環的角色轉

〔註414〕楊祖珺，《玫瑰盛開——楊祖珺十五年來時路》，臺北，時報文化，1992年9月25日初版，頁339～340。

〔註415〕楊祖珺，《玫瑰盛開——楊祖珺十五年來時路》，臺北，時報文化，1992年9月25日初版，頁44～46。

〔註416〕楊祖珺，《玫瑰盛開——楊祖珺十五年來時路》，臺北，時報文化，1992年9月25日初版，頁83。

變，在本質上卻是「化學變化」而非「物理變化」。撇開經濟、物質、夫妻雙方感情以及各自的心理調適不談，我自己的經驗是：丈夫坐牢時，敬業獨立做事，因為成敗自己負責，所以在心理上的顧忌少，負擔也輕。而別人，也將「太太」看成獨立的個體，雖然仍然是以「女人」的標準被要求，但至少還是一個弱勢的「人」；一旦丈夫回來後，做妻子的反而礙手礙腳不敢決策了，因為怕影響丈夫的成敗及「男性的尊嚴」，而別人在此時又將「太太」回歸到附庸的角色，受刑人家屬從一個「有用的人」立即又變成了「隱形人」。〔註417〕

過往的政治身份是「隱形人」與「後勤女工」，此外，擔任後勤女工者還包括自己的母親「陪嫁」到林家的角色。當林正杰要入獄時，楊祖珺的母親「陪嫁」到林家照顧全家人，到服務處接聽電話、服務選民，做著一切以林正杰為主的繁雜瑣事。以幕僚長的身份將前夫的工作內容安排在唸書、演講、開會這些必須由他自己出面的工作上，其他一切屋裡家外的組織、企劃、行政、照顧家庭甚至所有粗重的工作，都攬到自己的身上。〔註418〕與林正杰創辦了《前進》週刊，但卻不被他的戰友視為「同志」，只是一位做事的「太太」，其「民主身份」得不到認同，而是被放置在性別的關係性的家屬身份。泰勒（Taylor C.）在討論「承認的政治」時，提到認同不是一種獨白式，而是對話式，並產生協商與承認。自我認同需要他者的承認，如果得不到他人的承認，或只得到他人扭曲的承認，則自我認同的構成會有影響。〔註419〕楊祖珺「獻身於婚姻／獻身於民主」的自我定位中，在黨外陣營中被視為「婚姻角色」而非「民主角色」，其「民主自我」得不到認同而質疑黨外運動中在「反威權」的同時，進行「擬威權」的本質。

多重自我產生辯證、衝突與矛盾時，受到否定的自我則開始質疑社群的

〔註417〕楊祖珺提到受難家屬的心情時，「我也曾私下將這種感受反省與私交頗好的陳啓禮的妻子陳怡帆、張俊宏的妻子許榮淑……談論過，縱然各自的環境與希求或有不同，但是對客觀環境的認知卻大致類似。事實上，許多白色恐怖時期，夫妻各自被判刑十幾年的受刑人，身為太太又身兼受刑人及受刑人家屬三重角色的女性，感受居然也差不多。」楊祖珺，《玫瑰盛開——楊祖珺十五年來時路》，臺北，時報文化，1992年9月25日初版，頁128。

〔註418〕楊祖珺，《玫瑰盛開——楊祖珺十五年來時路》，臺北，時報文化，1992年9月25日初版，頁168～355。

〔註419〕泰勒（Taylor C.）著，董之林、陳燕谷譯，〈承認的政治〉，收錄於汪暉、陳燕谷編，《文化與公共性》，北京，三聯，頁290～337。

邊界。1986 年林正杰「街頭狂飆」時期，林正杰公開為楊祖珺代言「我太太也絕不參選」。「今日之我」認為昨日「我之所以為我」被忽略，儘管「昨日之我」在政治理想上有自己的意識型態，但為不影響林正杰以台獨訴求為主調的「黨外」政治生命而退居第二線，「昨日的妻子」屈就先生而放棄自我。〔註420〕「昨日之我」以「獻身民主／獻身婚姻」自我定位，當自己的政治意識與丈夫產生差異時，婚姻關係中男／女的上／下位階成為政治意識型態的上／下位階。敘述回溯過往時，批判自己因為政治因素而妥協的性別身份，有意識地以性別的視角看自身的生活經驗與黨外經驗。當公共領域被視為「男性至上」、「意識型態」、「理性的」時，呈現無性別現代性的「性別盲」。〔註421〕追求政治民主與政治現代化時，「公領域」與「私領域」二分；政治的幕前／幕後二分，其實是政治／家庭、公／私二分的延伸。當父權制本身具有不同型式的複數型態時，「私人父權制的特徵是家庭中父權關係的主宰地位，公共父權則為雇傭和國家所宰制。前者的剝奪模式是個人的，是丈夫或父親的剝奪；後者的剝奪是集體的，是許多男人的共同行為的結果。前者的主導策略可以歸納為排拒，即將婦女排拒於公共領域活動之外，從而將她們限制在家庭之內；後者的主導策略是隔離，即允許婦女進入所有領域，但就在這領域內被隔離並處於從屬地位。」〔註422〕，反對運動陣營的女性，則面對了私人／公共的父權型態。

　　楊祖珺的民歌手身份也在不斷引述民歌中，定位自己思想的形成與當時「黨外」陣營的差異。1960 年「披頭」合唱團的約翰雷儂（John Lenon）曾說「女人是奴隸中的奴隸」，楊祖珺則認為黨外圈的政治受難人中，「女人是受刑人裡的受刑人」！〔註423〕。當 1979 年姚嘉文被捕後半年，《美麗島》雜誌在中泰賓館舉行的創刊酒會上第一次見到「姚嘉文的妻子」周清玉，周清玉牽著女兒雨靜走了進來，楊祖珺彈起了「望你早歸」，周清玉因為姚嘉文釋放

〔註420〕楊祖珺，《玫瑰盛開——楊祖珺十五年來時路》，臺北，時報文化，1992 年 9 月 25 日初版，頁 336。

〔註421〕童世駿，〈公與私：劃界問題的歸屬問題〉，收錄於黃俊傑、江宜樺編，《公私領域新探：東亞與西方觀點之比較》，臺北市，台大出版中心，2005 年 8 月，頁 212～213。

〔註422〕沃爾拜（Walby, Sylvia），吳曉黎譯，〈女人與民族〉，陳順馨、戴錦華編選，《婦女、民族與女性主義》，北京，中央編譯社，2002 年，頁 80～81。

〔註423〕楊祖珺，《玫瑰盛開——楊祖珺十五年來時路》，臺北，時報文化，1992 年 9 月 25 日初版，頁 128。

之日遙遙無期淚如雨下。政治受難者家屬心理與生理的極大壓力，之後「代夫出征到獨當一面」，與刮起的「周清玉旋風」當選國大代表到擔任彰化縣長有新的局面，但一開始是缺乏任何警訊地被扔擲到政治的抬面上去面對國民黨威權體制。〔註424〕呈現了政治受難之後，女性從後台走向前台的歷史必然。

從後台走向前台，則面臨「陽剛民主」的挑戰。黨外的政治文化，提到「代夫出征」的周清玉在黨外陣營當中，被以「少奶奶」進行揶揄，「男人入獄，太太競選。不只在台灣，在全世界的反對運動中，幾乎成為一種政治倫理，也是延續民主香火的一種直接方法。」〔註425〕。楊祖珺認為「『美麗島』事件後，家屬參選是台灣人盡皆知的旋風。尤其以許榮淑、周清玉最為著名，她倆的問政能力不在許多男士之下。尤其是許榮淑，參選前，她的經營能力就為許多人所佩服。美麗島事件後，黨外幾乎沒有人從『妳願不願意參選』或『妳適不適合參選』來思考問題。所有參選的美麗島家屬都在先生同意、朋友認為『妳應該參選』的情況下，投入了選舉。當然也可以說，這些家屬是為了理想、為了先生而參選。」〔註426〕，「代夫出征」論述呼應《婦女新知》雜誌論述中所呈現的，認為在先生坐牢後太太頂替出來的選舉的模式，只具有階段意義不具性別意義，女性參政不能是接班者的「後勤女工」模式，但其又肯定美麗島事件之後的「代夫出征」的政治貢獻。文中的「代夫出征」論述隱藏黨外雜誌中的「民主接班者」觀點；亦以婦運論述中的「無參政主體」的「代夫出征」進行反思；提出女性在政治局勢下失去參政意願／不參政意願的主體表態。

《玫瑰盛開——楊祖珺十五年來時路》中也陳述政壇夫妻互動之間的滋味。1983 年楊祖珺被徵召與國民黨提名的紀政對抗。黨外女性參政僅是為了牽制國民黨的女性候選人，讓國民黨的票源才不會完全分配給男性，當時的資深立委費希平對楊祖珺說「選票不能打高，高到影響男性候選人；也不能打低，低到國民黨完全沒有戒心」〔註427〕，這是女性參政的另一種「後勤女

〔註424〕楊祖珺，《玫瑰盛開——楊祖珺十五年來時路》，臺北，時報文化，1992 年 9 月 25 日初版，頁 63〜127。

〔註425〕楊祖珺，《玫瑰盛開——楊祖珺十五年來時路》，臺北，時報文化，1992 年 9 月 25 日初版，頁 333。

〔註426〕楊祖珺，《玫瑰盛開——楊祖珺十五年來時路》，臺北，時報文化，1992 年 9 月 25 日初版，頁 333。

〔註427〕楊祖珺，《玫瑰盛開——楊祖珺十五年來時路》，臺北，時報文化，1992 年 9 月 25 日初版，頁 334〜335。

工」模式，如前文提到邱瑞穗在黃順興的意願下參選以牽制國民黨票數，兩人在陳述參選過程都成為非參政主體的輔助性、制衡性的去主體參政。第四章討論婦運論述中，提出女性參政以及女性參政現代化的重要性，而女性制衡票數則是參政未現代化的模式。其「代夫出征」的論述批判，是以「今日之我」批判「昨日之我」的「後勤女工」身份。自我定位與觀看他者是息息相關的，楊祖珺批判「黨外」運動在「反威權」同時落入「擬威權」的問題，呈現威權的多層次問題，有中國沙文、漢民族主義、外省人沙文、福佬沙文、男性沙文等各式各樣的強勢文化，在自我定位時亦將自己放置在女性／後勤女工／外省第二代／黨外局外人並因此感到「介入其中的局外人」（outsider-within）的處境。

2.「優位性民主」的批判

集體的邊界視為是固定的、非歷史的、本質主義，並藉著共同體的表徵去尋找一種本真性（authenticity）並成為被訴求的政治資源；然而在訴求政治資源時形成的「反對論述」（counter-narratives），應該是複數的、多樣的、動態的。但是從歷史的發展上來看，「反論述」不必然是一種進步的（progressive）的論述。「反論述」置放在（be situated）更廣泛意義與權力的協商（negotiations）下，會產生在地的特殊性。〔註 428〕黨外論述在國民黨威權時期作為一種「反對論述時」，具有其進步性；然而在父權意識型態上，卻是不進步的，是與國民黨停留在同樣的意識型態的位置當中。在複數型的威權底下，「反論述」出現反某一威權卻認同另一威權的選擇性民主狀態。

《玫瑰盛開——楊祖珺十五年來時路》相較於其他女性政治傳記，出現較多對黨外運動意識型態分歧的批判。本文認為各種意識型態的分歧浮上檯面，亦是黨外運動發展複雜性日漸分明的歷史狀態。賴信真提到楊祖珺身為外省人第二代，語言、省籍、統獨也成為一種矛盾，矛盾原因提及黨外運動彙集各路人馬，造就了民進黨氣勢，一旦黨外大頭的地位穩固之後，就開始排除「雜質」。〔註 429〕然而本文認為並非在 1986 年民進黨成立後意識型態才出現分歧，彭琳淞指出 1970 年代的黨外運動，「統／獨」的區分有差異性上

〔註 428〕 Nira Yuval-Davis, "Cultural Reproduction and Gender Relations", *Gender & Nation*, SAGE Publication Ltd, London, 1997, p.59.

〔註 429〕 賴信真，〈書寫女性生命——簡介已出版之台灣漢人女性之自傳或回憶錄〉，《台灣史料研究》，第 11 號，1998 年 5 月出刊，台北，財團法人吳三連史料基金會，頁 20。

的認知，但無行動上的明顯區隔，例如統派立場明顯的黃順興，與黨外獨派向來友好，至 1980 年代各種意識型態日漸分道揚鑣。〔註430〕江宜樺亦談到八〇年代黨外政治運動、解嚴前後自由化效應、外交的挫敗、中共的威脅、鄉土文學論戰、以及國民黨本土化政策，族群衝突轉變爲「統獨」或「國家認同」的問題。〔註431〕

　　本文在史料耙梳發現，在 1970 年代意識型態即使有分歧，其意識型態的的分歧亦看出「想像的共同體」總是不完整且充滿爭議的。但在七〇年代都會在合作中參與民主運動，但此意識型態的分歧卻造成日後行動路線的差異。陳婉眞在〈未竟的選戰〉訪談紀錄中提到，1978 年元月從美國採訪回來跟陳鼓應聯合一人競選立委一人競選國代。當時田朝明醫師很不以爲然地覺得獨派與統派不應合作之說。陳婉眞陳述當時統派一直沒有辦法跟本土結合，而且本土派也會排斥。〔註432〕所以並非在 1986 年民進黨成立後意識型態才出現分歧。

　　楊祖珺自我定位爲外省／女性／社運／民歌手／夏潮系統的位置上，面對當時本省／陽剛／政治民主／台灣民族主義的黨外論述，有較多格格不入的身份歧異，其格格不入來自於自我認同與他者認同的落差與歧異。其自陳在在「嫁」給黨外政治人物、創辦《前進週刊》之後，社會意識、政治理想，正式和黨外陣營緊密結合，但長期在黨外圈中，一直與黨外的政治文化格格

〔註430〕被歸屬於統派的黃順興在黨外獨派友好之外，各種形式的串連中是不分統獨立場的，如蘇慶黎身爲《夏潮》成員，也依然參與在《美麗島》的編輯當中。這時期從事「黨外運動」的人士，政治立場上的「統」與「獨」區分不顯明或刻意淡化，同時彼此尚以「朋友」或「同志」來相互支援。參考彭琳淞，〈黨外雜誌與台灣民主運動〉，胡健國主編，《二十世紀台灣民主發展：第七屆中華民國史專題論文集》，台北縣，國史館，民93年，頁730。

〔註431〕江宜樺，〈當前台灣國家認同論述之反省〉，《台灣社會研究季刊》，第二十九期，1998年3月，頁165。

〔註432〕1970 年代就有意識型態的分歧，如陳婉眞在〈未竟的選戰〉訪談紀錄中提到，1978 年元月從美國採訪回來跟陳鼓應聯合一人競選立委一人競選國代。當時田朝明醫師很不以爲然地對陳婉眞說：「怎麼跟那個統派做伙啦！」，直到謝聰敏一直說服他，認爲力量不夠就要聯合起來。陳婉眞陳述當時「統派擅長文宣，寫東西很厲害；但是他們一直沒有辦法跟本土結合，而且本土派也會排斥。我們那次聯合競選算是一個嘗試，當然也有些壓力，但事後證明這樣的結合不錯。」。見陳婉眞，〈未竟的選戰〉，《沒有黨名的黨：美麗島政團的發展》，新台灣研究文教基金會美麗島事件口述歷史編輯小組總策劃，台北，時報文化，1999年出版，頁87。

不入。其過往格格不入的記憶，來自於自我定位與他者定位上的衝突。Molly Andrews 認為世代自身意識到他們聯結在一起，共用了群體意識，並成為社會改變的主動力量。〔註433〕但世代中呈現的不僅是群體意識，更多是差異與格格不入感。日本知識份子加藤周一談民主行動時，認為「我們」這一複數的稱呼應該還原成單數的「我」。〔註434〕。變成單數的「我」時，強調個體的差異，也強調個人政治行動的可能，個人對群體的質疑是造就更多聲音的起點。楊祖珺的自傳質疑長期的黨外「沙文」卻只表現在說台語和省籍觀念中，比國民黨的政治文化更狹隘，質疑黨外是「追求替代國民黨法西斯的另一個法西斯」。〔註435〕當自我定位為外省／女性／社運／民歌手／夏潮系統，卻被他者定位為林正杰之妻／後勤女工／非台語台獨派而感到格格不入，此格格不入感也是反對陣營的穩固邊界從內部開始產生不穩定與鬆動的時候。

　　文中所提到的格格不入感，來自於許多事件與身份的衝突。在《美麗島雜誌》創刊時的中泰賓館〔註436〕事件中，主張台獨的田朝明醫師太太田媽媽大聲地唱著由「We Shall Overcome」旋律改編台語歌詞的「咱要出頭天」，身為外省第二代的楊祖珺質疑黨外圈子將台語等於台獨，在語言堅持不用國語用台語，但旋律卻不反對外國的，認為黨外長期在語言、省籍問題上打轉，成為意識型態分歧的原因。其格格不入感來自於語言使用的差異。當無法使用同一種語言則意味失去「共享」的模式，賈克・洪席耶（Jacques Ranciere）認為區分／共享的模式能將內部與外部連接起來，並決定了區分／共享模式下的「排除」（exclusion）形式，失去共享而且差異成為不可見性，便形成共同體與非共同體的關係。〔註437〕在台灣的歷史發展中，語言使用與國族打造一直有很緊密

〔註433〕Molly Andrews, "History, biography, and political narratives", *Shaping History: Narratives of Political Change*, Cambridge University Press, 2007, pp.2～58.

〔註434〕趙京華，《日本後現代與知識左翼》，中國北京：生活・讀書・新知三聯書店，2007 年 8 月，頁 223。

〔註435〕楊祖珺，《玫瑰盛開——楊祖珺十五年來時路》，臺北，時報文化，1992 年，9 月 25 日初版，頁 49～62。

〔註436〕中泰賓館事件為 1979 年《美麗島雜誌》創刊時，《疾風雜誌》成員阻擋在中泰賓館門口，酒會結束後，中泰賓館金龍廳的整片玻璃門外，出現全副武裝員警。前門有「反共義士」叫罵，後門有三四百名軍警。參考楊祖珺，《玫瑰盛開——楊祖珺十五年來時路》，臺北，時報文化，1992 年，9 月 25 日初版，頁 32。

〔註437〕賈克・洪席耶（Jacques Ranciere）著，劉紀蕙、林淑芬、陳克倫、薛熙平譯，《歧義》，台北，麥田出版，2011 年 5 月 12 日，頁 189。

的關係，當語言出現分歧時，楊祖珺以外省第二代的語言認同與身份，論述自己身處異文化中的不自在感（uncanny）。語言作為溝通的工具也是一種主體認同，並形成社區、群體的共同感，甚至是打造國族的工具。國家作為一個想像的共同體時，黨外運動也在塑造成一各邊界穩固的想像社群。但參與者的異質性讓邊界也具有鬆動與文化異質性的呈現，黨外的力量被劃分為「統獨與省籍」的糾葛，意識型態的鬥爭與角力，在台獨立場與否的思維中，產生分歧。〔註438〕黨外運動自身意識型態的複雜以及對立的氛圍中，失去更多細緻辯證的可能性，語言的差異使其產生「黨外」「局外人」的格格不入感，其自詡為局外人批判黨外運動的目標只是在反對國民黨，是未超越保守當權者的格局。自傳呈現的「局外人」論述，批判當一個整體、一個社區、一個家的概念被建立起來時，也形成排除他者的穩固邊界。以「圈內的局外人」的身份進入與「家」意義相等同的社群時，也會重新界定社群的邊界。

其格格不入感亦來自於省籍的自我定位與被定位。當各種佔統治地位的「宏大話語」複數多元時，對於具有不同位置的社會成員來說，具有不一樣的控制力。〔註439〕楊祖珺將自己放置在「外省第二代」的位置，當黨外運動的台語成為運動的語言工具，「講台語」成了「辨忠奸」的標準〔註440〕，台獨／台語變成緊密關連，在一些反對派的場合，不說台語變成可疑的事情，格格不入感因此產生。在這種「局外人」身份下回溯「昨日之我」，則是從小在臺北生長，在民國六十七年以前，完全不知道講台語掛牌罰站，有很長的一段時間懷抱著「贖罪意識」與「外省人的原罪」和黨外朋友交往。〔註441〕六〇年代黨外勢力崛起後，黨外文化中外省人／國民黨

〔註438〕楊祖珺提到：回想起來，我們努力推廣「唱自己的歌」時，李雙澤和梁景峰合作的「美麗島」一曲，早被我「打歌」打遍了各地的演唱會。而當「美麗島」的名稱變成了黨外機關刊物的名字時，民歌運動的果實也從此被政治形勢掠奪了。政治的現實也在這兒，只要抓準了時代的脈搏，不論有意或無意，「政治」這種上層的結構，可以將一切下層結構的人、事、物全部席捲而去，不論你願不願意！楊祖珺，《玫瑰盛開——楊祖珺十五年來時路》，臺北，時報文化，1992 年 9 月 25 日初版，頁 33～44。

〔註439〕伊瓦——戴維斯（Yuval-Davis, Nira），秦立彥譯，〈性別與民族的理論〉，陳順馨、戴錦華編選，《婦女、民族與女性主義》，北京，中央編譯社，2002 年，頁 6。

〔註440〕楊祖珺，《玫瑰盛開——楊祖珺十五年來時路》，臺北，時報文化，1992 年 9 月 25 日初版，頁 138。

〔註441〕楊祖珺提到「或許因為我的家庭是上海商人之家，和政治毫無淵源，在聽完二二八事件的敘述後，竟然情緒性地化約成一種愧疚感，『贖罪』的意識從而

省籍／黨國的等號邏輯思考〔註442〕，「外省人」在黨外會有被排斥的感覺，因爲「外省人」意含了「特務」的嫌疑，但此種區分是黨外雜誌及新聞媒體都沒有正視眞正的台灣史。〔註443〕

在自身經歷與格格不入下，楊祖珺爲台灣史與民主思考拉出另一個系譜，其民主意識的系譜也是在爲自己的民主意識與民主身份置放位置。楊祖珺將反對運動以1950年代白色恐怖時期爲起點，其中1931年「台灣民眾黨」最後一任秘書長，又被國民黨判刑「資匪」入獄的22年的陳其昌，從日據時代堅持回到祖國參加抗日聖戰的白色恐怖受難人蔣碧玉，1949年因在上海《大公報》上發表《和平宣言》，被判十二年入獄的日據時代作家楊逵。1925年「二林蔗農事件」以後在全台灣出現「農民組合」，白色恐怖時期因資匪被判刑十數年的伍金地，白色恐怖時期因資助「農民組合」大將簡吉逃亡，而判刑入獄十多年的『農民組合』婦女部健將許月裏，1950年因『麻豆事件』入獄三十四年的林書揚。白色恐怖時期因1950年『蘭陽地區工委會』案，被判十年徒刑的馮守娥。〔註444〕在這一大段的論述中，黨外運動事實上是忽略了台灣從日據時期以來的黨外運動歷史，將歷史窄化爲從1979年開始計算，楊祖珺是發出一條無統獨、非省籍區分的反對運動系譜，從此系譜建立起自己的政治認同與民主位置。

產生。」見楊祖珺，《玫瑰盛開——楊祖珺十五年來時路》，臺北，時報文化，1992年9月25日初版，頁139～146。

〔註442〕楊祖珺，《玫瑰盛開——楊祖珺十五年來時路》，臺北，時報文化，1992年9月25日初版，頁281。

〔註443〕楊祖珺在〈六十年前，台灣人民就組黨了——去中又去台，兩黨差不多〉一文中，提到「二十年前，『民主進步黨』倉促組黨但尚未取得台灣政黨合法地位的1987年7月10日，當時擔任民進黨第一屆中央委員及『夏潮聯誼會』第一屆評議長的我，參與了由『夏潮聯誼會』主辦的『台灣民眾黨六十週年紀念——六十年前，台灣人民就組黨了』的活動。當晚，我們在1927年『台灣民眾黨』創立的四大訴求前——『反對總督府專制統治』、『言論出版集會自由』、『農工商學聯合起來』、『勞動階級覺醒吧』舉辦活動，「當天下午，從日據時期以降的黨外老中青三代，特地前往『台灣民眾黨』創黨人『革命烈士』蔣渭水先生的墓前，在王曉波及王津平高舉著『台灣民眾黨』黨旗的旗幟下，在台灣尚未正式解嚴前，對台灣黨外及社會大眾發出最沈重的呼籲與警告——必須正視眞正的台灣史，台灣才有前途！然而，當時的黨外雜誌及新聞媒體，幾乎全數封殺了這個消息。」楊祖珺，〈六十年前，台灣人民就組黨了——去中又去台，兩黨差不多〉，《海峽評論》，2007年8月1日，第200期，頁33。

〔註444〕楊祖珺，〈六十年前，台灣人民就組黨了——去中又去台，兩黨差不多〉，《海峽評論》，2007年8月1日，第200期，頁32～33。

　　在追溯反對運動的歷史，批判「黨外」陣營從 1979 年作爲開始歷史分界點。在批判中亦引用 1983 年波蘭團結工聯領袖談到波蘭的民主運動理論，認爲反抗運動原本是因反對政治壓迫而產生的，不應該成爲另一種形式的壓迫者。傳記中批判「反威權」形成「擬威權」，形成另一種威權形式。如文中提到黨外糾葛在「革命、改革」、「海外、島內」、「中國意識、台灣意識」、「長老教會、本土宗教」種種矛盾之間時，反省自身所參與的黨外運動以反國民黨威權爲唯一民主，內部卻形成另一種法西斯。〔註445〕楊祖珺批判黨外的民意代表當選之後就與選民逐漸疏離了，黨外立委沒有盡到全力去反對國民黨的立法，批判「黨外」成爲一種選票的招牌，「黨外若回饋給民眾太少，只是被塑造成政治明星〔註446〕。批判優位性的「政治民主」的擬威權性格，其批判以來自歧異與差異政治的產生。因群體分類的生產與個人格格不入感的辯證形成差異政治。約翰・S. 德雷澤克（John S. Dryzek）在討論「民主」時，提出人們不需要本質的、固定的認同，只要對他們在發現自己時所處的歷史和環境做出回應。〔註447〕《玫瑰盛開──楊祖珺十五年來時路》則是對過往處境作出歷史回應，其「今日之我」敘述「昨日之我」的「局外人」、「外省人」、「後勤女工」、「夏潮系統」的位置時，是看過往位置產生的格格不入感與自我敘述，從差異與格格不入中修正了原本黨外／國民黨的「內部」／「外部」的邊界。當黨外論述內部漸行分歧時，黨外運動的內／外邊界亦越形複雜。

3. 性別／政治議題的民主位階

　　承上文的「後勤女工」與民主批判論述中，其實可以推演出自我的格格不入感其實是來自性別／政治的民主位階。1960 年代到 1970 年代的婦運論述中，「個人的就是政治的」以及「政治的就是個人的」企圖闡述「女人領域」（woman's sphere）與「政治領域」都是有政治性的。〔註448〕在思考性別與台

〔註445〕楊祖珺，《玫瑰盛開──楊祖珺十五年來時路》，臺北，時報文化，1992 年 9 月 25 日初版，頁 111。

〔註446〕林若塵，〈永遠是壓不扁的玫瑰──選戰之後的楊祖珺〉，《黨外，補破網──1983 黨外落選者專輯》，臺北，前衛，頁 73～74。

〔註447〕約翰・S. 德雷澤克（John S. Dryzek），丁開傑等譯，《協商民主及其超越：自由與批判的視角》，北京，中央編譯出版社，2006 年 9 月，頁 54。

〔註448〕Molly A. Mayhead and Brenda Devore Marshall, "A Space for Discourse", *Women's Political Discourse: A 21st-Century Perspective*, USA, Rowman& Littlefield Publishers, 2005, p.6.

灣黨外運動的關係時，「去性別化」的「民主」下權力分配是不平均，而政治領域被性別化，性別身份與位置使得黨外女性或是政治受難女性中，生命經驗的影響有其共通性。身份的複雜與交疊性，會因為身處在的價值場域（value sphere）不同，會產生優先性（priority）。〔註449〕

《玫瑰盛開——楊祖珺十五年來時路》中反覆對黨外運動意識型態對立的批判，而在批判意識型態的對立之外，也從性別的位置出發去批判黨內外都具有的性別位階。文中批判橋頭事件中，陳婉真、陳菊、曾心儀等人站在第一線執行具危險性的工作，自動或被動地安排到陣頭的第一線；然而在分配權力或政黨位置時，往往又成了配角、插花性質的角色，政治上「集體健忘症」。〔註450〕此外，1983年的選舉中，「七十二年黨外人士競選立委後援會」舉行「全國立委候選人推薦大會」，後援會的召集人徐明德及會長費希平卻必須面對女性候選人出缺的問題徵召女性。民主發展中，傳統教育孕育出來的黨外陣營，太太的事「當然」是由丈夫決定，自己在決定參選時是由自己決定，但沒人相信，也沒有人問她的意願，楊祖珺接著說在台灣，「女人，尤其是太太，真不是『人』！」這一點無分黨派。〔註451〕。楊祖珺在這裡強烈地意識自己的性別身份，將政治運動的派系之外，看見派系之間共同的問題，亦看到矛盾的現代性中「民主現代性」／「性別現代性」之間的衝突與壓抑。

在臨時被推出來選舉時，一心一意地堅持政見第一、二條分別要列出「爭取男女實質平權」以及「取消婦女保障名額」，黨外朋友看到她「火燒屁股時

〔註449〕Craig Calhpun, "Preface", in *Social Theory and the Politics of Identity*, ed by Craig Calhoun, USA, 1994, p.12.

〔註450〕見楊祖珺，《玫瑰盛開——楊祖珺十五年來時路》，臺北，時報文化，1992年，9月25日初版，頁337。除了橋頭事件女性站在在第一線之外，美麗島事件時女性站在隊伍最前方代表和平使者，《暴力與詩歌：高雄事件與美麗島大審口述史》中呂秀蓮的口述「看到艾琳達、陳菊、曾心儀她們捎著綵帶站在隊伍前面。我只是走在群眾中間，我也沒有拿火把，我連綵帶都沒有捎。我覺得情況不太對勁，但也只好跟著大家一起走。」陳菊則形容「我們覺得火把象徵著光明和希望，但也有考慮到火把可能會出事情，所以就讓女性站在第一線，這樣走出去。」蘇治芬則說「那天拿火把很興奮、很亢奮啊。那時候我們女性是站在第一排，表示和平的使者。我最記得的就是曾心儀。」，見〈現場之一：大圓環的白煙〉，《暴力與詩歌：高雄事件與美麗島大審口述史》，新台灣研究文教基金會美麗島口述歷史編輯小組總策劃，台北，時報文化，1999年11月29日出版，頁72～73。

〔註451〕楊祖珺，《玫瑰盛開——楊祖珺十五年來時路》，臺北，時報文化，1992年9月25日初版，頁51。

刻」還急著強調男女平權，朋友急呆了，也笑歪了。〔註452〕在黨外運動時期，性別議題是一個次要議題。戴錦華在討論女人與國家的關係時，提到「在民族主義、國家民族主義的立場上，女性主義或則是一種可笑的無稽之談，一種女人的無事生非或奢侈之想，或則是一種極端危險、極端可疑的鼓譟，或二者兼之。」〔註453〕在面對性別作為一個「次要民主」的黨外陣營，當林正杰和楊祖珺到信義路的「黨外公共政策研究會首都分會」會館，向康寧祥等人說明不上訴的決定；黨外友人希望楊祖珺以配偶身份替他上訴，楊祖珺則開玩笑地說「我是『女人』嘛！太太要聽從先生的決定。」，在男性沙文主義的社會中，每每和他們產生一些似真似假的「辯論」玩笑。」〔註454〕，在國民黨宏大威權之下，反國民黨論述形成另一種宏大敘述時，身在多重權力下的女性則以調侃、反諷、嘲弄的方式，來表達對「內部」的抗議不滿與異質聲音。在這一段敘述中，儘管以開玩笑的口吻，但很清楚看見今日之我的敘述特別去呈現性別主體在台灣民主運動中不斷角力的過程。

　　林正杰在宣判後的一次聚會中，在出門前突然表示不願意前往。楊祖珺好言相勸到「堅定」地告訴林正杰要出席，又自陳在婚姻生活中何嘗不想做個「溫柔」的女人，但是四面八方統獨左右的壓力與理想的追尋，是超乎個人能力的。〔註455〕在政治立場與林正杰有所差異，在政治差異與性別位置而產生政治行動的選擇談到自己的政治參與，說到自己在追求民主政治上，一直有著辦雜誌的理想，但是「『不可逾越先生』的傳統思想又束縛了婚後的我。我一直等待著他原來的黨外同志能支持他『辦週刊』！」〔註456〕，1983 年《前進》創刊時，自我認為「生活行為卻像一個封建中國的已婚婦女」，1990 年的「今日之我」批判 1980 年時停留在「封建中國」的「昨日之我」，以第二波女性主義思潮與 1990 年代台灣批判性別未現代化

〔註452〕楊祖珺，《玫瑰盛開——楊祖珺十五年來時路》，臺北，時報文化，1992 年 9 月 25 日初版，頁 51。

〔註453〕戴錦華，〈兩難之間或突圍可能？〉，陳順馨、戴錦華編選，《婦女、民族與女性主義》，北京，中央編譯社，2002 年，頁 27。

〔註454〕楊祖珺，《玫瑰盛開——楊祖珺十五年來時路》，臺北，時報文化，1992 年 9 月 25 日初版，頁 64。

〔註455〕楊祖珺，《玫瑰盛開——楊祖珺十五年來時路》，臺北，時報文化，1992 年 9 月 25 日初版，頁 75。

〔註456〕楊祖珺，《玫瑰盛開——楊祖珺十五年來時路》，臺北，時報文化，1992 年 9 月 25 日初版，頁 331。

的傳統思維。當《政治家》雜誌發行人鄧維賢指著鼻子說「妳要好好學╳╳，如何做一個林正杰的女人！」「新婚不久的我並不清楚黨外文化，被侮辱的感覺充斥整個心胸，坐在一旁的林正杰微笑不語。『做妻子的人，不要替自己先生得罪人』的『信仰』，讓我不知所措地微笑以答。」〔註 457〕。激進女性主義理論家凱瑟琳‧麥金儂（Catharine A. MacKinnon）在討論語言不只是語言時，認為語言本身是具有政治效力的，「社會由語言所構成，雖然在某些邊緣地帶，要分辨言論是『論及弱勢』或『以語言形式使他人居於弱勢』並不容易，但性騷擾和種族騷擾、色情、仇恨宣傳顯然都位於後者的中心位置。」〔註 458〕。楊祖珺在回溯自己參與黨外運動的歷程時，不斷書寫自己因為女性身份所遭遇的民主經驗，其受侮辱的感覺便是陽剛政治的企圖以語言形式使政治女性居於弱勢的語言權力，楊祖珺在凸顯自己的性別身份時，亦彰顯黨外民主運動的「陽剛民主」特性。

　　在九○年代的自傳中，不斷以性別身份去質疑黨外的陽剛民主，批判性別民主／政治民主的位階，1982 年楊祖珺投入反對陣營時卻未參與婦女運動，當時夏林清問她為何不投入婦女工作時，則提出「民主運動應該優先於女權運動。民主運動可以包含女權在內，但女權運動不能完全包含民主運動。」，民主運動成為宏大敘述，女權運動則含括在其大敘述之下，吻合黨外論述中政治民主優先的意識型態。然而，自傳則呈現了不同的歷史時空下，政治民主／性別民主的優先順位有重新排序的可能性。當多年經驗體認到民主制度「不民主」地對待女性時，這樣的民主制度是有問題的，「自從我瞭解到反對派和執政黨的女性處境，我開始懷疑當初告訴夏林清的答案了。」〔註459〕，「今日之我」以性別民主批判投入到政治民主的「昨日之我」，過往未加入婦女運動也因為逃避被稱為「女強人」而影響林正杰的黨外事務。「身處黨外陣營，長期面臨兩難的挑戰。」台灣的黨外在男女觀念上極其封建。楊祖珺在九○年代的時空，自傳要對話的「他者」是「昨日之我」，而此「昨日之我」是以「政治民主」優先，「性別民主」次要，「性別民主」優先的「今日

〔註 457〕楊祖珺，《玫瑰盛開——楊祖珺十五年來時路》，臺北，時報文化，1992 年 9
　　　　月 25 日初版，頁 332～333。

〔註 458〕凱瑟琳‧麥金儂（Catharine A. MacKinnon）著，陸詩薇等譯，《言語不只是
　　　　言語——誹謗、歧視與言論自由》，台北市，博雅書屋，2010 年 12 月，頁 146。

〔註 459〕楊祖珺，《玫瑰盛開——楊祖珺十五年來時路》，臺北，時報文化，1992 年 9
　　　　月 25 日初版，頁 340。

之我」則批判自己過往太過「三從四德」。〔註460〕其「民主」意識上產生轉變，在 1980 年代認爲「政治民主」是優先於「性別民主」的，但是在 1990 年代的回溯中，則認爲自己的性別啓蒙優先於政治啓蒙，是將自己的「性別身份」放置在「民主身份」之上，也開始質疑自己過往「政治民主優先論」的言論，對過往自己的反思，其實是對黨外「陽剛民主」的批判，批判來自「自我」與「他者」的歧異，亦來自於性別民主從「不可說」到「可說」的歷史轉變。

4. 交錯的政治

1979 年，《美麗島》雜誌創刊，陳芳明在〈鑄造史詩型的豐碑〉一文提到《美麗島》雜誌，認爲 1979 年 8 月 16 日創刊的這份刊物，標誌著七〇年代民主理想追逐者的一個里程碑。陳芳明認爲此聯合陣線結合的成員複雜、政治分歧；其中包括本省人與外省人、獨派與統派、中產階級與農工階級、女性主義者與男性沙文主義、自由主義與社會主義者，在「意識型態的光譜上，從極左到極右都兼容並蓄」，是台灣史上的一個奇蹟。〔註461〕然而，當時楊祖珺應姚嘉文、許信良、陳婉眞的邀約前往參加，但在自傳中成現的並非一個兼容並蓄的聯合體，其自我詮釋中，將自己政治認同與自我定位放置在「夏潮」系譜當中。文中提到「美麗島」陣營出現較強的省籍排他性，因此她並不把自己放在當時美麗島系統的黨外系譜當中，而是將自己放置在外省／夏潮統派／女性的位置。然而，其「局外人」的尷尬來自自我認同既非「美麗島」陣營；但又是身爲《夏潮》統派色彩陣營中的少數親民進黨人士，且亦無法容於民進黨的獨派意識型態，敘述不時出現身爲雙重「圈內局外人」的尷尬。賈克·洪席耶（Jacques Ranciere）討論政治歧義時，認爲「被排除者是不被包含於陣營其中，在一條不可見、無法主體化的線之外，缺乏『等同性／身份』」〔註462〕成爲被排除者。

在「黨外」陣營之中，楊祖珺自陳爲格格不入的「局外人」，一來一直壓抑自己的「統」派色彩，以免傷害了先生的政治前途；二來在「夏潮」偏統

〔註460〕楊祖珺，《玫瑰盛開——楊祖珺十五年來時路》，臺北，時報文化，1992 年 9 月 25 日初版，頁 341～342。

〔註461〕陳芳明，〈鑄造史詩型的豐碑〉，《走向美麗島：戰後反對意識的萌芽》，新台灣研究文教基金會美麗島事件口述歷史編輯小組，台北，時報文化，1999 年，頁 xix。

〔註462〕賈克·洪席耶（Jacques Ranciere）著，劉紀蕙、林淑芬、陳克倫、薛熙平譯《歧義》，台北，麥田出版，2011 年 5 月 12 日，頁 191。

派的陣營被視為親獨派的少數人士，自我詮釋中是欠缺等同性、一致性的被
排除者。此外，「傳統女性」以夫婿的事業為事業，以夫婿的理想為理想的態
度，為不影響林正杰台獨意識高漲的「黨外法統」，楊祖珺在擔任「夏聯會」
評議長、從事返鄉探親、到大陸跟團，在大陸舉辦公開演唱會「以身試法」
地突破兩岸交流之前，都曾在龜山監獄探監時詢問林正杰的意見。自己回想
起來認為「刻意」扭曲自己去配合前夫所處的環境。〔註463〕性別位階與政治
立場的交錯，使得自己的政治立場因性別身份必須位居於較附屬的位置。在
「黨外」圈內林正杰非台獨又非本省籍人士的背景，一方面因國民黨威權可
能入獄；一方面在黨外陣營被壓得透不過氣來。結婚前在芝加哥，他的「同
志」當我的面指著他說：「你怎麼可以娶一個統派的女子？」楊祖珺一直戒慎
恐懼，深怕自己的「統」「玷污」了他。〔註464〕在敘述中呈現了被他人定位在
「統派」的圈內的「局外人」處境。

　　在政治／性別的交錯中，楊祖珺與林正杰政治立場不一致時，會因為性
別關係而淡化自己的政治立場，可以看到性別位階／政治位階之間交錯的關
係。男／女的上／下位階關係，在黨外運動的政治立場上也演變成台獨意識
／統派意識的上／下位階關係。楊祖珺在傳記中，認為黨外運動自身形成了
一個父權文化式、威權式的「黨外法統」時，自身因女性身份她協商於黨外
單一聲調的民主運動，也有意識地重申自己在多重角色之間的協商並對自己
過去的妥協有所反思。

　　1987 年民進黨成立之後，黨外的資源被吸收，反對陣營的聲音在組黨後
日漸出現省籍以及派系的區隔。「夏潮」重新沿用了 1976 年創刊的《夏潮雜
誌》的名稱，王曉波建議楊祖珺擔任評議長。楊祖珺回顧昨日之我 1982 年嫁
給黨外人士林正杰以後，以「太太」的身份提醒自己不能影響先生「事業」
為原則，即使在大學時代因王津平加入台灣統派的陣營，在婚後則以《前進》
為重心。重新籌組「夏潮聯誼會」時，認為民主運動中不分統／獨的，而企
圖拉出一條民主的系譜，其中包含了日據時期的抗日前輩，二二八時代的社
會主義青年，1950 年代以降不分省籍被扣上紅帽子坐牢的人士；以及 1970 年

〔註463〕楊祖珺，《玫瑰盛開——楊祖珺十五年來時路》，臺北，時報文化，1992 年 9
　　　　月 25 日初版，頁 167。
〔註464〕楊祖珺，《玫瑰盛開——楊祖珺十五年來時路》，臺北，時報文化，1992 年 9
　　　　月 25 日初版，頁 62。

代以後，或因保釣、或因鄉土文學、或因不滿國民黨而加入的年輕朋友。從黨外時期開始，這支統派隊伍成了黨外內部的「非主流派」。但自己婚後在黨外陣營中，總是小心謹慎地，不要因為「統」派色彩而影響到丈夫的政治發展。當王曉波要楊祖珺擔任這職位時，楊祖珺陷入「娘家」〔註465〕與「夫家」的兩難。〔註466〕《夏潮》與《前進》的兩難中，意識型態思想的使得楊祖珺在「一窮二白」的統派娘家中，看到統派因為長期受到國民黨和黨外的雙面夾殺，無法在公開在團隊內思尋意識型態的討論。〔註467〕文中以女性角色中娘家／夫家的位階隱喻黨外陣營中統派／獨派的位階。

　　性別關係使性別角色與自身政治立場的拉扯。此外，楊祖珺也將自己的政治立場與丈夫的政治立場進行了性別上的隱喻。「長期以來，『統派』是我『精神上的娘家』」，結婚以來疏忽「娘家」，那時的「娘家」就只是辦理論性的刊物，楊祖珺所能做的僅是將《前進週刊》的資料室，以及一小部分經費支援「娘家」。在陳映真、官鴻志、王永、杜繼平主辦《夏潮論壇》的時候，則面臨《前進雜誌》的同仁吩咐：「最好少跟他們來往。」1987 年 5 月 17 日，王拓當選第一屆「夏潮聯誼會」的會長、楊祖珺當選評議長。許信良還特地從美國打電話給楊祖珺，提醒她這樣做對林正杰不好。〔註468〕政治立場上的自我認同受到否認，亦是楊祖珺成為格格不入局外人的原因，在被視為妻子的關係性角色下，被他者定位為外省人／非獨派的身份，使其在被否定的狀態下去自我認同，認同也在自我與他者、我與非我的差異情境中產生。

　　自傳中描述因為婚姻關係而疏忽了自己政治立場上的「娘家」，性別的隱喻也暗示自身的「女性」身份與「統派」政治立場雙重結合，除了性別之外，也進行一場政治行動上的協商。談到自己必須受到黨外聲浪的反擊與監督，而一切監督都是來自「夫家」的立場與考量。作為一個行動主體，身為妻子的楊祖珺必須同時扮演「妻子」與「同志」的雙重角色。〔註469〕黨外的「統」

〔註465〕在此所說的「娘家」是指由王津平引導楊祖珺進入的統派團體。

〔註466〕楊祖珺，《玫瑰盛開——楊祖珺十五年來時路》，臺北，時報文化，1992 年 9 月 25 日初版，頁 244～245。

〔註467〕楊祖珺，《玫瑰盛開——楊祖珺十五年來時路》，臺北，時報文化，1992 年 9 月 25 日初版，頁 253。

〔註468〕楊祖珺，《玫瑰盛開——楊祖珺十五年來時路》，臺北，時報文化，1992 年 9 月 25 日初版，頁 52～246。

〔註469〕楊祖珺，《玫瑰盛開——楊祖珺十五年來時路》，臺北，時報文化，1992 年 9 月 25 日初版，頁 250～251。

／「獨」之爭，與性別上男／女的位階，使楊祖珺在回憶錄中呈現自己時將政治／性別的位階進行的比喻，夏潮／統派／女性身份是「娘家」與「自我」定位；前進／黨外主流／林正杰是「夫家」與「妻子」身份，丈夫的政治立場與自己的政治立場是傳統性別秩序中男／女上下位階的關係。

戴維斯（Yuval-Davis）提到認同就是敘述（identities are narratives），認同會存在（being）與生成（becoming），會歸屬（belonging）與渴望歸屬（longing to belong）。認同的敘事是政治性的，是說話者對於位置性（personality）的反思（reflect）。敘述為政治認同提供了非常豐富的基礎。一個人或是一個社群選擇如何去述說自身，是與他們如何建立自身認同是有關連的。政治認同並不是一個穩固不變的詞（fixed term），詮釋總是開放給再詮釋。不同的說故事者與聽者對於故事組成敘述的政治認同會有不同的詮釋。

楊祖珺在重新詮釋當中，重新敘述自己的政治位置與性別位置，將自己放置在外省／夏潮／女性的身份，看待過往以丈夫／黨外／前進為中心的身份，以今日「非妻子」身份批判、重新詮釋昨日的「妻子」身份，從敘述建立起認同時，再詮釋產生不穩定性，讓過往黨外民主的邊界被質疑。賈克・洪席耶（Jacques Ranciere）認為「歧異」是讓政治中介／居間存有形成中斷或間隔，呈現政治的「共同體」本身是一個中斷的、破裂、零星和局部的「共同體」，透過這些中斷、破裂，追求平等的訴求會將原本的政治邏輯分裂。〔註470〕在《玫瑰盛開——楊祖珺十五年來時路》則在分裂的「共同體」中看到較多自我／他者／黨外的歧異性。相較於前文提到余陳月瑛的「政治民主」啟蒙者是余登發；陳菊的「政治民主」啟蒙者是郭雨新；邱瑞穗的「性別民主」啟蒙者是劉律師；楊祖珺傳記則出現「政治民主」啟蒙者王津平、王拓，「性別民主」啟蒙者西蒙・波娃的雙重論述。以第二波女性主義與夏潮系統的作為自我認定的雙重政治啟蒙，以此建立起自己政治位置的方式，亦是在台獨／本省／台語／美麗島系統感覺格格不入的原因。

第五節　小結

在第五章中以黨外女性自傳作為分析，認為政治自傳與歷史敘述同時向

〔註470〕賈克・洪席耶（Jacques Ranciere）著，劉紀蕙、林淑芬、陳克倫、薛熙平譯《歧義》，台北，麥田出版，2011 年 5 月 12 日，頁 224。

兩個世界敞開著：過去與現在。自傳呈現著「今日之我」與「過去之我」的雙重面向；「歷史敘述」是同時包含著所寫與被寫的時間。「自我」的座標時間有往前與往後的箭頭，前者表現為流傳、逝去，後者表現為回溯、回憶等特性。〔註471〕傳記是有特殊性的，個體有不可重複、不可替代性。〔註472〕記憶這項心能，能使不可喚回、因而不能被感官感知的過去重新顯現。〔註473〕「實際上，任何現實的言辭在一種方式上或另一種方式上，或者在某一程度或者在另一種程度上，都會造成同意或者否定某種東西的陳述出來。」〔註474〕第五章處理的政治女性自傳中，從余陳月瑛、陳菊、曾心儀、楊祖珺、邱瑞穗的傳記中，看到她們以民主運動為參照系，看待自己與民主運動的關係時，回應了「政治民主」與「性別民主」論述，在「政治民主」與「性別民主」的辯證中，去產生同意或否認的態度，並藉此定位自己在民主運動中的位置。

余陳月瑛、陳菊、曾心儀、楊祖珺、邱瑞穗五人同樣都批判了國民黨威權體制。「反國民黨威權」為黨外男性自傳、女性自傳、黨外雜誌、《婦女新知》的公約數。然而女性自傳在黨外民主與性別民主上則出現多層次的對話。本文認為女性自傳不必然就是具備女性意識或是同質、單一的女性意識，且女性作為文化產物與社會關係的總和，依然生活在複數的意識型態之下，對意識型態有繼承、反駁、修正、挪用、協商的可能。其中余陳月瑛不斷出現傳統性別話語的策略，一方面將自己放置在余登發相輔相成的歷史位置上；一方面以傳統女性媳婦身份論述自己毫無政治野心；一方面又肯定縣長媳婦身份敘述自己是因能力而為縣長的接班人，其敘述承襲傳統性別意識型態去闡述自己的政治民主位置，在反國民黨威權去進行黨外論述的闡述時，以曖昧弔詭的性別觀點位自己下定位。陳菊則將自己擺置在自由主義民主人士的系譜上，是明顯的反國民黨威權／承襲黨外論述／非性別意識主體的意識型態，以傳統性別話語「黑牢嫁妝」、「嫁給台灣的女兒」的家國論述為自己的民主位置下定位。曾心儀則將自己視為社運／政治人士，以草根／政治／文

〔註471〕李紀祥，《時間・歷史・敘事──史學傳統與歷史理論再思》，臺北，麥田出版社，2001年9月20日，頁37～87。

〔註472〕錢理群，《壓在心上的墳》，四川人民出版社，1997年7月，頁70。

〔註473〕漢娜・鄂蘭（Hannah Arendt），蘇友貞譯，《心智生命》，臺北縣，立緒文化，2007年4月，頁313。

〔註474〕V. N. Volosinow, Marxism and the Philosophy of language（New York: Seminar Press, 1973, p. 97）。轉引自麥克唐納（Diane Macdonell）著，陳墇津譯，《言說的理論》，臺北，遠流出版，1990年12月1日，頁12。

化鋪陳自己的位置，反民黨威權／承襲黨外論述／草根民主／文化精英的位置自我詮釋。陳菊與曾心儀兩人都出現了現身於台灣的「台灣女兒」的宏大「家國論述」，儘管出現了「私領域」中女性身份參與政治的兩難，但是在面對黨外民主的發展與參與時，卻是以「家國論述」為主軸，並無太多性別身份的闡述，在「政治民主」「反威權敘述」中，「性別民主」則是隱形或是對傳統性別敘述的繼承。邱瑞穗與楊祖珺則同樣從「妻子」到「非妻子」的身份，以「非妻子」的今日批判「妻子」身份的過往，認同自己的「母親」身份；批判自己的「妻子」身份，並再重新詮釋過往時，將自己視為從「昨日之我」出走的位置，也較鬆動黨外作為一個整體的邊界。其今日非妻子的性別身份對過往性別與政治的附屬性也較具批判，文中也回應了婦運論述中自我覺醒、「性別現代性」的論述。

　　個人是一種政治的，政治也是個人的。講述是被選擇過的，事實並不會自我陳述。被選擇的事實為說話者說話，並藉此認同什麼作為改變人生的主要力量。上述政治傳記中，藉著自我與民主的關係，將自己擺置到歷史的位置中，其中可以看到「政治民主」／「性別民主」之間的對話，其中陳菊、余陳月瑛、曾心儀認同黨外「政治民主」的論述；楊祖珺與邱瑞穗則認同婦運論述中政治民主的不足。其述說的差異在於她們自身的群體認同。如自述的政治啟蒙上，余陳月瑛的「政治民主」啟蒙者是余登發；陳菊的「政治民主」啟蒙者是郭雨新；邱瑞穗的「性別民主」啟蒙者是劉律師；楊祖珺傳記則出現「政治民主」啟蒙者王津平、王拓，「性別民主」啟蒙者西蒙‧波娃的雙重論述，甚至她們在自我定位時建立的民主系譜亦不相同，從中也看到「政治民主」的非普遍性。

　　政治傳記並非在真空中被講述，1990 年代使得「性別民主」的敘說能成為「可說」（tell-able）的。政治民主／性別民主是兩種不同層次的現代性，而現代性是「充滿內部的矛盾多重性和異質性，包含著不同型態、不同階段，本身充滿著錯綜複雜、尚未解決的矛盾。」〔註475〕。在 1970 年代與 1980 年代的時空，更為「可說的」（tell-able）是「政治民主」，「政治民主化」成為唯一可說的現代性論述，而民主「共識」的產生有可能是不民主的開始。在 1990 年代中一些過往未被言說或被沈默的性別觀點，則牽涉到歷史述說時，如何

〔註475〕張旭東，〈後現代主義與中國現代性〉，收錄於張頤武主編，《現代性中國》，中國開封，河南大學出版社，2005 年 3 月，頁 330。

面對權力而抗爭（struggle），或者如何解決這些掙扎，及述說者如何將自己置放在這個過程中。人們如何把自己放到自己認同的政治世界當中，而政治應該視爲一種與權力的關係。陳菊、余陳月瑛、曾心儀將自己放在台灣自由主義民主的脈絡與系譜下，與自身認同的政治世界息息相關，黨外許多資源在民進黨成立之後被吸納到民進黨，與民進黨人士接近的政治傳記中，則較吻合黨外論述中的「政治民主」論述。相較之下，邱瑞穗與楊祖珺皆以離婚後的「前妻」身份批判過往「妻子」的身份，將「性別政治」與「民主政治」進行結合。邱瑞穗主要以批判他者「黃順興」、「黃順興之妻」爲主，較落入個人情感上的批判與個人自覺的書寫。楊祖珺則認同自己爲夏潮系統／外省人／女性身份的位置看待自己與黨外運動的關係，將以往不可說、被沉默、被壓抑的「黨外分歧」，從語言、性別、省籍重新看待。

第六章　結　論

　　本文企圖從黨外女性敘述的自我與他者再現中，去探討政治再現論述裡黨外女性被放置在什麼位置，以及政治女性被放置的歷史位置所呈現的性別／民主義涵。在歷史的再現與回溯中，政治女性被放置在不同的民主／性別位置中，產生出不同時代的意識型態與民主內涵。「民主」概念的轉變與產生，也必須有其物質基礎，也就是必須要有機構的建制。〔註1〕「民主」意涵的轉變與批判可以看到台灣民主與性別隨著時間產生論述的轉變，在不同的論述中「民主」定義產生轉變與歧義，以及女性再現的不同樣貌與民主位階的關係。「民主不是一個靜態的概念，從來不能一勞永逸地確定其本質。實際上，民主是一個動態和開放而無邊界的主題。」〔註2〕，倘若「放棄追求更真實的民主，那麼，民主本身就會更貧瘠。民主向協商的轉變有可能會給民主的發展帶來新動力。」〔註3〕，民主「共識」的達成則有可能是民主是消失，在台灣場域中來看，國民黨威權是企圖以國家機器製造出「共識」，反國民黨威權若達到單一反威權論述的共識，亦可能是民主的喪失。因此民主概念的生成是不斷開放與轉變，在不斷變動的歷史情境下，黨外女性的自我再現與他者再現中的性別／民主，亦不斷產生對過往論述的繼承、否定、與協商辯證。

〔註1〕　邱延亮，〈人民民主抗爭與階級鬥之辯〉，《後現代政治》，台北，唐山出版，1995 年，頁 23。
〔註2〕　約翰・S. 德雷澤克（John S. Dryzek），丁開傑等譯，《協商民主及其超越：自由與批判的視角》，北京，中央編譯出版社，2006 年 9 月，頁 21。
〔註3〕　約翰・S. 德雷澤克（John S. Dryzek），丁開傑等譯，《協商民主及其超越：自由與批判的視角》，北京，中央編譯出版社，2006 年 9 月，頁 22。

　　本文以時間的縱軸與橫軸作為觀察，從 1975 年到 1986 年的黨外雜誌、1982 年到 1995 年的《婦女新知》、1990 年到 2000 年出版的政治女性自傳中呈現什麼意識型態作為分析。從政治民主化、性別民主化、多層次的現代性、複數的意識型態、複數的威權概念下，不同場域的文本也會產生反威權、擬威權、無威權的不同角度，甚至會有反某一威權又擬某一威權的矛盾與曖昧。在不同的文本之間，也出現互相生產與對話，亦即不同論述場域，民主／性別的角力使得「民主」概念產生衍異，但不同場域的文本也會在呼應、引用、反駁中產生互文性。在不同場域與文化霸權的差異下，政治女性再現論述出現不同層次的再現方式，在其再現的差異則來自不同場域的論述核心，而再現論述中又產生不同的性別／民主意涵作為總結。

第一節　文化霸權到多元民主

　　台灣處於第三波民主與第二波女性主義的交錯，婦女運動與民主運動也一樣具有台灣／女性雙重性的辯證關係。台灣民主運動與婦女運動都面對黨國／父權的政治／性別的雙重壓迫關係，使得民主／婦運一開始就面臨了黨國體制的特殊性。在歷史特殊性下，民主／婦運論述出現幾層不同的辯證，一方面看到台灣／女人具有共同性以及不可分割的革命論述；第二種論述則是在政治高壓下，反國民黨威權成為首要議題，使得性別議題成為次要的革命論述。第三種論述則是在九〇年代政治高壓鬆動之後，許多論述重新檢視黨外運動的父權性格，提出政治民主運動的不足。在民主與性別交錯下的黨外女性，從參選、串連、遊行、代夫參選，到舉辦黨外雜誌等政治行動，具有民主與性別上的歷史意義。

　　在民主論述與性別論述之間的辯證當中，也帶出民主化下的「民主論述場域」與「婦運論述場域」兩大言論場域。這兩個場域面臨了什麼是首要的、支配性的民主議題上的選擇。在不同的團體、不同場域中，不同的論述中會建立起差異的主導性民主論述。在本土的黨外運動與婦女運動交錯的歷史情境下，產生出的兩大論述場域，而這兩大論述場域如何因為支配論述的差異，產生黨外女性論述的不同觀點，這種差異觀點會影響黨外女性被放置到民主意涵或是性別意涵當中。而在九〇年代優先／次要議題的邊界鬆動時，性別視角的論述開始批判黨外文化的父權性格時，第五章也將從九〇年代的女性

政治自傳去重新檢視以及重新詮釋政治女性的性別／民主身份的視角。在不同的時空下的再現論述，探討其對過往的繼承與批判，並生產了不同意義的性別／民主意義。

　　台灣在 1970 年代到 1980 年代的黨外雜誌論述，黨外雜誌作爲民主論述的場域，佔據文化霸權的主導論述是「自由民主論述」，一致性地以「反國民黨威權」爲目標。在黨外運動裡，黨外提出「反國民黨威權」是以反抗的、新興的意識型態對抗「主導的」國家機器意識型態；但是在黨外民主論述作爲場域時，「反國民黨威權」成爲首要的民主議題，「反國民黨威權」論述在這個場域中成爲一種「主導的」論述。政治上的民主化與市民社會的興起都是「現代化」的指標。〔註 4〕在現代化的論述當中，現代性被視理性化、除魅的過程。在政治層面上談現代化，可以看到民主訴求、去除國民黨威權魅影與傳統便是台灣政治民主現代化的訴求。黨外運動在以「反國民黨威權」爲唯一目標時，形成一個內部差異必須縮小的集體和共同體，在「反國民黨威權」成爲最大「共識」時，異質聲音會因此成爲次要的、瑣碎的議題。

　　然而「民主」概念本身是複數性與歧義的，因此在 1982 年《婦女新知》成立後，則是強調「政治民主」與「性別民主」的雙重性。「政治民主」依然在自由主義式民主爲基礎；「性別民主」則是以第二波自由主義女性主義爲論述核心。台灣婦運 1982 年到 1995 年的《婦女新知》雜誌，看到《婦女新知》是引進台灣第二波女性主義思潮是一場全球性婦運緊密關連的場域。以意識覺醒（consciousness-raising）作爲主要的論述核心。相較於黨外雜誌以「政治民主化」作爲一種現代性；婦運論述則以「性別民主化」作爲現代性的進程。《婦女新知》可以看見「性別現代化」與「民主現代化」雙軸線的觀點具性別意識的民主現代化。這一章相較於第三章，可以看見黨外論述與婦運論述對「民主」的內涵與定義產生意義的差異。也就是民主在不同的場域中，有不同的指涉與意義，形成民主歧義。現代性標誌與過往的斷裂或一個時期的當前性或現代性，意指傳統社會秩序的衰落。性別現代性則是要與傳統父權文化進行斷裂。現代性的發展並非是單一的過程與結果，而是「充滿了矛盾

〔註 4〕黃崇憲，〈「現代性」的多義性／多重向度〉，收錄於黃金麟、汪宏倫、黃崇憲編，《帝國邊緣：台灣現代性的考察》，臺北市，群學出版，2010 年 12 月，頁31。

和對抗。」，〔註5〕如同在台灣的民主現代性的過程中，「政治現代性」／「性別現代性」產生不同時期的位階，論述也產生反駁、修訂、重新辯證的關係。在《婦女新知》場域則以「性別現代性」重新批判政治民主的不足。也因為婦運論述強調「性別民主化」，因此對黨外女性的論述出現了性別覺醒為核心的論述觀點。婦女新知是以第二波女性主義思潮為論述的核心，強調意識覺醒、婦女參政、性別現代化等概念，在台灣政治情境下也提出民主現代化／性別現代化雙軸線的民主論述。

在全球與台灣局勢改變與歷史發展下，「民主」概念的轉變與衍生，意識型態也隨著物質、非物質的建構產生轉變。在此轉變之下，原本團體的邊界會出現不斷抗爭（struggle）和協商（negotiation）的過程，並因此使邊界模糊或重新畫出。在認同政治的理論中，認同政治會同質化和自然化社會的類別與團體，而且否定了認同邊界的移動（shifting），也否認了利益的衝突與內部的權力差異，所以必須關注集體之間與內部裡頭的權力關係。〔註6〕1990年代各種歷史論述生產交錯辯證，繁複的歷史敘述對過往複數的民主敘述與意識型態有其承襲與反駁。1990年代的民主隨著冷戰結束與全球局勢的改變，自由主義／社會主義不再對立、市場自由化、政治解嚴、社會運動、轉型正義、口述史運動與傳記研究興起，使得民主概念走向多元民主的概念。大量傳記出版便是在此一脈絡下產生。過往的女性傳記研究大致認為敘事是把各種經驗組織成有現實意義的事件的方式，是「講述」世界和向他人講述自己對世界理解的最重要的途徑，女性敘事的興起不僅僅是對歷史的「補白」，它也是對以往那個失衡的文化符碼結構的拆解。打開女性的敘事空間，也是開闢多重解讀歷史的空間。〔註7〕王明珂認為敘事具有典範轉移的功能，具有從女人的觀點寫歷史、解構典範歷史、歷史與族群認同知識的再建構等特點。〔註8〕但本文認為女性敘述不必然是對過往的拆解，而是會承襲或改寫過往歷史文本，但必須觀察個人的歷史語境。安東尼·吉登斯則提出文本間離性的概念

〔註5〕 周憲、許鈞，〈現代性研究譯叢總序〉，收錄於《自反性現代化：現代社會秩序中的政治、傳統與美學》，貝克（Ulrich Beck）、紀登斯（Anthony Giddens）、拉什（Scott Lash）著，趙文書譯，北京，商務印書館，2001年8月，頁2～3。

〔註6〕 Nira Yuval-Davis, "Women. Ethnicity and Empowerment: Towards Transversal Politics", *Gender & Nation*, SAGE Publication Ltd, London, 1997, p.119.

〔註7〕 金一虹，《女性敘事與記憶》，中國北京，九州出版社，2007年9月，頁7～9。

〔註8〕 王明珂演講，董群廉紀錄整理，〈典範歷史與邊緣歷史：文獻、口述及其他〉，《國史館館刊》，復刊第29期，民國89年12月，頁12～16。

取代文本的自律性，如此可以有效地把握社會生活和語言的「循環反覆性」〔註9〕，也就是敘事會重新解構與編碼，敘事就成爲解碼和重新編碼的過程，「所有的敘事不只是簡單地記錄事件在轉化過程中『發生了什麼』，而是重新描寫事件系列，解構最初語言模式中編碼的結構以便在結尾時把事件在另一個模式中重新編碼。」隱喻、轉喻、提喻和反諷等手法構成比喻語言運用的主要類型。〔註10〕在解碼編碼的過程，會承襲、轉化或改變過去的歷史敘述與意識型態，亦即對過往的性別／民主意涵有承襲、否認、衝突、協商之處。

第二節　黨外女性敘述的多重辯證

　　前文討論民主論述時，提到民主「共識」的達成有可能是不民主的開始。戴維斯（Nira Yuval-Davis）在討論公民與差異時，亦提出少數族群會挑戰認同以及共同體的邊界。〔註11〕當邊界鬆動可以挑戰過往建立認同所忽略的身份多元性。在黨外運動以「政治民主」爲優先價值時，「政治民主」在優先順位的排序優先於其它民主議題，而身份的複雜與交疊性也會因爲身處在的價值場域不同，會產生優先順位（priority）的自我認定與定位擺置。民主表面上具有的「共識」，背後參與在其中的個人認同其實是一種不完整的、片段的（fragmentation），且個人經驗和集體經驗集體是具有衝突的。〔註12〕在此衝突之下敘述會建立起差異的認同，而自我也在共識、差異、衝突、協商中形成。前文提到論述的幾種形式包含「反威權敘述」、「擬威權敘述」、「無威權敘述」三種，「反敘述」（counter-narratives）則是個人認同在主流公共敘述中不被表述時的重要策略。〔註13〕然而，威權的形式與意識型態是複數型態，

〔註 9〕　張京媛，〈前言〉，《新歷史主義與文學批評》，中國北京，北京大學出版社，1993 年 1 月第一版，頁 15。

〔註 10〕　Hayden White, "Historicism, History, and the Figurative Imagination, "in in Tropics of Discourse: Essays in Cultural Criticism, Baltimore, The Johns Hopkins University Press，1987。引用王建開中譯，海頓・懷特著〈歷史主義、歷史與修辭想像〉，收錄於張京媛主編《新歷史主義與文學批評》，北京大學出版社，1993 年 1 月第一版，頁 176～196。

〔註 11〕　Nira Yuval-Davis, "Citizenship and Difference", *Gender & Nation*, SAGE Publication Ltd, London, 1997, p.73.

〔註 12〕　Craig Calhpun, "Preface", in *Social Theory and the Politics of Identity*, ed by Craig Calhoun, USA, 1994, pp.10～14.

〔註 13〕　Margaret R. Somers and Gloria D. Gibson, "Reclaiming the Epistemological "Other": Narrative and the Social Constitution of Identity", in *Social Theory and the Politics of Identity*, ed by Craig Calhoun, USA, 1994, pp.61～75.

因此「反威權敘述」也必然是分歧且複數型態的。「反威權敘述」有可能同時繼承傳統父權議題型態；又呼應政治民主理論，形成「政治民主」上的反威權、「性別民主」上的擬威權狀態的矛盾敘述，對意識型態有所繼承亦有所反駁。「反威權敘述」亦可能展現「政治民主」上的反威權、「性別民主」上的反威權、傳統倫理的擬威權狀態。以上種種「反敘述」（counter-narratives）的矛盾與曖昧都是在不同層次的追求民主現代性時展現的差異。

在黨外論述中可以看見威權體制下，父權體制會因此得到鞏固，以「反國民黨威權」的自由民主為主導論述，其「反對敘述」中黨外女性的主體其實隱喻民主力量的再生。黨外女性在黨外雜誌中的論述，可以看見她們被放置在民主論述中，民主身份大於性別身份，「女性描述」其實是一種「民主闡述」。未受國民黨迫害的黨外女性原本應安穩地在私領域中，但因為民主的創傷，所以成為「望你早歸」的女性，其陰柔特質展現民主的無辜與受創，之後因為女性主體產生，成為陽剛強悍的鐵娘子形象，象徵黨外力量的再生。而「四大女寇」的強悍特質，是反國民黨力量的象徵。黨外女性在黨外雜誌出現幾種論述模式，其中包括具備奉獻犧牲精神、強悍俠義形象的「四大女寇」、民主苦難象徵的「代夫出征」女性、形單影隻的「受刑人太太」、強硬的「鐵娘子」形象、重新站起來的「某太太」與「旋風現象」，在這些論述當中，可以看見凡是出現陽剛特質的隱喻，都指向民主力量的出現與復興；而當出現柔性、淚水與悲情等待，都是指向台灣民主運動的受挫。黨外女性被放置在民主論述的位置，或者可以進一步說，黨外女性論述所隱喻的是民主歷程的發展。黨外女性出現「戰士型」與「受難型」；陽剛與陰柔特質的兩種對照，這兩種對照所進行的是一種民主反叛、受挫與再生的表述。

黨外雜誌的論述將呂秀蓮、陳菊、陳婉真等人視為「反國民黨威權」的民主人士，將民主身份置放在性別身份之上，忽略政治女性在民主／性別的雙重身份，這些政治女性出現民主言論時，也不太談性別議題，但在 1980 年代中末期到 1990 年代之間的《婦女新知》的論述中，這些政治女性的性別身份與性別覺醒被強調，其性別覺醒含有台灣政治的特殊性，台灣政治女性承受政治高壓以及性別體制的雙重壓迫，是一種「遭受雙重壓迫的階級」便是政治女性面對政治／性別雙重不民主所面臨的歷史情境，批判「代夫出征」、「後勤女工」的民主接班者角色。在強調女性自覺、女性參政主體的訴求下，對於台灣「代夫出征」參政模式進行批判，修訂、反駁、重新論述「代夫出征」的民主／不民主的意義。亦重新將政治女性的台灣／性別意義重新論述。

　　黨外女性自傳必須看到不同時空的「我」如何對話，比如黨外女性如何在九○年代的時空詮釋黨外時期的自己，如何詮釋黨外都有敘述時空的意義與脈絡。自傳論述中呈現了政治上的共構與擾動。認同是一種片段與變動的過程，認同在歷史、語言以及文化資源當中生成（becoming）而非存在（being）的固定本質〔註 14〕。本文用這個概念談黨外女性如何在九○年代的歷史時空，談論自身參與黨外歷史的過程，在性別身份與民主身份雙重性當中，如何以「現在的自己」談論「過去的自己」。每個自我都是被情境化的（the self is always situated），而以情境化的知識不僅僅可以用來解讀性別關係，也可以用來解讀所有的社會關係。差異的範疇不能僅僅侷限在性別（sex）的差異而已。〔註 15〕第五章處理的政治女性自傳中，從余陳月瑛、陳菊、曾心儀、楊祖珺、邱瑞穗的傳記中，看到她們以民主運動為參照系，看待自己與民主運動的關係時，回應了政治民主與性別民主論述，在政治民主與性別民主的辯證中，去產生同意或否認的態度，並藉此定位自己在民主運動中的位置。言說是一種自我形塑的技術，認同的言說性是一個再實踐的網絡，有各式各樣的意義競爭，傳主的認同非單一也非個人性的。〔註 16〕

　　余陳月瑛、陳菊、曾心儀、楊祖珺、邱瑞穗五人同樣都批判了國民黨威權體制，但在黨外民主與性別民主上則出現多層次的對話。其中余陳月瑛不斷出現傳統性別話語的策略，一方面將自己放置在余登發相輔相成的歷史位置上；一方面以傳統女性媳婦身份論述自己毫無政治野心；一方面又肯定縣長媳婦身份敘述自己是因能力而為縣長的接班人。陳菊則將自己擺置在自由主義民主人士的系譜上；曾心儀則將自己視為社運大於政治人士，兩人都出現了獻身於台灣的「台灣女兒」的大家國論述，儘管出現了私領域中女性身份參與政治的兩難，但是在面對黨外民主的發展與參與時，卻是以大家國論述為主軸，並無太多性別的位置，在重新編碼的過程承襲過去的民主敘述。邱瑞穗與楊祖珺則認同自己的「母親」身份，批判自己的「妻子」身份，並在重新詮釋當中，將自己視為從「昨日之我」出走的位置，也較鬆動黨外作

〔註 14〕翁秀琪，〈集體記憶與認同構塑——以美麗島事件為例〉，《新聞學研究》，第68 期，2001 年 7 月，頁 117～121。

〔註 15〕Nira Yuval-Davis, "Theorizing Gender and Nation", Gender & Nation, SAGE Publication Ltd, London, 1997, p.10.

〔註 16〕胡紹嘉，《敘事、自我與認同：從文本考察到課程研究》，台北，秀威資訊科技，2008 年 9 月，頁 26～27。

為一個整體的邊界。兩本自傳的共同性都是以「今日之我」批判「昨日之我」；以離婚後的自我覺醒批判昨日臣服的妻子。在政治民主／性別民主上具有雙重且複雜的自我認同，楊祖珺是反國民黨威權／反黨外父權／反單一民主威權的政治認同與自我定位；邱瑞穗則是反國民黨威權／反黨外父權／擬傳統倫理等意識型態，下文則針對兩人敘述與其再現背後的性別／民主意涵進行細部的討論。

　　從 1990 年代的自傳來看，個人是一種政治的，政治也是個人的。講述是被選擇過的，事實並不會自我陳述。被選擇的事實為說話者說話，並藉此認同什麼作為改變人生的主要力量。上述政治傳記中，藉著自我與民主的關係，將自己擺置到歷史的位置中，其中可以看到政治民主／性別民主之間的對話，其中陳菊、余陳月瑛、曾心儀認同黨外政治民主的論述；楊祖珺與邱瑞穗則認同婦運論述中政治民主的不足。其述說的差異在於她們自身的群體認同，另一方面也看到政治民主的非普遍性。其差異來自她們自身的群體認同此一部份，則從自述的政治啟蒙可以看出，余陳月瑛的「政治民主」啟蒙者是余登發；陳菊的「政治民主」啟蒙者是郭雨新；邱瑞穗的「性別民主」啟蒙者是劉律師；楊祖珺傳記則出現「政治民主」啟蒙者王津平、王拓，「性別民主」啟蒙者西蒙‧波娃的雙重論述，甚至她們在自我定位時建立的民主系譜亦不相同，從中也看到「政治民主」的非普遍性。然而，政治傳記並非在真空中被講述，1990 年代使得性別民主的敘說能成為可說（tell-able）的。但在 1970 年代與 1980 年代的時空，更為可說的是政治民主。

　　陳菊、余陳月瑛、曾心儀將自己放在台灣自由主義民主的脈絡與系譜下，與自身認同的政治世界息息相關，黨外許多資源在民進黨成立之後被吸納到民進黨，與民進黨人士接近的政治傳記中，則較吻合黨外論述中的政治民主論述。相較之下，邱瑞穗與楊祖珺皆以離婚後的前妻身份批判過往妻子的身份，將性別政治與民主政治進行結合。邱瑞穗主要以批判黃順興為主，較落入個人情感上的批判與個人自覺的書寫。楊祖珺則認同自己為夏潮系統／外省人／女性身份的位置看待自己與黨外運動的關係，將以往不可說、被沉默、被壓抑的「黨外分歧」，從語言、性別、省籍重新看待。呈現較多政治民主欠缺論辯的過程。當代的民主理論提出「辯論越充分，控制力就越弱」〔註17〕，

〔註17〕約翰‧S. 德雷澤克（John S. Dryzek），丁開傑等譯，《協商民主及其超越：自由與批判的視角》，北京，中央編譯出版社，2006 年 9 月，頁 62。

當「民主」的「反論述」也可能形成「威權論述」，是忽略協商的民主應有平等以及同等權力的基礎。在自我陳述與威權、反威權的關係中，看見「記憶，就是反博物館：它是不可定位的。某些片斷從記憶裡脫身並進入到傳說之中。」〔註 18〕，記憶的紛雜，也來自於當下的位置以及所召喚的民主記憶。敘述中「無權威模式是一種取消權威、消解中心的敘事模式，它不但反對敘事者將一種外在的東西強加於文本，而且在文本自身內部也不再恪守用等級制或目的論的觀點來處理和協調各種話語之間的關係。」〔註 19〕，本文觀察自傳論述、黨外論述、婦運論述的論述轉變，看見不同的場域有不同的再現策略，其策略背後則是不同層次、不同等級制度的性別／民主意涵。

黨外女性自傳自己擺置在不同的「政治民主」與「性別民主」光譜中。其敘述出現具有反國民黨威權／擬傳統性別秩序、反國民黨威權／無性別敘述、反國民黨威權／文化菁英優位視角等不同的層次。在認同政治民主論述的自傳中常出現以傳統性別敘述或無性別敘述來進行「政治民主」的政治修辭，以曖昧、弔詭或次要的性別話語展現對「政治民主」的追求。楊祖珺《玫瑰盛開——楊祖珺十五年來時路》（1992）與邱瑞穗《異情歲月》（1994）兩本政治自傳與男性傳記的共同之處一樣為反國民黨威權之外，亦對原有團體邊界與唯一價值產生批判，其「反敘述」形成反國民黨威權／反父權秩序；抑或反國民黨威權／反父權秩序／擬傳統倫理秩序等不同層次的意識型態。

〔註 18〕 米歇爾‧德‧塞拖（Michel de Certeau），方琳琳、黃春柳譯，《日常生活實踐》，南京，南京大學出版社，2009 年 5 月，頁 186。

〔註 19〕 吳秀明，〈轉型期文學敘事現代性的遞嬗演進及特徵〉，收錄於張頤武主編，《現代性中國》，中國開封，河南大學出版社，2005 年 3 月，頁 261。

參考書目

一、英文書目

1. Anna Obanyan, "State-Society Nexus and Gender: Armenian Women in Postcommunist Context", in Women and Politics around the World: A Comparative History and Survey, volume two: country profiles, edited by Joyce Gelb・Marian Lief Palley, 2009.

2. Anne Stevens, "Do Women Make a Difference", Women, Power and Politics, New York, PALGRAVE MACMILLAN, 2007.

3. Anne Stevens, Women, Power and Politics, Palgrave Macmillan, New York, 2007.

4. Bell, hooks, Feminism is for Everybody, Gloria Watkins, Canada.

5. Benita Roth, Separate Roads to Feminism: Black, Chicana, and White Feminist Movements in America's Second Wave, Cambridge University Press, 2004.

6. Cal Clark and Janet Clark, "Women in Taiwan: The Opportunities and Limits of Socioeconomic and Political Change for Women's Empowerment", in Women and Politics around the World: A Comparative History and Survey, volume two: country profiles, edited by Joyce Gelb・Marian Lief Palley, 2009.

7. Christina Wolbrecht, "Introduction: What We Saw at the Revolution: Women in American Political Science", in Political Women and American Democracy, ed by Christina Wolbrecht、Karen Bechwith、Lisa Baldez, New York, Cambridge University Press, 2008.

8. Connell. R. W., Masculinities, University of California Press, 1995.

9. Craig Calhpun, "Preface", in Social Theory and the Politics of Identity, ed by Craig Calhoun, USA, 1994.

10. Gloria T. Hull, Barbara Smith, "Politics of Black Women's Studies ", All the Women Are White, All the Blacks Are Men, But Some of Us Are Brave-Black women's Studies 1982, by the Feminist Press.

11. Gwen Gray‧Marian Sawer, "Australian Women: Repertoires of Change", in Women and Politics around the World: A Comparative History and Survey, volume two: country profiles, edited by Joyce Gelb‧Marian Lief Palley, 2009.

12. Harding, Sandra. Whose Science? Whose Knowledge? : Thinking from Women's Lives. Ithaca, New York: Cornell University Press, 1991.

13. Jane Junn and Nadia Brown, "What Revolution? Incorporating Intersectionality in Women and Politics", in Political Women and American Democracy, ed by Christina Wolbrecht、Karen Bechwith、Lisa Baldez, New York, Cambridge University Press, 2008.

14. Lisa Baldez, "Political Women in Comparative Democracies: A Primer for Americanists ", in Political Women and American Democracy, ed by Christina Wolbrecht、Karen Bechwith、Lisa Baldez，New York, Cambridge University Press, 2008.

15. Louise Edwards and Mina Roces, Women's Suffrage in Asia: Gender, nationalism and democracy, edited by, RoutledgeCurzon, 2004.

16. Magda Hinojosa, "Argentina's Women: Don't Cry for Us", Women and Politics around the World: A Comparative History and Survey, Volume Two: Country Profiles, Edited by Joyce Gelb‧Marian Lief Palley, 2009.

17. Margaret R. Somers and Gloria D. Gibson, "Reclaiming the Epistemological "Other": Narrative and the Social Constitution of Identity", in Social Theory and the Politics of Identity, ed by Craig Calhoun, USA, 1994.

18. Marilyn Friedman, Autonomy, Gender, Politics, the concept of autonomy, Oxford: Oxford University Press, 2003.New York.

19. Maro Pantelidou Maloutas, The Gender of Democracy: Citizenship and gendered subjectivity, Routledge, 2006.

20. Mary Evans, Introducing Contemporary Feminist Thought, USA, Blackwell Publisher, 1997.

21. Molly A. Mayhead and Brenda Devore Marshall, Women's Political Discourse: A 21st-Century Perspective, USA, Rowman& Littlefield Publishers, 2005.

22. Nira Yuval-Davis, Gender &Nation, SAGE Publication Ltd, London, 1997.

23. Norman Fairclough, Critical discourse analysis: the critical study of language, Harlow, England: Longman, 1995.

24. Norman Fairclough, Discourse and Social Change, by Polity Press, UK, 1992.

25. Patricia Hill Collins, Black feminist thought: knowledge, consciousness, and the politics of empowerment, Boston: Unwin Hyman: 1990.New York: Routledge.

26. Paul Ricoeur, The Reality Of The Historical Past, Marquette University, 1984.

27. Raewyn Connell, 2007, Southern Theory, Cambridge: Polity Press.

28. Raymond Williams, Marxism and Literature, Oxford, Oxford University Press, 1977.

29. Raymond Williams, The Long Revolution, London, The Hogarth Press, 1992.（First published by Chatto&Windus Ltd 1961.）

30. Richard and Kylie Smith ed, Hegemony: Studies in Consensus and Coercion, Routledge, New York, 2008.

31. Richard Howson, "Hegemony in the Preprison Context", Hegemony: Studies in Consensus and Coercion, edited by Richard and Kylie Smith, Routledge, New York, 2008.

32. Rohini Hensman, "the role of women in the resistance to political authoritarianismin Latin America and South Asia", Georgin Waylen, Women and Politics in the Third World, edited by Haleh Afshar，Routledge, 1996.

33. Sara M. Evans, Foreword, Feminist Coalition: Historical Perspectives on Second-Wave Feminism in the United States, edited by Stephanie Gilmore, University of Illinois Press, 2008.

34. Willams, Raymond. "Dominant, Residual, and Emergent", in Marxism and literature, Oxford University Press, 1977.

二、中文書目

1. 〈許榮淑不愧「鐵娘子」──全國最高票的立委當選人〉，1986 年，《薪火》週刊。

2. 〈許榮淑台中服務處已成黨外象徵的堡壘〉，頁 40。

3. 〈蘇慶黎：為弱者說話的女強人〉，《新生代》，創刊號，1982 年 4 月，頁 16。

4. 〈鐵娘子大發雌威──許榮淑締造立委最高記錄〉，1986 年，《領先》雜誌。

5. 〈鐵娘子許榮淑病倒入院〉，《台灣廣場》，1984 年，第 10 期。

6. 《大學雜誌》，第九期，1968 年 9 月，頁 32～38。

7. 《民主天地》週刊選舉小組，〈許榮淑聲勢壯，國民黨內力強〉，《民主天地》週刊，第 37 期，1985 年 11 月 11 日，頁 24～27。

8. 《生根》週刊特別報導，〈呂秀蓮回來了！〉，《生根》週刊復刊第 3 期，1985 年 4 月 6 日，頁 31。

9. 《勇者的身影——江鵬堅先生行誼訪談錄》，臺北縣新店市，國史館，2004年5月，頁179。

10. 「婦女新知」編輯部，〈婦女團體對憲政改革之聯合聲明〉，《婦女新知》，11。

11. 「婦女新知」雜誌社〈參政是婦女的權利〉、〈鼓勵婦女參政支持陳秀惠參選國代〉、〈婦女新知對憲政改革的主張〉等文，《婦女新知》，1991年9月1日，112期，頁2～3。

12. 「婦女新知」雜誌社社論，〈看看美國，看看我們自己：談選舉中的婦女問題〉，《婦女新知》，1984年12月15日，第31期，第一版。

13. 「黨外黨外」報導，〈鐵娘子許榮淑病倒入院〉，《台灣廣場》，1984年8月13日，第10期，頁54。

14. Albert Weale 著，謝政達譯，《民主政治》，臺北，韋伯文化出版社，2001年9月，頁195。

15. Charles Lement、Garth Gillan，陳光中、吳季樹譯，〈批判社會學另一新的替代方案：傅柯的論述分析〉，《中山社會科學譯粹》，中山大學中山學術研究所，第3卷，第4期，民77年10月，頁90。

16. Dr Simone de Beduvoir，順惟摘譯，〈愛情與女性〉，《大學雜誌》，第18期，1969年6月，頁15～17。

17. Fernand Braudel, On History, 1980, London: University of Chicago Press.

18. Gerard Delanty，駱盈伶譯，《現代性與後現代性：知識、權力與自我》，台北縣永和市，韋伯文化國際，2009年，頁265。

19. Jugen Kremb 著，葉慧芳譯，《魏京生前傳》，臺北市，捷幼出版社，1998年9月出版。

20. Laurence Whitehead，朱柔若譯，《民主的代價：冷戰後全球的民主化運動》，台北，國立編譯館，1995年12月，頁7。

21. Pamela Abbott and Claire Wallace 著，俞智敏、陳光達、陳素梅、張君玫譯，《女性主義觀點的社會學》，臺北市，巨流，1995年1月。

22. Peter Wagner，駱盈伶譯，《現代性的理論化之路》，台北，韋伯文化國際出版，2009年3月，頁156。

23. R.R 帕爾默（R.R. Palmer），牛可等譯，《冷戰到全球化：意識型態的終結？》，中國，北京，世圖北京公司，2010年12月。

24. Robert F. Berkhofer, Jr 著，刑立軍譯，《超越偉大故事：作爲文本和話語的歷史》（Beyond the Great Story: History as Text and Discourse），北京，北京師範大學出版社，2008年1月。

25. Samuel P. Huntington，劉軍寧譯，《第三波：二十世紀末的民主化浪潮》，臺北，五南出版社，2005年10月。

26. 三林,〈把民主帶到立法院——訪許榮淑委員〉,《深耕雜誌》,第 2 期, 1981 年 7 月,頁 7。

27. 公孫龍,〈周清玉的痛苦——對政治沒有興趣竟成為「黨外樣版」〉,《深耕雜誌》,第 23 期,1982 年 12 月 10 日,頁 30～31。

28. 毛定瑩,〈民運與婦運〉,《婦女與政治參與》,婦女新知基金會出版部, 1989 年 11 月,頁 156～157。

29. 巴特,《符號學原理》,北京,三聯書店,1988 年。

30. 方素敏,〈盼望〉,收錄於《方素敏的抉擇》,頁 62。

31. 方素敏編著,《對台灣的愛——方素敏的抉擇》,臺北市,三捷印刷廠, 1983 年 11 月出版,頁 5。

32. 孔傑榮,〈呂秀蓮的心路歷程〉,《鐘鼓鑼》,第 1 卷,第 7 期,1983 年 7 月 20 日,頁 29。

33. 王丹,〈打造政治犯家屬的歷史群像〉,《自由時報》,副刊版,2010 年 6 月 16 日。

34. 王孝勇,〈女性主義立場論的主體與權力問題〉,《政治與社會哲學評論》, 第 21 期,2007 年 6 月,頁 90～113。

35. 王秀雲,《「女性與知識」的幾個歷史建構及其比較:以台灣當代、七〇年代台灣、清末及民初四段時空為背景》,國立清華大學,碩士論文,1992 年 6 月。

36. 王明珂〈誰的歷史:自傳、傳記與口述歷史的社會記憶本質〉,《思與言》, 第 34 卷,第 3 期;

37. 王明珂演講,董群廉紀錄整理,〈典範歷史與邊緣歷史:文獻、口述及其他〉,《國史管館刊》,復刊第 29 期,民國 89 年 12 月,頁 15。

38. 王金壽等作,《秩序繽紛的年代:走向下一輪民主盛世》,臺北縣新店市, 左岸文化,2010 年 7 月。

39. 王晉光,〈自辯謗書實錄——論《王映霞自傳》〉,《傳記文學新近學術文論選》,北京,中國青年出版社,2011 年 1 月,頁 525。

40. 王達樂,〈第三波民主化的省思〉,《理論與實踐》,2000 年 1 月,頁 14。

41. 王維芳,〈第三波民主化後的蒙古政治體制設計〉,《政大民族學報》,國立政治大學民族學系出版,第 28 期,2009 年 6 月,頁 34。

42. 王霞,〈許榮淑不愧「鐵娘子」——全國最高票的立委當選人〉,《薪火》週刊,1986 年 12 月 12 日,頁 41～43。

43. 古淑芳,《台灣黨外運動(1977～1986)——以黨外言論為中心之研究》, 台灣師範大學歷史研究所碩士論文,1999 年,6 月。

44. 台灣年代編輯室筆記,〈婦女運動是民主運動的一環〉,《台灣年代》,1984 年 4 月 11 日,第 6 期,頁 1。

45. 民主天地週刊選舉小組，〈余陳月瑛最艱苦的一戰〉，《民主天地》週刊，第 37 期，1985 年 11 月 11 日，頁 21～23。

46. 民主天地週刊選舉小組，〈那一夜，我們「幹」國民黨〉，《民主天地》週刊，第 37 期，1985 年 11 月 11 日，頁 22～23。

47. 布洛克著，周婉窈譯，《史家的技藝》臺北，遠流出版，1989 年 1 月。

48. 弗朗茲・法農（Frantz Fanon），《黑皮膚，白面具》，臺北，心靈工坊，2005 年，頁 237。

49. 本雅明，《發達資本主義時代的抒情詩人》，三聯書店，1989 年 3 月。

50. 石元康，〈市民社會與民主〉，收錄於石元康等作，《市民社會與民主的反思》，臺北，桂冠出版，1998 年，頁 2～3。

51. 石元康等作，《市民社會與民主的反思》，臺北，桂冠出版，1998 年，頁 201。

52. 石之瑜、黃競娟，《當代政治學的新範疇——文化、性別、民族》，臺北市，翰蘆圖書，2001 年元月。

53. 田弘茂、朱雲漢、Larry Diamond、Marc Plattner 主編，《鞏固第三波民主》，臺北市，業強出版社，1997 年 10 月。

54. 申生，〈化悲痛爲關懷——訪周清玉女士〉，《深耕雜誌》，第 23 期，1982 年 12 月 10 日，頁 21。

55. 任佑卿，〈殖民地女性與民族／國家想像〉，《台灣社會學研究季刊》，第 58 期，2005 年 6 月，頁 4。

56. 安小石，〈拒絕做第二性的女人〉，《婦女新知》，第 48 期，1986 年 5 月 10 日出版，頁 4～5。

57. 安東尼・紀登斯（Anthony Giddens），尹宏毅譯，《現代性：紀登斯訪談錄》，臺北，聯經出版社，2002 年 4 月，頁 100。

58. 成令方，〈女性主義歷史的挑戰：概念與理論——二十年來英美女性歷史學者關注的議題〉，《近代中國婦女史研究》，1993 年 6 月，頁 234。

59. 成令方，〈海外婦女報導〉，《婦女新知》，第 9 期，1982 年 10 月 10 日出版，頁 28～29。

60. 成令方，〈海外婦女報導〉，《婦女新知》，臺北，第 7 期，1982 年，8 月 10 日，頁 8～9。

61. 成令方，〈掃除城鄉大差距 開發婦運新血輪〉，中國時報，2000 年 1 月 2 日，十五版。

62. 成令方，《抓起頭髮要飛天：嬉笑怒罵的女性主義論述》，臺北市，時報文化，1993 年，頁 17～18。

63. 朱昭陽口述，吳君瑩紀錄，林忠勝撰述，《朱昭陽回憶錄：風雨延平出清流》，臺北市，前衛出版社，2009 年 02 月，頁 i。

64. 朱崇儀,〈女性自傳:透過性別來重讀／重塑文類?〉,《中外文學》,第 26 卷,第 4 期,1997 年 9 月。

65. 朱雲漢,〈全球第三波民主化的反思〉,收錄於《民主‧轉型?台灣現象》,臺北市,桂冠文化,1998 年 8 月。

66. 江宜樺,〈當前台灣國家認同論述之反省〉,《台灣社會研究季刊》,第 29 期,1998 年 3 月,頁 165。

67. 江湖客,〈陳菊釋後,初吐心聲〉,頁 17～18。

68. 米歇爾‧德‧塞拖(Michel de Certeau),方琳琳、黃春柳譯,《日常生活實踐》,南京,南京大學出版社,2009 年 5 月,頁 152。

69. 艾瑞克‧霍布斯邦(Eric J. Hobsbawm)著,黃煜文譯,《論歷史》,臺北,麥田出版社,2004 年 2 月 1 日,初版四刷,頁 112。

70. 江詩菁,《宰製與反抗——中時、聯合兩大報系與黨外雜誌之文化爭奪(1975～1989)》,臺北縣板橋市,稻香出版,2007 年 7 月。

71. 冷月、黃昏,〈談「女性讀大學」〉即是此種觀點。見《大學雜誌》,第 18 期,1969 年 6 月,頁 30～31。

72. 何明修、林秀幸主編,《社會運動的年代:晚近二十年來的台灣行動主義》,臺北市,群學出版,2011 年 2 月,頁 290～321。

73. 余貞誼,〈我可能不夠女性主義:女性主義認同與實踐的敘事建構〉,《台灣社會學》,群學出版社,2011 年 6 月,頁 124。

74. 余陳月瑛,《余陳月瑛回憶錄》,臺北,時報文化,1996 年,頁 104。

75. 余陳月瑛口述,楊昭瑾採訪,楊瑛瑛整理,〈余家班舵手——余陳月瑛縣長〉,《婦女新知》,第 85 期,1989 年 6 月 1 日,頁 2。

76. 何路,〈鐵娘子大發雌威——許榮淑締造立委最高記錄〉,《領先》,1986 年 12 月 12 日,頁 24～25。

77. 何榮幸,〈曾與呂秀蓮、陳菊、施淑青並稱「黨外四大女寇」抗癌 11 載 蘇慶黎病逝北京〉,《中國時報》,2004 年 10 月 20 日,a13。

78. 吳乃德,〈反對運動的第二條陣線〉,《新潮流評論》,1990 年,16:29～40。

79. 吳三連口述,吳豐山撰記,《吳三連回憶錄》,臺北,自立報社,1991 年,頁 189。

80. 吳三連台灣史料基金會,《自覺與認同——1950～1990 年海外台灣人運動專輯》,臺北,財團法人吳三連台灣史料基金會,2005 年 6 月。

81. 吳自然,〈許榮淑參加世界婦女政治領袖會議〉,《九十年代週刊》,頁 54。

82. 吳自然,〈許榮淑參加世界婦女政治領袖會議〉,《九十年代週刊》。

83. 吳密察監修,遠流台灣館編著,《台灣史小事典》,臺北市,遠流,2000 年 9 月 10 日,頁 182。

84. 吳密察監修，遠流台灣館編著，《台灣歷史年表》，臺北，遠流出版社，2001 年 11 月 30 日二版一刷。

85. 吳碧秋，〈婦女新聞〉，《婦女新知》，第 42 期，1985 年 11 月 15 日，第一版。

86. 吳鴻淼，〈許信良輔娘鍾碧霞將代夫出征〉，《客家風雲》，第 11 期，1988 年 9 月 1 日，頁 27。

87. 呂秀蓮，〈向黨外姊妹致敬〉，原爲 1986 年在臺北市元穠茶藝館的致詞內容，後收錄於《兩性問題女性觀》，臺北，前衛出版社，1990 年初版一刷，頁 182。

88. 呂秀蓮，〈我們的明天會更好〉，《婦女新知》，第 127 期，1992 年 12 月 1 日，頁 7。

89. 呂秀蓮，〈政治廚房中的黨外女性〉，原載於 1986 年元月號《八十年代》，後收錄於《兩性問題女性觀》，臺北，前衛出版社，1990 年初版一刷，頁 187。

90. 呂秀蓮，〈突破婦女參政的瓶頸〉，原載於 1985 年 11 月 20 日《自立晚報》，後收錄於《兩性問題女性觀》，臺北，前衛出版社，1990 年初版一刷，頁 175。

91. 呂秀蓮，〈婦女在歷史轉捩點上〉，原載 1988 年 7 月《婦女新知》，後收錄於《兩性問題女性觀》，臺北，前衛出版社，1990 年初版一刷，頁 210。

92. 呂秀蓮，〈當牝雞開始司晨〉，原載 1989 年 8 月 14 日《中國時報》，後收錄於《兩性問題女性觀》，臺北，前衛出版社，1990 年初版一刷，頁 94～197。

93. 呂秀蓮，〈當我們被迫受難時〉，《生根週刊》，復刊第 3 期，頁 1985 年 4 月 6 日，頁 32～33。

94. 呂秀蓮，《我愛台灣──呂秀蓮海內外演説選》，高雄縣，南冠出版社，1988 年 5 月初版。

95. 呂秀蓮，《兩性問題女性觀》，臺北，前衛出版社，1990 年初版一刷。

96. 呂秀蓮，《海外看臺灣》，高雄縣，南冠出版社，1988 年 5 月出版。

97. 呂秀蓮，《新女性主義》，高雄市，敦理出版社，1986 年 2 月 15 日。

98. 呂秀蓮主講，方宜整理，〈婦女在歷史轉捩點上──細數拓荒腳步·展望婦運前程〉，《婦女新知》，第 74 期，1988 年 7 月 10 日，頁 10。

99. 呂秀蓮主講，方宜整理，〈婦女在歷史轉捩點上──細數拓荒腳步·展望婦運前程〉，《婦女新知》，第 74 期，1988 年 7 月 10 日，頁 2～3。

100. 呂秀蓮主講，李金梅、崔梅蘭紀錄整理，〈以進階提升辦法取代婦女保障名額〉，《婦女新知》，第 119 期，1992 年 4 月 1 日，頁 6～9。

101. 呂秀蓮主講，崔梅蘭紀錄，〈婦女參政與民主化運動如何結合？〉，《婦女新知》，第 119 期，1992 年 4 月 1 日，頁 3。

102. 呂秀蓮等人座談，〈權力檯面，女性拍板〉，《天下雜誌》，1998 年 3 月 1 日，頁 104。

103. 呂芳上主編，《無聲之聲（Ⅰ）：近代中國的婦女與國家（1600～1950）》，臺北市，中央研究院近代史研究所出版，2003 年 5 月。

104. 宋國誠，《後殖民論述——從法農到薩伊德》，台北，擎松出版社，2003 年 11 月，頁 15。

105. 李元貞，〈在聖女與蕩婦之間——大選中的女性角色與形象〉，《婦女新知》，第 92 期，1990 年 1 月 1 日，頁 2。

106. 李元貞，〈消失中的台灣阿媽〉，《光華》雜誌，民國 85 年 5 月，頁 52。

107. 李元貞，〈婦女新知基金會的長短程目標〉，第 68 期，1988 年 1 月 10 日，頁 7。

108. 李元貞，〈婦女運動的回顧與展望〉，《婦女新知》，第 53 期，1986 年 10 月 10 日，頁 6。

109. 李元貞，〈訪美歸來談婦運〉，《婦女新知》，第 82 期，1989 年 3 月 1 日，頁 8～9。

110. 李文著，《白鷺鷥飛過——盧修一和他的時代》，臺北市，圓神出版社，2008 年 5 月，頁 155～156。

111. 李亦園編，《一九八五台灣文化批判——劇變與調適》，高雄，敦理出版社，1986 年 9 月。

112. 李西潭、張孝評，〈台灣民主化分析——Rustow 與 Huntington 模式檢驗〉，《中山人文社會科學期刊》，2002 年 12 月，第 10 卷第 2 期，頁 53。

113. 李西潭、張孝評，〈台灣民主化分析——Rustow 與 Huntington 模式檢驗〉，《中山人文社會科學期刊》，2002 年 12 月，第 10 卷第 2 期，頁 53～78。

114. 李昂主講，李瓊月整理，〈婦女的社會角色〉，《婦女新知》，1983 年 10 月 10 日，20 期，頁 48～49。

115. 李紀祥，《時間・歷史・敘事——史學傳統與歷史理論再思》，臺北，麥田出版社，2001 年 9 月 20 日，頁 37～87。

116. 李貞德，〈婦女參政健將——唐群英〉，《婦女新知》，第 19 期，1983 年 9 月 10 日，頁 38～39。

117. 李清如，〈期待女性意識的婦女參政——記「政壇傑出婦女之夜」〉，《婦女新知》，第 162 期，1995 年 11 月 5 日，頁 26。

118. 李清慧譯，〈瑪麗・沃爾斯考夫特的「女權的辯護」〉，《婦女新知》，第八期，1982 年 9 月 10 日出版，頁 21～25。

119. 李登輝，〈對台灣的堅持，永不改變〉，《自覺與認同──1950～1990 年海外台灣人運動專輯》，臺北，財團法人吳三連台灣史料基金會，2005 年 6月。

120. 李筱峰，〈台灣在野改革運動的歷史回顧〉，《透視黨外組黨》，臺北，1986年 12 月 1 日，風雲論壇社。

121. 李筱峰，〈近百年來台灣政治運動中的國家認同〉，《台灣近現代史論集》，臺北，玉山社，2007 年 10 月。

122. 李筱峰，《台灣民主運動四十年》，臺北，自立晚報，1988 年 5 月，二版。

123. 李蓮英，〈蘇慶黎赴美深造〉，《政治家》，頁 39。

124. 李瓊月、顧燕翎，〈一九八六國內外重要婦女新聞回顧〉，第 58 期，1987年 3 月 10 日，頁 10。

125. 汪暉、陳燕谷編，《文化與公共性》，北京，三聯，頁 290～337。

126. 狄灰心，〈周清玉再考第一！〉，《薪火》週刊，1986 年 12 月 12 日，頁25～27。

127. 貝克（Ulrich Beck）、紀登斯（Anthony Giddens）、拉什（Scott Lash）著，《自反性現代化：現代社會秩序中的政治、傳統與美學》，趙文書譯，北京，商務印書館，2001 年 8 月。

128. 阮愛惠，《九○年代台灣女性自傳研究》，銘傳大學應用中文研究所博士論文，2007 年五月。

129. 貝蒂・傅瑞丹（Betty Friedan）著，李令儀譯，《女性迷思：女性自覺大躍進》，臺北市，月旦，1995 年。

130. 亞洲人，〈支持方素敏高票當選〉，第 5 卷第 6 期社論，《亞洲人》。

131. 周清玉，〈周清玉的第一封公開信──向臺北市民及熱愛民主的同胞致敬〉，《進步雜誌》，第 1 卷，第 1 期，1981 年 4 月，頁 83。

132. 周琇環、陳世宏主編，《組黨運動──戰後台灣民主運動史料彙編（二）》，臺北縣，國史館，2000 年 7 月 5 日，頁 309。

133. 周嘉辰，《女人與政治》，臺北市，揚智文化，2003 年，頁 33。

134. 周碧娥，〈性別體制、政經結構與婦女運動的多元化〉，《思與言》，第 28卷第 1 期，1990 年 3 月，頁 70。

135. 周碧娥，〈性別體制、政經結構與婦女運動的多元化〉，《思與言》，第 28卷第 1 期，1990 年 3 月，頁 71。

136. 周慶祥，《黨國體制下的臺灣本土報業──從文化霸權觀點解析威權體制與吳三連《自立晚報》（1959～1988）關係》，世新大學傳播研究所博士論文，2006 年 6 月，頁 32。

137. 尚・勒狄克（Jean Leduc）著，林錚譯，《史家與時間》，台北，麥田出版，2004 年 1 月 15 日，頁 94～95。

138. 尚塔爾・墨菲（Chantal Mouffe），王恆・臧佩洪譯，《政治的回歸》，南京：江蘇人民出版社，2001 年 10 月。

139. 林正杰受訪，鄭美里採訪，〈我其實比較像老子——從街頭走向國會的林正杰〉，《婦女新知》，第 87 期，1989 年 8 月 1 日，頁 4～6。

140. 林玉茹，〈1945 年以來台灣學者台灣史研究的回顧——課題與研究趨勢的討論（1945～2000）〉，《台灣史料研究》，第 11 號，2003 年 9 月出刊，臺北，財團法人吳三連史料基金會，頁 2～3。

141. 林秀玲《現代文學中的女性身影》即以女性特殊性作爲分析，台北，里仁，2004 年。

142. 林良哲著，《何春木回憶錄》，臺北市，前衛出版社，2004 年，頁 243。

143. 林芳玫等，《兩性平權》，臺北市，立法院國會圖書館編，2002 年 8 月。

144. 林若塵等，《黨外，補破網——1983 黨外落選者專輯》，臺北，前衛，頁 76～77。

145. 林清芬，〈一九八〇年代初期台灣黨外政論雜誌查禁之探究〉，《國史館學術集刊》，2001 年 12 月 16 日，第 5 期。

146. 林清芬，〈一九八〇年代初期台灣黨外政論雜誌查禁之探究〉，《國史館學術集刊》，第 5 期。

147. 林雯，《黨外雜誌與民族主義——七、八〇年代台灣的民族主義論述》，89 學年，東吳大學，社會學研究所碩士。

148. 林龍溪，〈黨外的「苦力」，新生代的「褓母」——爲理想無私奉獻的陳菊〉，《第一線》，1986 年 5 月 24 日，頁 36。

149. 林雙不，《台灣新樂府》，台北，草根出版，1995 年 2 月初版，頁 127～132。（完稿於 1981 年五月。）

150. 林雙不，《安安靜靜想到他》，台北，草根出版社，1996 年 7 月出版。

151. 波寇克（Robert Bocock），田心喻譯，《文化霸權》，臺北，遠流出版社，1991 年 10 月 16 日初版一刷，頁 142～143。

152. 金一虹，《女性敘事與記憶》，中國北京，九州出版社，2007 年 9 月，頁 7～9。

153. 邱小如整理，〈陳菊，我們感念你！〉，《台灣年代》，1985 年 6 月 2 日，第 8 期，頁 45～46。

154. 邱延亮，《後現代政治》，台北，唐山出版，1995 年，頁 23。

155. 邱貴芬，〈沒有「要不要國家」，只有「我們要什麼樣國家」的問題〉，《騷動季刊》，臺北市，財團法人婦女新知基金會，1996 年 10 月，頁 76。

156. 邱瑞穗，《異情歲月》，臺北，聯經出版事業公司，1994 年 3 月 30 日初版二刷，頁 119～120。

157. 阿颯兒‧納菲西（Azar Nafisi）著，朱孟勳譯，《我所緘默的事》，臺北市，時報文化出版社，2011 年 2 月 18 日，頁 17。

158. 俞彥娟，〈美國婦女史研究中的「母親角色」〉，《近代中國婦女史研究》，2003 年 12 月，頁 199。

159. 俞彥娟，〈美國第二波婦女運動歷史研究之回顧：兼評王雅各《台灣婦女解放運動史》〉，《女學學誌：婦女與性別研究》第 18 期，2004 年 12 月，頁 216。

160. 施明德，《囚室之春》，臺北，寶瓶文化，2006 年 9 月，頁 11。著作完成日期 1990 年 4 月。

161. 施寄青，〈性別政治〉，《婦女與政治參與》，婦女新知基金會出版部，1989 年 11 月，頁 161。

162. 柄谷行人，小嵐九八郎訪談紀錄，林暉鈞譯，《柄谷行人談政治》，臺北市，心靈工坊文化，2011 年 7 月。

163. 柯林尼可斯（Alex Callinicos），杜章智譯，《阿圖塞的馬克思主義》，台北，遠流文化。1990 年 11 月 1 日，頁 80。

164. 柯惠鈴，《性別與政治：近代中國革命運動中的婦女（1900s～1920s）》，國立政治大學歷史研究所博士論文，2004 年 1 月。

165. 柏楊編，《一九八五台灣現實批判──台灣是誰的家》，高雄，敦理出版社，（1986 年 9 月初版），1987 年 8 月三版，頁 5。

166. 柯旗化，《獄中家書 柯旗化坐監書信集》，台南市，國立台灣歷史博物館，2010 年 9 月，頁 i。

167. 查爾斯‧泰勒（Charles Taylor）著，李尚遠譯，《現代性中的社會想像》，臺北，商周出版，2008 年 1 月，頁 262～280。

168. 洪三雄，《烽火杜鵑城：七〇年代台大學生運動》，臺北，自立晚報，1993 年。

169. 胡佛、梁雙蓮編，《一九八五台灣政治批判──信心危機》，高雄，敦理出版社，1986 年 9 月 15。

170. 胡健國主編，《二十世紀台灣民主發展：第七屆中華民國史專題論文集》，臺北縣，國史館，民 93 年。

171. 胡紹嘉，《書寫與行動──九〇年代後期女性私我敘述的態度轉折及其意義》，國立政治大學新聞學系，博士論文，2002 年。

172. 胡紹嘉，《敘事、自我與認同：從文本考察到課程研究》，台北，秀威資訊科技，2008 年 9 月，頁 113。

173. 約翰‧S. 德雷澤克（John S. Dryzek），丁開傑等譯，《協商民主及其超越：自由與批判的視角》，北京，中央編譯出版社，2006 年 9 月，頁 5。

174. 范郁文、廖錦桂主講〈婦運的政治策略及組織〉,《婦女新知》,第 117 期,1992 年 2 月 1 日,頁 10～12。

175. 范情,李梅蘭紀錄,〈相同情況者予相同待遇;差別情況者予差別待遇──才是眞平等〉,《婦女新知》,第 119 期,1992 年 4 月 1 日,頁 15。

176. 范雲,〈政治轉型過程中的婦女運動:以運動者及其生命傳記背景爲核心的分析取向〉,《台灣社會學》第 5 期,2003 年 6 月,頁 135。

177. 范雲、尤美女,〈台灣查某出頭天:范雲、尤美女漫談二十年來的婦女運動〉,《左岸文化歷史報》線上閱讀版,http://paper.udn.com/UDN/Subscribe/PapersPage/papers?pname=POL0007。(查閱日期 2010／11／17)

178. 范毅芬,〈女性參政之探討〉,《婦女與政治參與》,婦女新知基金會出版部,1989 年 11 月,頁 110。

179. 韋政通編,《一九八七台灣思想批判──衝破禁忌》,高雄,敦理出版社,1988 年 3 月。

180. 風雲論壇社,《透視黨外組黨》,臺北,1986 年 12 月 1 日,風雲論壇社。

181. 倪炎元,〈台灣女性政治菁英的媒體再現〉,《再現的政治:台灣報紙媒體對「他者」建構的論述分析》,臺北,韋伯,2003 年 1 月。

182. 孫寅瑞,〈「黨外」一詞意義之歷史考察〉,《史匯》第 5 期,2001 年 8 月,頁 105～106。

183. 徐正光、宋文裏等編,《台灣新興社會運動》,臺北,巨流圖書公司,1989 年。蕭新煌等著,《壟斷與剝削──威權主義的政治經濟分析》,臺北,台灣研究基金會,1989 年。

184. 徐正光、張曉春、蕭新煌編,《一九八六台灣社會批判──自力救濟》,高雄,敦理出版社,1987 年 3 月。

185. 徐愼恕,〈「婦女成長團體」的意義〉,《婦女新知》,第 38 期,1985 年 7 月 15 日,第四版。

186. 晏山農,《島嶼浮光──我的庶民記憶》,允晨文化,2009 年 10 月 1 日。

187. 柴松林、謝金河編,《一九八五台灣財經批判──財經風雲》,高雄,敦理出版社,1986 年 9 月 15 日。

188. 柴松林、謝金河編,《一九八七台灣財經批判──金錢遊戲》,高雄,敦理出版社,1988 年 3 月。

189. 班納迪克.安德森(Benedict Anderson),吳叡人譯,《想像的共同體:民族主義的起源與散》,臺北市,時報文化,1999 年。

190. 翁秀琪,〈批判語言學、在地權力觀和新聞文本分析:宋楚瑜辭官事件中李宋會的新聞分析〉,《新聞學研究》,1998 年,57 期,頁 91～126。

191. 翁秀琪,〈集體記憶與認同構塑──以美麗島事件爲例〉,《新聞學研究》,第 68 期,2001 年 7 月,頁 117～121。

192. 翁俊桔，〈新加坡的民主困境：第三波民主化的反例〉，《稻江學報》，第 1 卷，第 2 期，頁 246～264。

193. 軒轅平，〈折筆傳奇——陳婉眞的心路歷程（上）〉，《美麗島》，美麗島雜誌社出版，1979 年 9 月號，第 1 卷第 2 期，頁 42～45。

194. 高玉樹口述，吳君瑩紀錄，林忠勝撰述，《高玉樹回憶錄：玉樹臨風步步高》，臺北市，前衛出版，2007 年 7 月初版，頁 219。

195. 高俊明、高李麗珍口述，胡慧玲撰文，《十字架之路：高俊明牧師回憶錄》，初版，臺北市，望春風文化，2001 年，頁 16。

196. 高信疆、楊青矗編，《一九八七台灣民運批判——走上街頭》，高雄，敦理出版社，1988 年 3 月。

197. 高信疆編，《體檢美麗島——「一九八五台灣生活批判」》，高雄，敦理出版社，1986 年 9 月，頁 36。

198. 婦女新知編輯部，〈做個很棒的自己——葉菊蘭要以公職帶動體制改革〉，《婦女新知》，第 89 期，1989 年 10 月 1 日，頁 3。

199. 婦女新知雜誌社，〈很多婦女去聽政見會了〉，《婦女新知》第 43 期，1985 年 11 月 15 日，第一版。

200. 婦女新知雜誌社，〈婦女新聞〉，《婦女新知》，第 72 期，1983 年 7 月 10 日，頁 7。

201. 婦女新知雜誌社，「世界婦女動態：全世界的政府領袖有五位是女性」，《婦女新知》，第 57 期，1987 年 2 月 10 日，頁 13。

202. 婦女新知雜誌社，「婦女新聞」，《婦女新知》，第 18 期，1983 年 8 月 10 日，頁 6～7。

203. 婦女新知雜誌社社論，〈迎接一九八九年台灣大選〉，《婦女新知》，第 80 期，1989 年 1 月 10 日，頁 1。

204. 張世瑛訪問紀錄，《勇者的身影——江鵬堅先生行誼訪談錄》，臺北縣新店市，國史館，2004 年 5 月。

205. 崔末順，〈封建性與現代性的衝突——日據時期台韓小說中的女性處境〉，《女學學誌》，2007 年 6 月，頁 3。

206. 張玉佩，〈當認同遇上隱喻：談隱喻在認同塑造的運作〉，《新聞學研究》。

207. 張同道、黎煜，《被遺忘的輝煌——記孫明經與金陵大學教育電影》，北京電影學院學報，2005 年，頁 4。

208. 張京媛主編，《新歷史主義與文學批評》，中國北京，北京大學出版社，1993 年 1 月第一版。

209. 張炎憲，〈台灣人意識回憶錄的出現——國民黨文化霸權的崩解〉，《台灣史料研究》，第 11 號，1998 年 5 月出刊，台北，財團法人吳三連史料基金會，頁 65。

210. 張炎憲，《民主崛起：1980's 台灣民主化運動訪談錄 2》，臺北，國史館，2008 年 4 月。

211. 張炎憲，《自覺與認同——1950～1990 年海外台灣人運動專輯》，臺北，財團法人吳三連台灣史料基金會，2005 年 6 月。

212. 張炎憲主編，《民主崛起：1980's 台灣民主化運動訪談錄 1》，臺北縣新店市，國史館，2008 年 4 月。

213. 張俊巨集，〈張俊巨集給許榮淑的一封信——分擔苦痛、維護公道〉，《台灣潮流週刊》，第 1 期，1984 年 8 月 20 日，頁 53。

214. 張炳清、韓永學編著，《大賭局：冷戰後地緣政治格局》，北京：中國社會科學出版社，1999 年 3 月，頁 68。

215. 張苙雲，呂玉暇，王甫昌主編，《九〇年代的台灣社會：社會變遷基本調查研究系列二》，，1997 年 5 月，臺北，中央研究院社會學研究所籌備處。

216. 張富忠、邱萬興編著，《綠色年代：台灣民主運動 25 年 1975～2000》，臺北，財團法人綠色旅行文教基金會，2005 年 10 月 12 日出版。

217. 張輝潭，《台灣當代婦女運動和女性主義實踐初探——一個歷史的觀點》，1995 年，國立清華大學社會人類學研究所碩士論文。

218. 張曉春、蕭新煌、徐正光編，《一九八五台灣社會批判——社會轉型》，高雄，敦理出版社，1986 年 9 月 15 日。

219. 張靜倫，《顛簸躓僕來時路——論戰後台灣的女人、婦運與國家》，台灣大學社會學研究所。

220. 張頤武主編，《現代性中國》，中國開封，河南大學出版社，2005 年 3 月。

221. 曹愛蘭，〈女性主義自覺團體〉，《婦女新知》，第 71 期，1988 年 4 月 10 日，頁 12。

222. 曹愛蘭，〈安息在故鄉的土地上——悲悼台灣婦女民主運動前輩陳翠玉女士〉，《婦女新知》，第 76 期，1988 年 9 月 10 日，頁 4～5。

223. 梁雙蓮，，《婦女與政治參與》，婦女新知基金會出版部，1989 年 11 月。

224. 梁雙蓮，〈婦女對選舉應有的認識〉，《婦女新知》，第 42 期，1985 年 10 月 15 日，第一版。

225. 梁雙蓮，〈淺談婦女保障名額〉，《婦女新知》，第 53 期，1986 年 11 月 10 日，頁 1。

226. 梁雙蓮，《婦女與政治參與》，婦女新知基金會出版部，1989 年 11 月，頁 27。

227. 梁雙蓮、朱浤源，〈從溫室到自立——台灣女性省議員當選因素初探（1951～1989）〉，《近代中國婦女史研究》，中央研究院近代史，第一期，1993 年 6 月，頁 110。

228. 梁雙蓮主講，柏蘭芝整理，〈「婦女問題的探討」系列演講摘要（五）——婦女與政治參與〉，《婦女新知》，第 64 期，1987 年 9 月 10 日，頁 18。

229. 深耕雜誌社，〈黨外運動的目標與路線座談會〉，《深耕》半月刊，第十八期，1982 年 9 月 25 日，頁 5。

230. 莊子秀〈瑪麗‧卡迪娜和安妮‧艾諾的自傳小說／創作言說〉，《女學學誌：婦女與性別研究》第 22 期，2006 年 12 月。

231. 許小敗，〈恨我不能投給阿丹——選戰中的女性特寫〉，《婦女新知》，第 129 期，1993 年 2 月 1 日，頁 24～25。

232. 許國泰，〈發行人的話——在深耕之後生根〉，《生根》週刊，創刊號，1983 年 2 月 13 日，頁 1。

233. 許雪姬、薛化元、許淑雅等撰文，《台灣歷史辭典》，臺北市，文建會，2004 年 5 月 18 日一版一刷。

234. 許榮淑，〈許榮淑的話〉，《生根》週刊，創刊號，1983 年 2 月 13 日，第 1 版。

235. 許榮淑口述，李燕芳採訪，〈政壇鐵娘子許榮淑〉，《婦女新知》，第 81 期，1989 年 2 月 1 日，頁 2。

236. 陳三井主編，《近代中國婦女運動史》，臺北市，近代中國出版社，2000 年 12 月 25 日出版。

237. 陳少廷〈論現代大學的社會責任〉一文，《大學雜誌》，第四期，1968 年 4 月 20 日，頁 4～5。

238. 陳文茜、蘇逸凡，〈爲黨外奉獻的六位女性〉，《政治家》半月刊，臺北，1982 年 3 月 1 日，第 24 期，頁 22～23。

239. 陳水源著，《台灣歷史的軌跡》，台中市，晨星出版有限公司，2000 年 12 月 30 日。

240. 陳世宏、許芳庭、薛月順訪問，薛月順紀錄整稿，「1980 年代台灣民主化運動口述訪談計畫」，2005 年 11 月 2 日訪問。（http://www.wretch.cc/blog/feidy/4630319　2011 年 12 月 15 日搜尋）

241. 陳玉玲，《尋找歷史中缺席的女人：女性傳記的主體性研究》，嘉義縣：南華管理學院出版，1998 年，臺北市：紅螞蟻總經銷。

242. 陳秀惠，〈代「婦」出征〉，《婦女新知》，第 115 期，1991 年 12 月 1 日，頁 4。

243. 陳奇，〈周清玉徘徊選立委與來年大選之間〉，《這一代》，臺北市，這一代雜誌社，第 30 期，1983 年 3 月 5 日，頁 5。

244. 陳孟元，〈台灣一九七〇年代後期黨外運動的發展——凝聚、頓挫與再出發〉，頁 72～74。

245. 郭林汾，〈二二八與我〉，《台灣史料研究》，第 11 號，2006 年 12 月出刊，臺北，財團法人吳三連史料基金會，頁 182。

246. 陳明莉，《身體再思考：女人與老化》，高雄市，巨流出版，2010 年 9 月，頁 154。

247. 陳品，《非常女人》，臺北市，大村文化，1996 年。

248. 陳恆、耿相新主編，《布勞代爾的遺產》，鄭州，大象出版社，2004 年 7 月，頁 114。

249. 郭美謹，〈溫柔的父親〉一文，《婦女新知》，第 18 期，1983 年 8 月 10 日，頁 21。

250. 陳若曦，〈再出發的黨外〉，《深耕雜誌》，第 9 期，1982 年 5 月 9 日，頁 32～33。

251. 陳若曦，〈我見到林義雄的太太〉，頁 17。

252. 陳郁秀編著，《生命的禮讚——盧修一博士紀念文集》，臺北，時報文化出版社，2000 年 8 月 1 日。

253. 陳重逢，〈余玲雅接下余陳月瑛的棒子〉，《政治家》半月刊，臺北，1982 年 9 月 1 日，第 36 期，頁 35。

254. 陳婉真，《草山小蛇與民進黨的頭人們》，臺北板橋，陳婉真服務處，1997 年 11 月出版，頁 367～368。本文為 1997 年 8 月 6 日報社評論。

255. 陳婉真、楊茹憶整理，〈婦女新領袖，邁向立法院大進擊——選前暖身座談會〉，《婦女新知》，第 127 期，1992 年 12 月 1 日，頁 8。

256. 陳莎莉，〈因為「婦女保障名額」而當選的高薰芳〉一文，《婦女新知》，第 83 期，1989 年 4 月 1 日，頁 8～9。

257. 陳惠珍，〈政治的可親性〉，《婦女新知》，第 20 期，1987 年 5 月 10 日，頁 10。

258. 陳惠珍，〈婦女與選舉〉，《婦女新知》，第 62 期，1987 年 7 月 10 日，頁 10～13。

259. 郭惠娜、林衡哲編，《郭雨新紀念文集》，臺北，前衛出版社，1988 年 9 月 15 日出版。

260. 陳菊，〈台灣婦女的政治參與〉，轉載自第四屆全國婦女國是會議，頁 7～10。

261. 陳菊，《黑牢嫁妝》，臺北，月旦出版，1993 年 12 月，頁 27。

262. 陳菊，《橄欖的美夢：台灣菊‧台灣情》，臺北，月旦，1995 年 5 月，頁 68～70。

263. 陳菊、林至潔對談，王妙如記錄整理，〈兩代女性政治受難者的對話～林至潔 VS.陳菊〉，頁 31。

264. 陳雅惠，《運動刊物中性別論述的演變——《婦女新知》的語藝觀察》，2001 年，輔仁大學大眾傳播研究所碩士論文，2001 年。

265. 陳順馨、戴錦華編選，《婦女、民族與女性主義》，北京，中央編譯社，2002 年。

266. 陳煒翰，〈從《自由時代》系列雜誌看 1986 年的黨外運動〉，《台灣史學雜誌》，第 6 期，2009 年 6 月，頁 169。

267. 陳筱茵，《島嶼邊緣：198、90 年代之交台灣左翼的新實踐論述》，交通大學，社會與文化研究所，碩士論文，1996 年 7 月。

268. 陳嘉農，〈迎方素敏〉，《台灣文藝》，90 期，1984 年 9 月。

269. 陳翠蓮，〈二二八事件史料評述〉，《台灣史料研究》，第 11 號，2004 年 2 月出刊，臺北，財團法人吳三連史料基金會，頁 160。

270. 陳翠蓮，〈黨外書籍與台灣民主運動（1973～1991）〉，《台灣文獻》，第 55 卷第 1 期，頁 3～19。

271. 陳儀深著，《在人間造政治淨土》，臺北縣，稻香出版社，1991 年 7 月。

272. 郭豔，〈新興民主政體的轉型正義難題〉，中國，南京工業大學學報，第 8 卷第 1 期，2009 年 3 月，頁 5。

273. 麥克唐納（Diane Macdonell）著，陳墇津譯，《言說的理論》，臺北，遠流出版，1990 年 12 月 1 日，頁 12。

274. 凱瑟琳·麥金儂（Catharine A. MacKinnon）著，陸詩薇等譯，《言語不只是言語——誹謗、歧視與言論自由》，台北市，博雅書屋，2010 年 12 月，頁 146。

275. 彭明敏，《自由的滋味：彭明敏回憶錄》，2009 年增定版，臺北市，玉山社，2009 年 4 月，頁 10～80。

276. 彭婉如，〈九○年代世界婦女動態〉，《婦女新知》，第 106 期，1991 年 3 月 1 日，頁 29。

277. 彭琳淞，〈黨外雜誌與台灣民主運動〉，胡健國主編，《二十世紀台灣民主發展：第七屆中華民國史專題論文集》，臺北縣，國史館，民 93 年，頁 698～700。

278. 彭瑞金，《台灣野生的政治家余登發》，臺北市，時報文化，1995 年。

279. 曾心儀，《心內那朵花——台灣民主運動的文學紀事》，序三，臺北，永和，新風格文藝，2000 年，頁 83。

280. 曾心儀，《遊過生命的黑河》，台南市，南市文化，1996 年，頁 28～30。

281. 曾心儀，《福爾摩沙紅綠繽紛》，臺北縣，遠景出版，晴光文化發行，2010 年 2 月，頁 60。

282. 曾心儀著，《又聞稻香》，臺北縣，新風格文藝出版，1995 年 3 月，頁 18～19。

283. 曾心儀著,《曾心儀集》,臺北,前衛出版社,1992 年 4 月 15 日初版。

284. 游美惠,〈內容分析、文本分析與論述分析在社會研究的運用〉,《調查研究》,第 8 期,頁 22～36。

285. 游惠貞編,《女性與影像──女性電影的多角度閱讀》,臺北市,遠流出版社,黑白屋電影工作室策劃,1994 年。

286. 賀姍,〈新女性主義的拓荒者呂秀蓮〉一文也是如此,《婦女新知》,第 23 期,1984 年 1 月 10 日,頁 45。

287. 黃天福,〈敬悼許故市長世賢博士〉,《鐘鼓鑼》,第 1 卷,第 7 期,1983 年 7 月 20 日,頁 1。

288. 黃秀端,〈政治權力與集體記憶的競逐──從報紙之報導來看對二二八的詮釋〉,《台灣民主季刊》,第 5 卷,第 4 期,2008 年 12 月。

289. 黃金麟、汪宏倫、黃崇憲編,《帝國邊緣:台灣現代性的考察》,臺北市,群學出版,2010 年 12 月。

290. 黃俊傑、江宜樺編,《公私領域新探:東亞與西方觀點之比較》,臺北市,台大出版中心,2005 年 8 月。

291. 黃玲娜,〈她,獨立自主又不失婉約細膩──陳菊眼中的呂秀蓮〉,《婦女新知》,第 74 期,1988 年 7 月 10 日,頁 8～9。

292. 黃玲娜,〈國民黨如何回應另一半人口的聲音?〉,《婦女新知》,第 75 期,1988 年 8 月 10 日,頁 7。

293. 黃淑玲主講,方霜整理,〈女性主義的三個主要派別〉,《婦女新知》,第 79 期,1988 年 12 月 1 日,頁 6～7。

294. 黃順興著,《走不完的路──黃順興自述》,臺北市,自立晚報社文化出版部,1990 年 2 月,封面內頁。

295. 黃毓秀,〈連不上的環──婦女權益與選票〉,《婦女新知》,第 92 期,1990 年 1 月 1 日,頁 7。

296. 黃競涓,〈女性主義對審議式民主之支持與批判〉,《台灣民主季刊》,第 5 卷,第 3 期,2008 年 9 月,頁 35。

297. 新台灣研究文教基金會美麗島事件口述歷史編輯小組,《走向美麗島:戰後反對意識的萌芽》,新台灣研究文教基金會美麗島事件口述歷史編輯小組,臺北,時報文化,1999 年。

298. 新台灣研究文教基金會美麗島事件口述歷史編輯小組總策劃,《沒有黨名的黨:美麗島政團的發展》,新台灣研究文教基金會美麗島事件口述歷史編輯小組總策劃,臺北,時報文化,1999 年出版。

299. 新生代雜誌,〈蘇慶黎:為弱者說話的女強人〉,《新生代》,創刊號,1982 年 4 月,頁 16～17。

300. 楊以彬，〈南韓民主化過程之簡析——以 Huntington 民主化理論為分析觀點〉，《人文與社會》學報第 1 卷第 9 期，義守大學通識教育中心，2006 年 12 月，頁 303。

301. 楊正潤，〈危機與出路：關於傳記現狀的思考〉，《傳記文學新近學術文論選》，北京，中國青年出版社，2011 年 1 月，頁 103。

302. 楊青矗，《美麗島進行曲：第一部 衝破戒嚴》，臺北，敦理出版社，2009 年 7 月 31 日出版。

303. 楊青矗，《美麗島進行曲：第一部 衝破戒嚴》，臺北，敦理出版社，2009 年 7 月 31 日出版。

304. 楊青矗，《美麗島進行曲：第三部政治審判》，台北市，敦理出版社，2009 年 7 月 31 日，頁 1035～1039。

305. 楊祖珺，《女人的大愛》，臺北，方智出版，1994 年初版。

306. 楊祖珺，《玫瑰盛開——楊祖珺十五年來時路》，臺北，時報文化，1992 年 9 月 25 日初版。

307. 楊祖珺訪談，鄭美里訪問，〈政治的第二性——專訪楊祖珺〉，《婦女新知》，第 87 期，1989 年 8 月 1 日，頁 5～6。

308. 楊淑雯，〈從「後勤女工」到「後勤人」〉，《婦女新知》，第 11 期，1982 年 12 月 10 日，頁 6～8。

309. 楊碧川編著，《台灣歷史辭典》，臺北市，前衛出版，1997 年，8 月初版第一刷。

310. 楊翠，《日據時期台灣婦女解放運動——以《台灣民報》為分析場域（1920～1932）》，臺北，時報出版社，1993 年 5 月 15 日。

311. 萬伯翱等著，《傳記文學新近學術文論選》，北京，中國青年出版社，2011 年 1 月。

312. 葉浩，〈價值多元式轉型正義理論：一個政治哲學進路的嘗試〉，《台灣政治學刊》第 12 卷第 1 期，2008 年 6 月出版，頁 11～51。

313. 葉鴻英，〈忍著辛酸含著微笑——訪尚在服刑的美麗島事件受難者家屬〉，《前進》週刊，第 22 期，1984 年 8 月 23 日，頁 30。

314. 賈克‧洪席耶（Jacques Ranciere）著，劉紀蕙、林淑芬、陳克倫、薛熙平譯《歧義》，台北，麥田出版，2011 年 5 月 12 日。

315. 賈佩蘭，〈為什麼要保留婦女保障名額〉，《婦女新知》，第 113 期，1991 年 10 月 1 日，頁 13。

316. 道格‧麥亞當（Doug McAdam）著，黃克先譯，《自由之夏》，臺北，群學出版社，2011 年 3 月。

317. 漢娜‧鄂蘭（Hannah Arendt），蘇友貞譯，《心智生命》，臺北縣，立緒文化，2007 年 4 月，頁 313。

318. 瑪麗・道格拉斯（Mary Douglas）著，黃劍波、盧忱、柳博斌譯，《潔淨與危險》，北京，民族出版社，2008 年 9 月，頁 52。

319. 維吉尼亞・吳爾芙（Virginia Woolf）著，王葳眞譯，《三枚金幣》，臺北，天培出版社，2001 年 9 月。

320. 趙白生，《傳記文學理論》，北京：北京大學出版社，2003 年 8 月，頁 7～26。

321. 趙京華，《日本後現代與知識左翼》，中國北京：生活・讀書・新知三聯書店，2007 年 8 月，頁 223。

322. 趙庭輝，《敘事電影與性別論述》，臺北縣永和市，Airiti Press，2010 年 11 月。

323. 趙常，〈黨外主流流向何方〉，《前進廣場》，19 期，1983 年 12 月 17 日，頁 15。

324. 劉秀芳整理，〈「職業婦女」工作權座談紀錄（一）：職業婦女的障礙賽跑〉，《婦女新知》，第 59 期，1987 年 4 月 10 日，頁 12。

325. 劉亮雅，〈第二波女性主義與性意識〉，《聯合文學》，第 15 卷，第 4 期，頁 102。

326. 劉毓秀主編，《台灣婦女處境白皮書：1995 年》，臺北，時報文化，1995 年 10 月 1 日。

327. 劉擁華，《布迪厄的終生問題》，上海：上海三聯書店，2009 年 12 月，頁 69。

328. 劉鐵錚，〈婦女團體及法定當選名額之選舉制度〉，《婦女與政治參與》，婦女新知基金會出版部，1989 年 11 月，頁 101。

329. 澄社，《台灣民主自由的曲折歷程：紀念雷震案三十週年學術研討會論文集》，臺北市，自立晚報，1992 年 11 月。

330. 編輯部，〈許榮淑對上林洋港〉，《新生代》創刊號，1982 年 4 月，頁 39～40。

331. 蔡盛琦，〈《深耕雜誌》之研究（1981.6～1983.2）〉，《國史館學術集刊》，第 15 期，頁 165～167。

332. 蔡雅祺，《論滿州國的婦女動員（1932～1945）》，臺北市：國史館，2010 年 12 月。

333. 蔡慧菁，〈溫柔鐵娘子〉，《遠見雜誌》，1999 年 3 月，153 期。

334. 蔡篤堅，〈多元主體地位的形塑與追尋——1990 年代台灣口述歷史的趨勢探索〉，《台灣史料研究》，第 11 號，2003 年 9 月出刊，臺北，財團法人吳三連史料基金會，頁 126。

335. 鄧小南、王政、游鑑明主編，《中國婦女史讀本》，北京：北京大學出版社，2011 年 4 月。

336. 鄭南榕，〈不要使和平改革成爲絕響〉，《深耕雜誌》，第 23 期，1982 年 12 月 10 日，頁 23。

337. 鄭南榕，〈國民黨忽視女性的高級政治地位〉，《政治家》半月刊，臺北，1982 年 3 月 1 日，24 期，頁 27～28。

338. 鄧維賢，〈只有民主，才能使台灣繼續安定和進步——和張旭成教授談台灣和前途〉，《中流》半月刊，高雄市，1981 年，10 月 1～16 日，頁 34。

339. 鄧維賢，〈周清玉旋風〉，頁 15。

340. 鄭瑩整理紀錄，〈新女性對新女性——呂秀蓮與西德社民黨國會副主席史密斯對話錄〉，《婦女新知》，第 66 期，1987 年 11 月 10 日，頁 16。

341. 鄭鴻生，〈台灣文藝復興年代：七十年代初期的思想狀況〉，《思想 4：台灣的七十年代》，頁 98。

342. 蕭新煌、張曉春、徐正光編，《一九八七台灣社會批判——怨‧亂‧序》，高雄，敦理出版社，1988 年 3 月。

343. 賴信眞，〈書寫女性生命——簡介已出版之台灣漢人女性之自傳或回憶錄〉，《台灣史料研究》，第 11 號，1998 年 5 月出刊，臺北，財團法人吳三連史料基金會。

344. 錢理群，《壓在心上的墳》，四川人民出版社，1997 年 7 月，頁 70。

345. 戴寶村，《台灣政治史》，臺北，五南，2006 年出版。

346. 臨淵摘譯，〈約翰‧密爾論婦女的附屬地位（下）〉，《婦女新知》，臺北，第 4 期，1982 年 5 月 1 日，頁 28～30。

347. 薛化元主編，李永熾監修，《台灣歷史年表：終戰篇Ⅲ（1979～1988）》，臺北，財團法人張榮發基金會國家政策研究中心，1991 年 7 月，頁 1～170。

348. 薛化元主編，李永熾監修，台灣史料編輯小組編輯，《台灣歷史年表：終戰篇（1979～1988）》，臺北市，國家政策出版，1991 年 7 月，頁 18。

349. 謝小芩、劉容生、王智明主編，《啓蒙‧狂飆‧反思——保釣運動四十年》，新竹市，國立清華大學出版社，2010 年 11 月出版。

350. 謝如欣，〈母性訴求，鐵娘子成就總統之路〉，《自由時報》，2010 年 11 月 2 日，國際新聞。

351. 韓良露，〈女性電影的意義與方向〉，《婦女新知》，第 9 期，1982 年 10 月 10 日，頁 46。

352. 韓玲，《中國新興婦女組織運動：運動者性別意識啓蒙經驗與組織策略》，台灣，清華大學社會研究所，碩士，2006 年 7 月。

353. 鴻凱譯，〈自我的天地——吳爾芙論女性的發展機會〉，《婦女新知》，第九期，1982 年 10 月 10 日出版，頁 18～22。

354. 顏尹謨，〈黨外運動的目標與路線座談會〉，《深耕》，1982 年 9 月 25 日，第 18 期，頁 11。

355. 顏幸如，〈始終未被命運擊垮的彰化媽祖〉，《溫柔的革命：女性政壇明日之星》，臺北市，月旦，1998 年 4 月。

356. 魏千峰，〈第三波民主潮下之憲政改革——台灣與捷克比較〉，《思與言》，第 38 卷第 1 期，2000 年 3 月。

357. 羅久蓉，〈歷史敘事與文學再現：從一個女間諜之死看近代中國的性別與國族論述〉，《近代中國婦女史研究》，2003 年 12 月。

358. 關懷雜誌社，〈沈默的楊青矗太太〉，《關懷》雜誌社，〈關懷人權通訊〉，《關懷》，第 12 期，1982 年 12 月 5 日，頁 12。

359. 關懷雜誌社，〈熱忱助人的周大嫂——周平德之妻〉，《關懷》雜誌社，〈關懷人權通訊〉，《關懷》，第 12 期，1982 年 12 月 5 日，頁 12。

360. 蘇峰山，〈論述分析導論〉，《學術短論》，頁 20～28。

361. 蘇慶黎在〈魚與熊掌能兼得嗎〉一文，頁 24～25。

362. 蘇慶黎等受訪，〈「新女性主義運動」評估〉，《台灣年代》，1984 年 3 月 11 日，第 6 期，頁 36。

363. 顧燕翎，〈北美洲台灣婦女會正式成立〉，《婦女新知》，第 72 期，1988 年 5 月 10 日，頁 18。

364. 顧燕翎，〈婦女地位變遷與婦女運動〉，《婦女新知》，臺北，第 103 期，1990 年 12 月 1 日，頁 17。

365. 顧燕翎，〈台灣婦運組織中性慾政治之轉變——受害客體抑或情慾主體〉，《思與言》，1997 年，35（1），頁 87～118。

366. 顧燕翎主講，暢曉雁摘要整理，〈「婦女問題的探討」系列演講摘要——台灣婦女運動與女性意識的發展〉，《婦女新知》，第 62 期，1987 年 7 月 10 日，頁 1～41。